PRENDS-MOI DANS TES BRAS
de Minou Petrowski
est le huit cent soixante-dizième ouvrage
publié chez VLB éditeur.

D1407450

Merci à Jean-Yves Soucy, mon éditeur, et à Christiane Germain, sans qui cette histoire n'aurait pu voir le jour. Merci à Fabienne Larouche qui est sans le savoir la marraine de ce livre. Merci à Denise Filiatrault, Denise Robert et Denys Arcand qui m'ont accompagnée dans ma recherche d'identité, à Katherine Pancol, mon amie, qui m'a encouragée le long de ces quatre années. Merci à toute l'équipe de *Virginie*, acteurs, réalisateurs, techniciens, et à mes copains de captivité, les figurants ; il y a un peu de leur vie dans mon cœur. Merci à Paul Tiffet et Joanne Arseneau pour m'avoir obligée à fouiller ma mémoire jusqu'aux larmes, à mon amie Michelle Tisseyre pour avoir partagé mon combat, à Joséphine Truffaut pour sa tendresse indéfectible et à ce pays, le Québec, qui, malgré moi, m'a fait grandir.

VLB éditeur bénéficie du soutien de la Société de développement des entreprises culturelles du Québec (SODEC) pour son programme d'édition.

Gouvernement du Québec – Programme de crédit d'impôt pour l'édition de livres – Gestion SODEC.

Nous reconnaissons l'aide financière du gouvernement du Canada par l'entremise du Programme d'aide au développement de l'industrie de l'édition (PADIÉ) pour nos activités d'édition.

Nous remercions le Conseil des Arts du Canada de l'aide accordée à notre programme de publication.

PRENDS-MOI DANS TES BRAS

DE LA MÊME AUTEURE

« La cloison », récit, *Écrits du Canada français*, 1962.

Le gaffeur, nouvelles, Montréal, Beauchemin, 1963.

« Un été comme les autres », roman, *Écrits du Canada français*, 1963.

Le passage, roman, Montréal, Cercle du livre de France, 1966.

Heureusement qu'il y a les fleurs, roman, Montréal, Cercle du livre de France, 1970.

Chambre d'hôtel, Paris et Montréal, Robert Laffont et Radio-Canada, 1998.

Minou Petrowski

Prends-moi dans tes bras

vlb éditeur
Une compagnie de Quebecor Media

VLB ÉDITEUR
Groupe Ville-Marie Littérature inc.
Une compagnie de Quebecor Media
1010, rue de La Gauchetière Est
Montréal (Québec) H2L 2N5
Tél. : 514 523-1182
Téléc. : 514 282-7530
Courriel : vml@sogides.com

Maquette de la couverture : Anne Bérubé
En couverture : Photo de Minou Petrowski, à Paris, dans les années 1950,
    collection de l'auteure.

Catalogage avant publication de Bibliothèque et Archives nationales du Québec
et Bibliothèque et Archives Canada
Petrowski, Minou, 1931-
    Prends-moi dans tes bras
    Autobiographie.
    ISBN 978-2-89649-025-7
    1. Petrowski, Minou, 1931- . 2. Écrivains québécois – 20e siècle –
Biographies. 3. Journalistes – Québec (Province) – Biographies. 4. Critiques de
cinéma – Québec (Province) – Biographies. I. Titre.
PS8531.E92Z47 2008   C843'.54   C2008-941294-X
PS9531.E92Z47 2008

DISTRIBUTEURS EXCLUSIFS :

• Pour le Québec, le Canada
  et les États-Unis :
LES MESSAGERIES ADP*
2315, rue de la Province
Longueuil (Québec) J4G 1G4
Tél. : 450 640-1237
Téléc. : 450 674-6237
*filiale du Groupe Sogides inc.,
  filiale du Groupe Livre Quebecor Media inc.

• Pour la Belgique et la France :
Librairie du Québec / DNM
30, rue Gay-Lussac
75005 Paris
Tél. : 01 43 54 49 02
Téléc. : 01 43 54 39 15
Courriel : direction@librairieduquebec.fr
Site Internet : www.librairieduquebec.fr

• Pour la Suisse :
TRANSAT SA
C.P. 3625, 1211 Genève 3
Tél. : 022 342 77 40
Téléc. : 022 343 46 46
Courriel : transat-diff@slatkine.com

Pour en savoir davantage sur nos publications,
visitez notre site : www.edvlb.com
Autres sites à visiter : www.edhexagone.com • www.edtypo.com
www.edjour.com • www.edhomme.com • www.edutilis.com

Dépôt légal : 3e trimestre 2008
Bibliothèque et Archives nationales du Québec, 2008
Bibliothèque et Archives Canada

Je dédie cette histoire
à ma fille Nathalie, si généreuse, qui m'a offert un
lieu pour écrire,
à mon fils Boris dont j'admire la ténacité envers sa
passion, la musique,
et à mon petit-fils Louis pour qu'il poursuive son désir
d'être acteur.

J'avais six ans à peine lorsque je suis morte. Un jour, j'ignore pourquoi, je suis entrée dans la chambre de ma mère. J'ai ouvert sa belle grande armoire d'acajou, incrustée de nacre, avec sa glace biseautée et j'ai effleuré les draps de coton, parfumés à l'eucalyptus, les taies d'oreiller blanches aux initiales de ma mère. J'ai ouvert les deux petits tiroirs, incrustés de nacre eux aussi. Dans l'un, il y avait un vieux portefeuille. Puis, j'ai glissé ma main entre les nappes et les serviettes festonnées et, là, sous mes doigts, j'ai senti la texture du papier. C'était une lettre à en-tête de la clinique Santa Maria. J'ai reconnu tout de suite l'écriture tremblotante. Quelque chose s'est brouillé dans ma tête. J'étouffais. Sans plus, j'ai remis la lettre à sa place et refermé avec force la porte-miroir qui m'a renvoyé brutalement mon reflet : un visage blême parsemé de taches de rousseur, des cheveux raides qui s'échappent d'une barrette. Je suis laide avec ce front étroit, ce nez trop long, disgracieux de profil, je suis incapable de soutenir mon regard, c'est une autre que moi, une inconnue. J'ai fermé à clef la porte de la chambre et je suis revenue vers l'armoire déterminée à affronter la mort. La douleur est effroyable, elle brouille ma vue : je lis les mots sans comprendre, j'ai mal, je suis terrorisée par ce qui est écrit :

Monsieur David Futternick, 6 rue de Provence à Paris, chez Monsieur Hersberg, et Mademoiselle Sophia Koslowski, Poste restante à Anvers, Belgique, confient leur enfant à la Clinique Santa Maria aux conditions suivantes : par mois 600 francs et, en sus, le blanchissage et le lait de l'enfant. Conditions de paiement : 350 francs payables d'avance, sauf pour les deux premiers mois, le 20 novembre seulement. Le solde au moment où Monsieur ou Madame

*reprendraient l'enfant mais en tout cas pour fin septembre 1932
au plus tard.*

En acceptation, Monsieur David Futternick a signé :
Lu et approuvé David Futternick, Nice le 12 octobre 1931.

Les mots et les dates s'entrechoquent dans ma tête. Ces noms étrangers me confondent. De quel enfant s'agit-il ? Et qu'est-ce que cette lettre fait là, cachée entre les draps ? Car elle est bien cachée. On parle d'argent, d'enfant vendu, loué ? Je reprends la lecture, la lettre est datée du 12 octobre 1931, alors que je suis née le 11 octobre. Il ne peut être question de moi. J'ai mal au cœur, pire, la nausée est encore plus forte que l'envie de vomir, la douleur à la tête s'accentue et bat contre mes tempes. Je n'ai jamais entendu le nom de ces étrangers, mais des paroles sournoises, comme « sale bâtarde, tu n'es qu'une bâtarde » qu'on me souffle à l'oreille avec un regard dur et méchant, m'interpellent. Qu'est-ce qui m'arrive ? Je voudrais tout détruire, mais je cherche une preuve qui démente cette folie. Je retourne le lendemain puiser mon désespoir dans cet enfer insupportable de mots qui s'incrustent dans ma tête. La seule chose dont je suis sûre, c'est que cette lettre secrète porte la honte et fait surgir une angoisse terrible que je ne parviens pas à effacer. Les migraines s'aggravent au point où je dois quitter l'école tous les après-midi. Je souffre tant qu'aucune position ne m'apaise. Un médecin m'examine et présume que ce sont des fièvres rhumatismales, j'ingurgite toutes sortes de médicaments. Je ne mange plus, je suis prostrée, livide, incapable de dire un mot tant j'ai honte, honte de saisir le sens, honte d'avoir imaginé un monde qui n'existe pas. J'ai six ans à peine, ceux que je crois être mes parents ne le sont pas. On m'a menti. Les autres savent, pas moi. Apprendre cette saleté si brutalement, toute seule, est si violent que les mots qui entrent dans ma tête vont creuser un sillon de misère pour le reste de ma vie. À six ans, je suis morte à la vie, à l'espoir et personne n'en a rien su.

20 janvier 2005

Pour moi, le mot vieillesse ne veut rien dire. Chaque moment de la journée, je savoure. Je cherche le désir en toute chose. Je me pare comme une jeune femme lorsque je me pointe rue Bernard et c'est bien avec moi que j'ai rendez-vous. Je me sens libre, maître de l'instant, sans souci d'un quelconque avenir et j'éprouve une joie féroce lorsque l'audace me pousse au-delà du raisonnable. Le Second Cup de la rue Bernard est un endroit juvénile, on y travaille plus qu'on y boit. De jeunes femmes aux cheveux lisses scrutent leurs ordinateurs comme si elles projetaient leur visage dans un miroir. De vieux professeurs à lunettes se perdent ou se protègent dans les pages des journaux du jour. On y lit des manuscrits, des scénarios, on vit au rythme d'une salle de classe. J'aime les fauteuils qui donnent sur la rue, ce sont les places d'honneur. Être là brise ma solitude et je parviens à croire qu'il n'y a pas de différence entre nous, que je suis devenue en quelques mois quelqu'un du quartier. Cet après-midi, sur le boulevard des Certitudes, j'éprouve des sensations infiniment agréables : à la terrasse, le soleil est doux, les chaises des cafés ressemblent à celles de Paris, on peut confondre. Le libraire d'en face affiche *Le Monde* et *Libération*. Tous les visages me rappellent quelqu'un. Mon thé vert chinois, mes lunettes de soleil Versace et cette lumière qui adoucit les traits de mon visage fané agissent comme un antidouleur. Je suis là au présent et je surmonte la tristesse d'un autre ailleurs. Depuis plus d'un an, je me balade dans les histoires et les époques des autres. Je suis figurante dans un téléroman quotidien. Sans ce travail, je ne sais pas ce que je deviendrais. Cette escapade dans la fiction me sauve de mon angoisse quotidienne. Refusant d'être une petite vieille docile, je discipline tant bien que mal ce corps délabré et souffrant. Levée à cinq heures du matin, triomphante, je retourne régulièrement à Radio-Canada, dans cette maison qui fut la mienne pendant près de quarante ans. Seul mon trajet a changé. Je parcours les couloirs du sous-sol avec gourmandise car j'ai trouvé un rôle qui me convient et qui me plaît : jouer à être. Je sais très bien que cette dernière portion de ma vie reproduit exactement ce que j'ai toujours voulu, vivre au présent et côtoyer ce que j'aime le plus : le talent des autres. Si je peux me convaincre que j'émerge de tout ce qui fut misère, noirceur, mélancolie chronique, alors cela prouve que la vie est plus forte que tous les échecs, les ratures, les maladresses et que parfois dans l'indigence naît une fleur, une odeur, un souvenir...

Nice est encore une jolie ville tranquille, paisible en hiver et déserte en été. Toute une Russie blanche envahit des emplois mineurs dans le décor familier qu'ils fréquentaient autrefois au temps du tsar Nicolas II. Après la Révolution, le pays d'accueil c'est Nice, surtout le quartier du Tzarewitch. Parmi cette communauté, le personnel de la clinique Santa Maria où je m'apprête à naître se compose surtout des dames de la cour du tsar, qui se sont recyclées en infirmières soignantes. Les dames de la haute nettoient avec conviction les bassins des patients incontinents. Le docteur Vautier est chirurgien, c'est aussi le propriétaire. Pour lui, ce qui compte c'est couper, ouvrir, faire des opérations. Mme Vautier, sa femme, a perdu son premier mari en 1918 ; un jeune homme ingénieux qui, durant la guerre, proposa aux armées françaises de remplacer la poudre à canon par du poivre. Il devint millionnaire et mourut de la grippe espagnole. Le docteur Vautier, jeune médecin, rencontre en Lorraine la jeune veuve riche et éplorée, l'épouse et part pour la Côte d'Azur dans le but d'acheter une clinique. Rapidement ils transforment la maison de repos en clinique, qui devient très vite un lieu privilégié pour une clientèle riche et célèbre. Tout s'y passe bien en général. Lorsqu'il y a mort d'homme, pour le docteur Vautier, l'opération est réussie : ce qui cause la mort vient souvent du choc opératoire. Il voit l'avenir de la médecine à travers la chirurgie. Ses études de médecine à Paris lui ont enseigné les meilleures méthodes, mais pour élargir son champ d'action il s'adjoint d'autres médecins obstétriciens à résidence.

Le mois d'octobre 1931 est humide et pluvieux. Quand le soir tombe soudainement sur la clinique, les bruits feutrés mettent la vie en veilleuse. Je viens au monde à sept heures du soir, heure de Nice. On m'installe au troisième étage de la nursery. On me nourrit régulièrement dans l'étroit berceau où je passe des journées entières. Je suis la petite fille qui attend en face de l'autoclave. Je me souviens de cette énorme machine toute en cuivre dans laquelle on stérilise le linge propre, les champs opératoires, les blouses des docteurs et plus tard mes livres d'occasion car ma mère a une peur maladive des morts et des microbes.

Novembre 1932, je ne me doute pas en descendant les escaliers à rebours que mon existence est fragile. Je suis un bébé joufflu aux yeux immenses et aux boucles brunes, joyeuse et douce. Le bébé parfait à mettre en vente. Je suis promue l'égale des chats siamois et persans, facile à nourrir, enfant sage qui n'exige rien que de pouvoir de temps en temps sortir de cette pièce exiguë qui sent la teinture d'iode. Je grandis parmi les odeurs fortes : éther, mimosa, antiseptiques.

À un an, je marche et deviens encombrante dans cette petite pièce où les bébés naissants défilent. Je ne suis plus à ma place. C'est ainsi que le Dr Vautier m'installe au sous-sol, dans une chambre minuscule avec un lit et une armoire construite par M. Vera, l'ébéniste de la clinique. Le long des couloirs sombres, je peux en toute tranquillité faire l'apprentissage de mes premiers pas. Bonne fille, je trottine en riant de mes propres exploits. La découverte des placards, les réserves, la cuisine me mettent en joie. Je peux facilement franchir la porte au bout du couloir qui mène au jardin, ouvrir la grille de fer forgé, me retrouver sur le trottoir et décider de traverser le boulevard Tzarewitch, sans que personne ne s'inquiète de mon absence. Je suis complètement libre et affreusement seule.

Cette interminable partie de ma vie dans ce long corridor de la clinique, avec la fréquentation constante de la douleur, de la maladie et de la mort, est une prison au cœur d'un jardin de douceur. Je suis une enfant du silence, de la nuit électrique, de la peur et de l'oubli.

Un après-midi, à la clinique Santa Maria, dans le couloir du sous-sol, le docteur Vautier a convoqué les infirmières. Dans sa blouse blanche, celui que j'appelle papa m'impressionne. Du haut de mes trois ans, je comprends qu'il parle du congédiement imminent d'une employée. Je ne veux pas que cette jeune femme, qui ignore tout de son sort, soit mise à la porte. Je m'avance et lève le doigt pour protester.

– Je veux pas qu'elle parte !

Les infirmières se retournent vers moi, ahuries. Le docteur Vautier fronce les sourcils.

– Tais-toi ! Qu'elle aille au jardin !

– C'est pas juste…

Je tape du pied et tout le monde rit de ce petit bout de femme qui brave l'autorité. On ne m'entend pas, on ne m'écoute pas, même lui, mon papa, me chasse de ce sous-sol que j'habite. Je me sens trahie par les ricanements des adultes car je ne supporte pas qu'on dise du mal des gens que j'aime. Les commentaires souvent désobligeants que les gens font sur le docteur Vautier, sans même se soucier de ma présence, me blessent même si je ne comprends pas toujours leur portée. Les infirmières ou les autres docteurs disent que c'est un charcutier. Mais moi je le comprends quand il dit que, « pour sauver des vies, il faut accepter d'en perdre ». Et quand il m'emmène sur le boulevard Tzarewitch, que je pose avec fierté ma petite main dans la sienne, je n'ai peur de personne. Ses cheveux sont aussi noirs que les miens, et à mes yeux, ça suffit pour qu'on se ressemble.

Ça le fait sourire quand je lui dis :
– C'est toi mon papa.

Est-ce une interrogation ? Une supplication ? Je n'en sais rien. Depuis quelque temps, on me permet d'être à la table du Dr Vautier et de sa femme, une jolie dame, un peu grosse, un peu vieille, avec de beaux cheveux blonds. Chaque jour, comme un rituel, le docteur me tend ma cuillerée de sirop. Je déteste, mais je prends ça comme une marque d'affection. Il décide que je dois aller à l'école en arrière de la clinique, rue Balzac. L'institutrice s'appelle Mlle Ottaviani. Elle est corse, très douce, toute petite, elle a des cheveux blancs et porte de grosses lunettes d'écaille. Avec elle, j'apprends : A, E, I, O, U. Bientôt je saurai lire. Quand ma maman vient me chercher à l'école, les autres enfants disent : « Ta grand-mère t'attend dehors. » Cette réflexion provoque en moi un mal immense, l'anéantissement du plaisir. « C'est pas ma grand-mère, c'est ma maman. » Ils pouffent de rire et répondent : « Elle est bien trop vieille ! » Ces remarques acides me heurtent à chaque fois, j'aime bien vivre auprès de Louis et Marie Vautier, ce sont mes parents, je suis fière d'eux.

Les après-midi d'été, maman et moi partons en calèche pour le parc Impérial. J'aime ce quartier, tout spécialement la cathédrale russe où l'on dit la messe debout. Parfois, j'accompagne mes parents dans leur Panhard avec leur chauffeur, pour aller au casino de Monte-Carlo. Ces jours-là je suis joyeuse, c'est la fête. Les jours fastes, le Dr Vautier achète à Madame des fourrures de chez Revillon ou des diamants de chez Van Cleef & Arpels. Je me réjouis de ces balades impromptues. La vie me sourit, et même si mon papa docteur est sévère, je me sens bien avec lui.

À la clinique, la seule fille de mon âge est une petite Annamite qui s'appelle Armelle, dont la mère est domestique et que M. et Mme Vautier gardent par charité. Cette petite salope se moque toujours de moi, elle dit : « T'es qu'une bâtarde... une sale Juive. » Je ne sais pas ce que ça veut dire, peut-être elle non plus, et je n'ose le demander à personne, même pas à Mme Julienne, la secrétaire qui est si gentille avec moi. Parfois, elle caresse mes cheveux noirs en disant : « Pauvre petite… » Quelle tristesse.

Ses paroles m'angoissent. On dirait toujours qu'elle va pleurer.

Mais il y a autre chose qui m'inquiète. J'entends les adultes dire que le docteur devrait se soigner. Il est sujet à des crises d'appendicite fréquentes et, en tant que médecin et chirurgien, il refuse toute intervention de la part d'un collègue. Le docteur et sa femme ont élu domicile dans un petit pavillon au fond du jardin qui communique avec la clinique. C'est commode pour un médecin de vivre sur place. Quand je veux les rejoindre dans leurs deux pièces, je passe par le hall d'entrée, la grande pharmacie et je descends quelques marches. Mme Vautier a acheté un piano droit et tous les meubles de la grande chambre sont de style Empire. Un endroit privé qui protège leur intimité. Je suis parfois invitée, surtout en été, car les fenêtres donnent sur le magnifique jardin plein d'arbres. J'aime les acacias, les palmiers et les petits sentiers où je me promène les journées ensoleillées. Du jardin, je peux voir mon école. L'hiver c'est triste, car je dois rester au sous-sol sans faire de bruit. Je vais au cinéma très tôt. Le soir, Mme Vautier redoute les morts qui stagnent au troisième étage de la clinique. Il n'y a pas de morgue et son remède, c'est le cinéma. Lorsqu'elle m'entraîne avec elle, je jubile. Moi, la mort, ça ne me dit rien. Les jours de deuil, on file au Paris-Palace voir des films de Fernandel et je tape des mains en disant : « Qu'il est beau, que je l'aime ! » Je n'aime pas les films de Charlot. Les soirs où quelqu'un meurt, nous allons au cinéma… Pour moi la mort et le cinéma sont intimement liés, je suis contente de m'approcher de la lumière, je réchauffe mon âme triste.

Un après-midi d'été, maman me prend par la main pour me conduire au petit pavillon au fond du jardin. Dans la grande chambre, le docteur Vautier souffre. Les médecins qui l'entourent le supplier de se laisser opérer par un confrère. Il est têtu et refuse toute intervention. Il sait bien que les appendicites, dont la fréquence augmente d'année en année, représentent un risque mortel. Fier et buté, il défie la mort. La vie de la clinique est étouffée par la maladie, le chagrin. Dans son grand lit, le docteur Vautier est pâle, maigre, les cheveux collés par la fièvre. Près du lit d'acajou, il y a une jeune femme que je connais, elle est grande et aussi noire que le docteur. C'est une parente et, pourtant, quand elle vient à la clinique pour des vacances, elle prend ses repas à l'office avec les domestiques. On l'appelle Suzanne, c'est la fille naturelle du docteur Vautier, je ne sais pas ce que cela veut dire, *fille naturelle*. Si elle est venue, c'est parce que l'heure est grave. Les jours noirs de tristesse et de chuchotements commencent, on m'écarte doucement de cette chambre qui sent le médicament et la fièvre. Je retourne au sous-sol, jouer seule dans ma chambre avec mes poupées. Je leur parle.

À la tombée du soir, le docteur Vautier meurt d'une crise d'appendicite qui a dégénéré en péritonite.

On me laisse de plus en plus souvent dans ma petite chambre au sous-sol, où je pleure mon papa disparu, emmurée dans ma peur et mon chagrin. Pour moi, c'est la fin du monde. J'avais un allié, je n'ai plus personne. Du jour au lendemain, la clinique Santa Maria devient un champ de foire.

Yvonne et Pierre, les neveux de Mme Vautier, sont venus d'Arles pour l'enterrement. Ils parlent de retourner le corps du docteur Vautier dans son village natal en Lorraine. Les infirmières, docteurs et domestiques complotent. Qui va assumer la direction de la clinique? Ce n'est pas Mme Julienne, ni Suzanne, la fille naturelle. Les neveux veulent vendre.

— Jamais la tante Marie ne pourra s'occuper de la clinique, elle en est incapable.

Les médecins affiliés à la clinique protestent:

— C'est une mine d'or, dit le Dr Grinda. Pourquoi vendre?

Il doit faire entendre raison à Mme Vautier, car les neveux n'aiment guère ce qui se profile à l'horizon. Le personnel infirmier pousse les médecins à se rencontrer afin de décider de leur avenir.

Je suis comme les chats persans, personne ne s'inquiète de notre sort. C'est le chaos, et les patients entrent et sortent sans avoir connaissance du bouleversement. Les phrases que les adultes expriment devant moi n'ont aucun sens.

– Ma pauvre petite… dit Mme Julienne. Que vas-tu devenir ? Qui va te garder ? Quelle tristesse !

Suzanne, la fille naturelle du docteur, est repartie en Belgique. Elle a promis de revenir pour aider Mme Vautier. On a fermé le pavillon au fond du jardin. Madame Vautier installe sa chambre à côté de la mienne, au sous-sol de la clinique. Tous les soirs, je suis prise de maux de ventre. Je pleure en silence, recroquevillée dans mon lit.

Le temps passe sans rien résoudre. Mme Vautier a décidé de me faire baptiser. Nous sommes en novembre 1935. Je vais à pied à l'église Saint-Étienne avec Mme Vautier et Anna, une infirmière russe, qui veut être ma marraine. Anna est grande et sa chevelure noire me rappelle celle de mon papa. Parfois, elle me prend dans ses bras, me parle en russe et m'apprend de petits mots.

– Minouchka, dissou… da… davai…

On m'appelle Minou. Ce sont les infirmières qui en ont décidé ainsi, le jour où ma maman a suggéré, peu de temps avant mon baptême : « Si on l'appelait Mitsouko, comme mon parfum de Guerlain ? » Les infirmières sont indignées :

– Vous ne pouvez pas appeler cette enfant Mitsouko, c'est trop singulier. Quand elle sera grande on se moquera d'elle. Minou, c'est bien non ? C'est gentil ?

C'est bien pour une petite chose comme moi. J'ai quatre ans, je suis baptisée, et Minou est la seule appellation que je tolère. L'une de mes plus grandes joies, c'est d'aller chaque jour rue Cluvier. Cette rue étroite appartient aux exilés russes. Au troisième étage d'un immeuble anonyme, j'entre, précédée de ma marraine, Anna, une vraie Russe. Je ne la quitte pas des yeux. J'admire son maintien, son allure fière. Elle en impose au milieu de tous ces gens, dans sa robe sévère et ses cheveux tirés en un chignon discipliné. C'est la seule femme qui se dresse devant ma non-existence. Elle me dit souvent, et ça me fait rire :

— Minouchka, il y a quelque chose de russe en toi.

Rue Cluvier, ceux qu'on appelle les laissés-pour-compte de la Révolution se rejouent chaque soir, en une incessante représentation, des épisodes de leur vie d'avant, où robes du soir, bijoux et aigrettes se mêlent aux riches étoffes des habits et aux foulards de soie, dans une tentative d'échapper à leurs nouveaux rôles de boniches et d'ouvriers. Moqueries et incrédulité ont fait de ces hommes des héros de seconde zone. Ils ont beau clamer qu'ils faisaient partie de la garde du tsar, on leur rit au nez avec condescendance. Devenus chauffeurs de taxi, ébénistes ou plombiers, ces hommes fiers ne revendiquent plus leur identité. Instinctivement, je me sens des leurs. Ils acceptent la petite fille qui, des divans profonds, les regarde se débarrasser de la blouse blanche anonyme pour triompher dans leurs vêtements d'apparat. Ils chantent, boivent de la vodka, je les aime. Sans fausse pudeur, sans récrimination, ils revivent leur passé sur des airs de leur pays. Cette ambiance teintée de détresse joyeuse, je l'aime ; sans trop comprendre, elle me convient. Beaucoup plus tard, je me suis souvenue de leur courage et de leur désinvolture. Rien ne pouvait les atteindre, ni la médiocrité ni leur nouvelle appartenance à un monde de subalternes auquel ils étaient artificiellement associés. J'ai senti que cette attitude serait mon modèle, une attitude qui vous permet d'être au-dessus des contraintes et de rester l'esprit libre. Pendant qu'Anna me ramène à la clinique, je dis que je veux leur ressembler. Ma mère n'aime pas que je fraternise avec les domestiques et les infirmières. Elle désapprouve mes sorties quotidiennes avec Anna.

— Ce n'est pas un spectacle pour une petite fille.

— Oh, Anna, s'il te plaît, si... Je veux y aller.

— Mme Vautier sera fâchée.

— Tant pis, je veux être russe, comme toi !

Pour une raison que j'ignore, Anna a de l'influence sur ma maman. Sur sa recommandation, ma mère accepte que je prenne des cours de danse. Avec son accent chantant, Anna exprime son approbation : «Elle a sûrement ça dans le sang!»

Les cours de danse ont lieu en bas du boulevard Tzarewitch, au Palladium, dans un bel immeuble. Le professeur de danse est une vieille Russe qui maltraite le français. Avec sa canne elle relève ma jupe et clame que mon postérieur est trop lourd et mes chevilles trop molles. J'aime la musique et maman m'a confectionné un tutu blanc. Elle coud très bien. Je voudrais tant lui faire plaisir en dansant, mais je me décourage à la moindre remarque. J'ai trop le sens du ridicule pour me laisser aller. Je regarde les autres filles, jolies et gracieuses, et je me compare. Mes petits cheveux raides, mes jambes maigrichonnes et surtout l'assurance des autres me troublent. J'aime la danse, mais ce n'est pas pour moi et lorsque Mme Vautier vient me chercher au Palladium en demandant :

— Alors, elle fait des progrès, est-ce que ça vaut la peine de lui apprendre?

— Je ne sais pas, elle réagit bien à la musique, mais elle est si maladroite! Trop têtue et frileuse!

Maman n'a pas beaucoup de patience avec moi, on essaie et si ça ne convient pas on arrête. Pas la peine de dépenser de l'argent pour rien. Je suis un animal de compagnie décevant. Anna me demande :

— Tu aimes danser, Minouchka?

— Toute seule, oui, beaucoup!

Finis les cours de danse, on essaie le piano. Une toute petite vieille Russe bossue vient à la clinique m'apprendre les gammes. J'aime cette petite chose grise comme une souris qui s'endort près de moi quand je répète mes exercices. Je sais qu'elle est pauvre et qu'elle ne mange pas à sa faim, alors un midi, dans un élan de générosité candide, je prends mon assiette de poulet et je descends le boulevard en catastrophe pour porter à ma vieille dame un plat bien cuisiné. Quand je rentre à la clinique, Mme Vautier me gifle avec fracas.

– C'est quoi cette invention, tu te permets de quitter la table sans prévenir ? Où étais-tu ?

– Chez mon prof de piano. Elle n'a rien à manger.

– Ce n'est pas une excuse, après tout, on la paie !

J'éprouve de la compassion pour ceux qui souffrent. Je sais déjà faire la différence entre la misère des riches et celle des pauvres.

Anna retourne en Belgique auprès de sa famille, elle m'abandonne, même si avoir une marraine, c'est pour la vie ! Je suis triste. Sa façon d'être avec moi, son côté rebelle et tendre, ses quelques années passées à la clinique l'ont rapprochée de l'enfant sans nom. Plus de petits mots en russe, plus de rire, de complicité. On ne m'explique jamais rien et ce départ crée un vide immense.

Depuis la mort de son mari, Mme Vautier s'affirme. Sur le conseil des docteurs, elle garde la clinique ; ne supportant pas les maladies chroniques, elle décide que Santa Maria sera désormais une maternité. Le personnel est stupéfait de la voir commander et parle dans son dos :

– Elle est incapable de diriger une clinique, c'est une femme sans envergure.

Je n'aime pas qu'on dise du mal d'elle, cela me fragilise.

Pour combler le vide, sans doute, maman se prend de passion pour les animaux, un peu par snobisme, beaucoup par caprice. Elle tire une grande fierté de sa collection de poissons rouges originaires du Japon et de Chine. Son chat persan bleu fait régulièrement des compétitions comme le « Miss Machin Chouette » de l'année, les deux pékinois blancs venus de Londres par avion ne comprennent pas un mot de français, et le caniche nain noir, originaire d'Allemagne, est le chouchou. Quand il se fait écraser en traversant la rue, maman porte le deuil et l'enterre dans le jardin. Elle a aussi des perruches venues d'Australie, des chats siamois, de vraies pestes, dont elle s'enorgueillit en exhibant avec bonheur leur pedigree. Lors d'une préparation à un concours, on affuble le persan bleu d'un ruban de satin autour du cou et on me refile la moitié du ruban embroché sur une barrette, bref, j'ai l'air d'une dinde. Je pense toujours à mon papa parti, mais je n'en parle pas, je sais seulement qu'avec lui l'existence aurait été différente.

J'ai pris une drôle d'habitude depuis quelques mois. Je me promène à travers les couloirs de la clinique en traînant un petit banc de bois, sorte de jouet construit par M. Vera, ancien colonel de l'armée du tsar, devenu menuisier par défaut. Je m'assois dans un coin sombre, sur le petit banc. J'espère qu'on va s'inquiéter de moi, partir à ma recherche, mais on s'inquiète davantage des trois chats primés enfermés dans un placard que de la petite fille égarée. Toutes les tentatives d'attirer l'attention sont inutiles. Je sors de ma cachette sans que la moindre infirmière ou femme de chambre ne s'étonne de me voir réapparaître. Je ne suis pas en colère, plutôt triste devant ce constat. Je vais devoir porter cette tristesse toute mon enfance, brisée parfois par des éclats de joie et une furieuse envie de vivre.

Les nuits où maman déserte sa nouvelle chambre, je me tiens debout dans mon lit, terrifiée. Elle sort de plus en plus souvent avec des amis, et il n'y a personne dans le sous-sol, la nuit, ce ne sont que des pièces vides, la lingerie, la réserve, et cette pièce interdite qu'est le four crématoire. « S'il te plaît maman, ne pars pas… Laisse la lumière… »

Un matin, alors que je traverse le grand hall de la clinique où des palmiers, dans de superbes pots de cuivre, voisinent les chaises en rotin, j'ai le pressentiment que quelque chose de grave se passe derrière la porte vitrée du bureau situé à l'entrée. Mme Vautier reçoit seulement les gens importants dans cette pièce sombre qui donne sur le boulevard Tzarewitch. Ce jour-là, un homme vêtu de noir y a suivi Mme Vautier qui a refermé la porte derrière elle et tiré les rideaux. Mme Julienne a fermé sa porte, elle aussi.

Tout est trop silencieux, comme si le jour du malheur venait d'arriver. J'attends, assise sur les marches de marbre gris. C'est froid. Je fixe sans le voir l'aquarium où nagent les poissons rares dans la lumière orangée. J'attends que l'homme sorte du bureau. Dès qu'il apparaît, je crie :

– Je ne veux pas aller avec lui !

Maman tente de me calmer, Mme Julienne aussi. L'homme repart mais son regard reste longtemps posé sur moi.

– Pour cette fois-ci ça va, mais sachez que ce que vous faites est contre la loi.

J'ai si peur que j'éclate en sanglots.

– Pas cette fois-ci. Ne crains rien, chuchote Mme Julienne.

Je tremble et puis j'oublie. Mes jours et mes nuits sont faits d'angoisse, d'appréhension et de petits bonheurs. Mme Julienne m'a offert des petits livres cartonnés. Histoires, en gros caractères, d'oursons qui font des bêtises et que je lis et relis. Puis j'invente mes propres histoires. Les couloirs de la clinique sont lugubres, ils sécrètent des fantasmes étranges. Je rêve de me jucher sur la grande commode de marbre pour observer l'eau monter dans cette étroite ruelle de ciment gris. Je me déplace sur une barque improvisée, l'eau monte tandis que les draps des patientes sèchent dans l'humidité chaude de l'après-midi. À mon retour de l'école, en grignotant mon petit pain au chocolat, j'imagine ma lente traversée. Je me repasse sans cesse cette scène de désastre.

Je traîne là où il y a de la chaleur et de la lumière. Dans la cuisine, le chef se moque de moi, les domestiques aussi. Ils me demandent si j'aime la carotte du chef et si je veux la voir. Je ris quand je ne comprends pas. Et la vie continue…

Un après-midi, j'ai cinq ans, je suis invitée à rendre visite à une actrice célèbre qui vient d'accoucher. Je monte dans sa chambre. Elle est belle, jeune et blonde. Elle incarne pour moi la figure d'une mère idéale. Elle est tout ce que je désire. Cette actrice est entourée de ses amis metteurs en scène, acteurs, actrices. Il y a beaucoup de monde, du champagne, des fleurs qui débordent de la chambre claire. Le bébé repose dans un joli berceau, c'est un moment de joie, de bonheur dont je me sens subitement exclue. La jolie dame me donne une photo et me la dédicace : « Pour Minou amicalement… Meg Lemonnier. » En faisant ce geste, elle brise l'enchantement. Au même moment, Viviane Romance et son mari Georges Flamand entrent dans la chambre. Elle veut me prendre dans ses bras, je hurle, je gigote, je veux me sauver. Elle me fait peur : dans tous ses films, Viviane Romance est toujours la méchante.

Mme Vautier aime toujours autant le cinéma et les vedettes qui fréquentent la clinique ne la laissent pas indifférente. Pour amener de la gaieté dans la clinique, elle fait entrer des caisses de vins fins et de champagne qu'elle entrepose à la cave dans un immense cellier qui débouche sur le mur du jardin. Je découvre des bouteilles poussiéreuses qui valent des fortunes. On réserve ce privilège aux clients de la nouvelle maternité. Elle a engagé l'ancien chef cuisinier du roi des Belges. Suzanne, la fille naturelle du Dr Vautier, est revenue mettre de l'ordre. C'est une sorte d'assistante temporaire qui continue à prendre ses repas à la cuisine. Mme Vautier tient à la hiérarchie. Elle est devenue plus coquette et fait venir à domicile masseuse, esthéticienne, dans la chambre du sous-sol réaménagée. Dommage, on ne peut pas ouvrir la grande fenêtre qui donne sur le mur du jardin. Le bloc de ciment obstrue la vue et les odeurs délicieuses du mimosa. J'aime essayer les renards argentés de Mme Vautier, c'est doux, beau et chaud, ce doit être ça la volupté. Dans la salle à manger, toujours au sous-sol, il y a du papier peint fleuri, des lustres de cristal et des meubles d'acajou où maman place avec fierté ses nouveaux achats, vaisselle de Limoges, cristal de Bohême dans des tons de chartreuse et de rubis. Je n'ai pas le droit d'y toucher mais leur vue me comble de plaisir. Parfois elle prête ses boucles d'oreilles en diamant à Suzanne. Des trèfles à quatre feuilles en or avec au milieu un diamant. Une pure beauté.

— Est-ce que tu l'aimes, Suzanne ?

Elle me répond que c'est une brave fille qui n'a pas eu de chance.

— Mais pourquoi elle mange à la cuisine ?

– Parce que c'est sa place.

Sous ses dehors de blonde douce, généreuse et un peu campagnarde, maman est redoutable d'indifférence. Elle traite Mme Julienne, qui lui est entièrement dévouée, comme une domestique. Ses amis sont des médecins, des avocats, des gens riches. Il n'y a que sa famille à laquelle elle soit lâchement soumise. Quant à moi, je n'ai aucune idée de ce qu'elle éprouve pour moi. Elle m'habille comme un caniche, me choisit des chaussures trop petites en me disant que j'ai des grands pieds. Elle prétend que lorsqu'on n'a pas d'argent il faut acheter cher. Des tissus riches et des matières nobles. Bref, elle ne se prive pas et moi je décore sa vie plus ou moins bien. Elle ne m'embrasse jamais. Depuis que je joue du piano, paraît-il que j'ai un certain talent. J'ai gagné des points. Malheureusement pour moi, le piano ça fait trop de bruit. Il est installé dans la salle à manger et elle crie: «Ferme la porte quand tu joues!»

Ma vieille petite prof est de plus en plus sourde. Elle ne peut pas jouer, ses mains sont déformées par l'arthrite. Je ne veux pas qu'elle me quitte alors je m'applique. Quand elle dort, j'arrête les exercices et je joue n'importe quoi. Des musiques à la mode. Seulement voilà, maman a décidé que nous devrions aller jouer dans le pavillon.

– Au moins on ne vous entendra pas.

Je déteste cet endroit depuis que mon papa y est mort. Elle a tout redécoré: un grand lit moderne tendu de velours bleu, des tentures assorties et des meubles Boule. Mais il n'y a pas de chauffage. De jouer les mains transies dans cette lumière qui m'afflige, je ne suis bonne à rien. Le piano devient un cauchemar. Mais si j'abandonne, ma pauvre petite mère russe perdra une élève. Quand j'ai trop froid, je retourne au sous-sol.

Durant ces années où je vis dans la clinique, j'entends les cris de douleur des femmes qui accouchent, je compose avec la mort des bébés que l'on jette dans le four crématoire, la porte interdite au sous-sol, juste en face de ma chambre. C'est aussi croiser les docteurs qui se baladent sans gêne dans leurs blouses ensanglantées, et l'odeur permanente des médicaments qui flotte partout. La vue du sang ne me dérange pas, c'est plutôt son odeur âcre qui est désagréable. J'aime jouer avec le mercure. Dans la pharmacie de la clinique, je chipe des thermomètres et je les casse. Je recueille le mercure dans une petite boîte et je fais rouler les billes d'argent qui se séparent et se reforment à l'infini.

Lorsque j'invite mes camarades de classe à venir jouer avec moi, je les badigeonne à la teinture d'iode et au mercurochrome. J'emploie tout ce qui est à ma portée, l'éther, les sparadraps, et je reproduis les gestes que j'ai observés mille fois chez les infirmières et les docteurs. Je prends une petite copine par la main et je l'entraîne dans les salles d'opération où les champs maculés de sang la remplissent d'horreur. Ce sont des jeux qui me passionnent plus que n'importe quoi, mais les parents se plaignent à maman de mes pratiques étranges.

Mes copines s'étonnent que j'habite dans un lieu si peu conventionnel.

– Pourquoi tu vis dans une clinique? Est-ce que tu es malade?

– Mon papa est mort, mais ma maman est propriétaire de la clinique.

– Tu mens! Elle est trop vieille.

Je refoule mes larmes, ça fait trop mal, cette phrase idiote.

À six ans, maman décide de me louer pour quinze jours à un couple de cousins éloignés qui désire faire l'apprentissage de la maternité par personne interposée. Je ne comprends pas pourquoi. J'ai peur de partir.

– Je veux pas y aller, s'il te plaît!

Je suis donc à l'essai pour quinze jours, comme une boniche, un perroquet ou une souris. Si je ne fais pas l'affaire, cette famille bien-pensante abandonnera l'idée farfelue d'avoir un enfant. La jeune femme, au premier regard, me déplaît. Elle affiche un sourire assez niais, comme pour amadouer un pitbull. En plus, ce jeune couple habite un trou en province, dans la vallée de la Moselle. Hagondange, 8252 habitants, l'activité principale de la ville: la métallurgie. J'ai les cheveux courts et raides attachés avec une barrette qui ne tient pas, des bras maigrichons. Je ne suis pas mignonne. J'ai de grands yeux verts effrayés et une timidité maladive. Cet apprentissage de la maternité est aussi douloureux pour la jeune femme que pour moi-même. Introvertie et solitaire, je n'aligne pas deux mots à la suite. J'ai la nausée devant le bol de café au lait du matin. La peau disgracieuse que laisse le lait chaud me donne envie de vomir.

Je ne veux pas sortir sur ces trottoirs étroits le long de ces maisons tristes ternies par la suie, sous un ciel gris souris. Je dois rester deux à trois heures devant mon assiette sans pouvoir avaler le moindre bout de viande filandreuse. Je passe beaucoup de temps aux toilettes car c'est le seul endroit silencieux où je peux pleurer en toute tranquillité. L'après-midi il faut faire la sieste, et d'abord la prière à genoux, alors que la jeune femme tourne allègrement la clef dans la porte et le fer dans la plaie. Je compte les jours. Elle s'énerve et m'évite en me donnant un catalogue de meubles que je découpe durant des heures, enfermée dans ma chambre. Quant au mari, je pense qu'il ne m'a jamais regardée. En fait, un enfant de six ans ne semble pas le prédisposer à la paternité. La famille idéale parle de moi:

– Elle ne parle pas, elle n'aime rien, si je la gifle, elle ne répond pas, en plus, de visage, elle est plutôt ingrate et de caractère également. Si c'est ça, un enfant, on devrait y repenser.

Je n'aime pas ces gens, ni leur maison, ni la ville et je déteste ma maman quand elle se débarrasse de moi en m'envoyant chez ses neveux ou ces étrangers infects.

Le jour où je reprends le train pour Nice, à la gare, ils m'installent dans un compartiment en me recommandant à un passager; par la vitre qui nous sépare, je leur fais mon plus beau sourire, tellement je suis heureuse de les voir s'éloigner. Les mois passent, la vie à la clinique Santa Maria se poursuit sans grand changement. Je suis rentrée d'Hagondange heureuse de retrouver mon jardin et mon sous-sol, même si je suis souvent seule et désemparée devant la méchanceté de mon entourage. On ne parle presque plus du docteur. Maman fait de la couture, la création de nouveaux berceaux pour la maternité l'occupe. Prise par la gestion de la clinique et ses sorties, elle me néglige. Je n'ai pas vraiment d'amis, l'école ne me passionne pas, mais je sais enfin lire et écrire. Pour mon plus grand malheur… C'est l'été, une journée ordinaire, rien de particulier qui prépare au drame, le soleil s'est levé comme à l'habitude en juillet, je n'ai rien senti, ni frayeur ni inquiétude, je traîne dans le jardin, et ramasse quelques nèfles juteuses près du pavillon blanc. J'irai probablement à la plage en fin de journée. Alors, pourquoi suis-je entrée dans la chambre de maman ce jour-là? Je ne cherchais rien et ce que j'ai découvert à ce moment précis a changé ma vie. Je ne peux plus revenir dans l'autrefois, au temps de l'insouciance, de l'ignorance, je ne peux pas remonter le temps; en l'espace de quelques heures, ma vie s'est transformée en cauchemar. Je suis devenue une autre, il fit soudain très froid et sombre, comme si le jour et la lumière avaient disparu. Perpétrer un secret est un viol de l'âme. Les mots et les dates s'entrechoquent dans ma tête. Ces noms étrangers me confondent. De quel enfant s'agit-il? Et qu'est-ce que cette lettre fait là, cachée entre les draps? On parle d'argent, d'enfant vendu, loué ou quoi? Cette lettre me concerne. C'est de moi qu'il est question pour toujours. Impossible d'oublier, ou d'imaginer que rien n'existe. Si je replace la lettre, j'enterre mon destin. Qui est cette Sophia qui m'a mise au monde et n'a pas voulu me regarder? Pourquoi maman a menti, triché et ne m'a pas protégée, pourquoi les autres savent-ils ce qu'on m'a caché? Je n'ai pas de nom avant l'âge de quatre ans. Je suis née de parents inconnus, sous X, comme on dit. À l'état civil, on m'a inventé un nom de famille, Visda, soi-disant le prénom de mon père, inversé. Il s'appelait David mais le greffier, sourd, a confondu avec Davis, résultat: Visda. Sans racines, un nom falsifié qu'un greffier morose a écrit sur mon bulletin de naissance.

Je ne veux pas de cette réalité, mais maintenant que j'ai lu cette lettre, je suis condamnée. Morte la confiance, morte l'estime de moi. Ce qu'on me propose me dégoûte. Je ne veux pas de cette identité, j'en ai honte. Mon plus gros chagrin c'est de l'avoir nommée maman, d'avoir dit maman à une étrangère que je déteste. Mme Vautier vient me chercher à l'école, et à présent je saisis les insinuations à mon sujet : « C'est curieux comme votre fille ne vous ressemble pas. Vous êtes si blonde et elle, si noire. »

Au cinéma, dans la fiction, avant les tragédies, le jour se lève normalement, l'accident n'existe pas encore. La petite fille est heureuse, insouciante. Elle va à la plage comme d'habitude. On la laisse croire qu'elle est en sécurité, alors que le malheur est sous ses yeux, encore endormi. À l'affût, planqué dans un coin, sous une taie d'oreiller.

Je n'ai ni mère, ni père, ni preuves à opposer aux ragots et aux petits sous-entendus mesquins. Je suis impuissante lorsqu'Armelle, la fille de la boniche qui couche sous les toits dans la moiteur de l'été et la rigueur de l'hiver, laisse échapper ses phrases assassines: «T'es sale, tu pues comme tous les Juifs!» Ce regard qu'elle porte sur moi me salit. Mes petites joies et mon insouciance d'avant font place à une tristesse chronique. Tout est une imposture. Je suis une imposture. Mme Vautier aussi. En l'espace d'une journée, j'ai perdu mon âme, mon cœur est sec. Je suis morte. Ce que j'aurais dû faire c'est prendre la lettre, affronter les autres, leurs mensonges, aller au bout de cette histoire sans faiblir, demander des comptes. Est-ce possible que la petite fille que je suis, timide et introvertie, puisse monter aux barricades pour faire exploser la vérité: «Hé! qu'est-ce que ça veut dire, cette putain de lettre? Qui suis-je, c'est qui cette Sophia? Ce David? Qui paie le lait et la pension pour un an? Vous vous êtes bien foutus de moi, c'est quoi tous ces chuchotements dans mon dos, ces invectives sur mes origines, ce mot sale qui me poursuit?» Un peu de courage... Du courage je n'en ai pas eu, j'ai remis la lettre à sa place entre les draps pliés et je n'ai rien dit. Pour survivre.

C'est à cette époque, alors que je suis si fragile, que je contracte la coqueluche qui dure presque un an et qui a bien failli dégénérer en tuberculose. Devant les symptômes qui s'aggravent, on m'expédie de toute urgence à Grasse, comme une pestiférée, qui de plus mobilise le personnel de la clinique, dans une belle villa que Mme Vautier a louée, hors du milieu stérile de la clinique. Cette maladie qui m'emporte loin de la clinique m'angoisse, peut-être que je vais mourir et ce sera bien. L'enfant de nulle part donne bien des soucis. Je dérange, mais je suis installée dans une somptueuse villa à flanc de coteau, avec une terrasse qui donne sur les jardins de fleurs de la parfumerie Fragonard. Lavande, œillet, muguet, un champ de couleurs et d'odeurs si fortes qu'elles me font oublier mes terribles quintes de toux pendant lesquelles je crois mourir à chaque fois. Une infirmière et une femme de chambre veillent sur moi. Je suis soumise à un régime strict : un kilo de raisin par jour, des heures au soleil, des promenades, de longs bains. Je maigris et pleure chaque nuit. Un matin, alors que je reprends lentement des forces, je suis assise dans la baignoire où l'on m'a permis de manger une banane. La porte de la terrasse est ouverte et le soleil inonde la salle de bains aux tuiles rouges. Soudain, un morceau de banane se coince dans ma gorge. Je n'arrive plus à respirer ni à tousser. La panique s'empare de moi, je grelotte, je suis incapable de me lever pour aller chercher de l'aide. Sans la présence de l'infirmière tout près, inquiète de ne plus rien entendre, Dieu sait ce qui serait arrivé. Au premier coup d'œil, elle comprend l'urgence de la situation et m'enfonce son doigt dans la bouche pour que je recrache le fruit. Pour une rare fois, on me prend au sérieux, je me sens importante. Cet épisode, que l'infirmière rapporte à Mme Vautier lorsqu'elle vient de Nice me visiter à la villa, fait de moi un sujet de conversation pendant un après-midi entier. Je dois la vie à cette infirmière et pourtant, je ne me rappelle pas son nom, mais la peur d'étouffer m'habite encore. Je voudrais relire la lettre, pour m'assurer que tout est vrai et fini.

Tous les étés, lorsque la chaleur devient insupportable à Nice, nous passons les vacances dans un petit village nommé Vadonville en Lorraine. C'est le fief de la famille de Mme Vautier. Elle y rend visite à Isabelle, sa sœur aînée, une grosse femme sèche et autoritaire. Depuis le début des vacances, les rumeurs de guerre circulent abondamment.

— Mais non, disent les uns, il n'y aura pas de guerre, tout s'arrangera.

— Je vous dis que si! disent les autres.

Ce qui est certain c'est que je ne veux pas rester à Vadonville. Mais rapidement, je sens que je n'y échapperai pas. Mme Vautier refuse de me ramener à Nice avec elle, craignant que je devienne une charge encombrante et inutile dans ces temps incertains. Je suis dévastée. Tout ce qui m'arrive est la preuve que je ne suis rien.

La guerre est déclarée en septembre 1939. Loin de ma ville, loin du soleil de la Méditerranée, je me sens encore plus abandonnée. Le premier hiver, je fréquente l'école de Vadonville. Je ronge mon frein durant ces interminables mois, maudissant le climat glacial de cette région. J'ai des engelures aux genoux, je peste contre l'humidité et le verglas. Si Mme Vautier n'a pas l'affection prodigue, sa sœur Isabelle est pire encore. De plus, elle tourne allègrement sa sœur en ridicule, lui reprochant de s'être exilée avec son mari sur la Côte d'Azur, comme des richards parvenus. Je n'ai pas la manière avec la tante Isabelle. Sait-elle d'où je viens? Elle m'oblige à passer des soirées avec ses voisines, de vieilles femmes qui sentent l'urine et portent toujours les mêmes robes noires tachées depuis des siècles, elles me donnent envie de vomir et renforcent ma colère muette. Ma seule consolation, c'est d'être jeune.

Auprès du feu, je tue le temps avec des brindilles de bois, dissimulant mon malaise. Je ne veux pas atteindre cette disgrâce, c'est trop odieux. Dès que c'est possible, je m'éclipse et rejoins ma chambre humide et sombre chez tante Isabelle. Les draps sont glacés et le cœur de Jésus au-dessus du lit saigne depuis mille ans. Tout est inconfort, les toilettes au fond du jardin, le puits à même des dalles mouillées qui offre la seule eau potable. Seul le noisetier a toute mon affection : son ombre, ses premières noisettes tendres et blanches me permettent d'oublier le reste. Et puis il y a cet endroit secret en avant de la maison où je vole des moments d'intimité à l'insu de ma tante en lisant les livres interdits. C'est là que je découvre la Gervaise d'Émile Zola ; la détresse de Gervaise me rassure, le malheur existe aussi dans les livres.

Mais le répit est de courte durée. On commence déjà à sentir les répercussions de la guerre : la mobilisation des hommes, les échos lointains des premiers bombardements. Les jours qui passent m'épouvantent. Les Allemands avancent, bombardent Vadonville qui est en plein cœur de la tourmente. Je ne peux pas me concentrer sur mes devoirs de classe. Je demande à tante Isabelle : « Ça dure combien de temps la guerre ? » Elle me répond avec humeur : « Quelques semaines, quelques mois ! » J'ai peur de ne plus revoir Nice, ni la clinique. Je ne veux pas mourir à Vadonville. La gare de triage de Lérouville est un point stratégique, une cible parfaite. En fait, toute la Lorraine est en danger. Tout à coup, Vadonville est secoué par l'arrivée des troupes françaises. Le 16 juin, le patelin est bombardé vers 11 h du soir. Nous nous sommes réfugiées, tante Isabelle et moi, chez les voisines. J'apprends vite. Quand on entend les avions, c'est que les bombes tomberont plus loin. La guerre ressemble à l'orage. Les éclairs d'abord, puis on compte les secondes et on convertit en kilomètres lorsque le tonnerre gronde. Si les Allemands arrivent, il nous faudra partir, vers Lérouville, chez la tante Laure, la sœur du D\u1d63 Vautier. Ou ailleurs. Un dimanche, je vais à la messe avec une amie de l'école qui habite la rue principale. Le curé baragouine un semblant de sermon, mais personne n'écoute. Les détonations et le vrombissement des avions nous paralysent. Nous n'avons qu'une seule hâte : entendre le *Ite missa est*. Sur le chemin du retour, mon amie cherche en vain sa maison. Il n'y a qu'un trou fumant et des ruines. Elle pleure et moi je suis terrorisée. La pauvre petite fille se jette dans mes bras. Je me précipite chez ma tante Isabelle qui montre pour une fois une véritable inquiétude.

— Va faire ta valise.

Nous quittons Vadonville dans une vieille camionnette, pour Commercy. La guerre est à nos trousses. Pendant une semaine, nous restons chez des parents d'Isabelle. Finie l'école. C'est la débâcle, disent les vieux. Je ne pense qu'à Nice et ma tante Isabelle n'a qu'un désir, retourner chez elle. Sa famille l'encourage à rester à Commercy, mais c'est plus fort qu'elle. On brave le couvre-feu, le bombardement de la gare de Lérouville et on débarque tremblantes au village. Pas un bruit, personne dans les rues. De l'extérieur, sa maison de pierre au bord de la route est intacte.

— Merci mon Dieu, la maison est là ! s'exclame-t-elle.

Elle pousse la porte et me prend par la main. Je la suis, inquiète. Ce que nous découvrons ensemble est abominable. L'odeur d'abord, et la vue. Tout est brisé : les miroirs, les armoires, les livres à terre. Qui a fait cela ? Les soldats, bien sûr, mais les Français ? Les Allemands ? Peu importe. Ils se sont permis des gestes outrageants : souiller d'excréments une montagne de linge, pisser contre les murs, fracasser la vaisselle, et sur la cheminée tous les bibelots ont disparu. Nous sommes sans voix. Nous pleurons toutes les deux de honte pour cette pauvre petite maison saccagée, dont la porte n'était même pas fermée, ouverte au plus offrant comme une fille violée.

Isabelle me prend dans ses bras.

— Tu ne peux pas rester ici. Va chez la tante Laure en attendant que je nettoie.

— Non, je vais le faire avec toi.

34

C'est l'été et la chaleur rend l'odeur insupportable. On commence par les draps, mais les matelas sont foutus. Au premier étage, ils ont arraché le crucifix, et le cœur de Jésus est transpercé, les vitres éclatées. Ce décor autrefois paisible a perdu sa dignité. Alertée par sa sœur, Mme Vautier arrive à Vadonville. Elle la supplie de venir à Nice, mais la vieille dame s'entête. Isabelle veut préserver à tout prix la maison au bord de la route. Le choc a été trop rude et même si on parle d'évacuation, meurtrie par le chagrin, elle s'accroche à ce qui lui reste de fierté et préfère le danger. Personne ne la délogera cette fois-ci.

Au retour, les trains sont bondés. De Nancy à Nice, Mme Vautier se trouve une place à bord du train, tandis que je dois faire tout le voyage accrochée à l'extérieur, en me demandant combien de temps je tiendrai sur le marchepied. Les trains en sens inverse soulèvent un brouillard de suie. L'engourdissement est le pire danger qui me guette. Un soldat me retient quand mes bras lâchent prise. Parce qu'on s'arrête partout, le train va moins vite que d'habitude, mais la peur de relâcher la barre à laquelle je suis agrippée me terrifie. Je pense que je n'arriverai pas à Nice. La ligne de démarcation, depuis l'armistice de juin 1940, coupe la France en deux. Nice est en zone libre. Vadonville est dans la zone occupée et, du haut de mes neuf ans, ça m'arrange.

À la clinique, la guerre n'empêche pas le soleil de briller. À Nice, on ne la sent pas encore. Le chef cuisinier du roi des Belges a regagné son pays, c'est un chef suisse qui le remplace. Je l'aime bien, il fait des meringues et il me donne de gros cristaux de sel sur lesquels je dépose une goutte de vinaigre de vin et que j'avale comme des bonbons. L'école continue et les fins de semaine, Mme Vautier m'emmène souvent au casino de la Jetée. C'est le joyau de la grande bleue, un bâtiment baroque de style byzantin construit sur pilotis, aussi mythique que la tour Eiffel. Mme Vautier adore cet endroit et moi aussi. Pour être admis dans ce palais somptueux et circuler sous les palmiers et les lustres de cristal, fouler ses planchers de marbre, il faut être chic. Les boutiques luxueuses sont gorgées de trésors, de bijoux, de fourrures et de parfums. Le restaurant donne sur la mer, avec une salle de spectacle où se balancent des trapézistes qui se jettent dans le vide sans filet. Je suis fascinée par ce spectacle alors que Mme Vautier déguste, aussi indifférente qu'une tsarine de la grande époque, thé et petits-fours. Au petit animal de compagnie que je suis, ces fugues au milieu de la beauté et du luxe font oublier un moment la douleur et la colère. Tous les Niçois, qui, comme moi, ont vu et côtoyé le casino de la Jetée dans leur jeunesse, en ont gardé l'image d'une enfance dorée. J'ai eu du chagrin quand il a été détruit par les Allemands en 1943 sous l'Occupation. Depuis, la baie des Anges est lisse, sans cicatrice, comme s'il n'avait jamais existé.

En 1941, on ne trouve plus rien à manger, il n'y a plus de charbon, plus de vêtements, plus de cuir. C'est l'année des privations. C'est aussi l'année de ma première communion. Mme Vautier a décidé de faire de moi une fervente catholique et elle y a réussi. Je deviens obsédée par la religion. Je vais à la messe de six heures, chaque matin, priant pour réussir un examen, pour savoir monter à bicyclette, pour avoir des cheveux longs ou pour aller au cinéma. Mme Vautier décide que ma première communion est l'occasion idéale pour se faire apprécier en préparant une fête grandiose malgré le manque de denrées. Elle ne ménage pas ses efforts. Même si le marché noir est contre ses principes, elle élabore un menu hors du commun pour un dîner auquel elle convie quatre-vingts personnes affamées. Les infirmières, les domestiques et même les femmes de chambre sont invitées, mais elles prennent place dans une salle adjacente à la salle à manger où se retrouvent les amis et les membres de la famille. Je porte une robe en organdi blanc à plis plats horizontaux, une sorte de bonnet qui m'allonge la figure et des chaussures vernies noires. On m'offre un très beau missel en cuir vert, doré sur tranches, dont je ne me sépare plus du reste de la journée. C'est la seule marque d'attention que j'aurai ce jour-là car je réalise rapidement que ma communion n'est qu'un prétexte à épater la galerie. Un événement que j'espérais plein de mystère et de recueillement se transforme tranquillement en une débauche de bouffe et d'alcool. En 1941, Dieu ne fait pas recette, mais la famille et les invités ne manquent pas l'occasion de venir s'empiffrer aux frais de Mme Vautier, avec un sans-gêne qui me navre. Je maudis ces adultes obscènes qui ne pensent qu'au plaisir et qui ne se sont même pas déplacés pour assister à la messe de communion.

Ils semblent tous ignorer le caractère sacré de cette journée. À la fin de l'après-midi, j'entre dans une colère terrible. Ma fête de la pureté tourne à l'orgie et, de rage, je déchire ma robe d'organdi, j'arrache ma coiffe ridicule, jurant par tous les saints que je ne deviendrai jamais adulte. Je me réfugie dans le jardin, à l'ombre des acacias et des magnolias pendant que la foire, en bas, continue. La splendide pièce montée de choux à la crème et de caramel les achève. Je n'y touche pas. Je vois des hommes rouler sous les tables, d'autres qui vomissent dehors, des femmes qui se laissent pincer les fesses. La fête s'étire sur trois jours, trois jours à bouffer sans dessoûler en prétextant qu'en temps de guerre il vaut mieux en profiter car on ne sait jamais. Tante Isabelle nous a enfin rejoints pour quelques mois, le temps de voir venir.

L'année suivante, Mme Vautier devient de plus en plus imprévisible. Malgré le danger de naviguer sur la Méditerranée minée, elle décide de prendre des vacances en Corse. Nous embarquons sur le *Cyrnos*, qui sera coulé par la suite. Cet étrange voyage dure trois mois car on ne peut plus rentrer à Nice. Nous allons de Bastia à Calvi, la plage aux méduses, puis à Corte, dans la montagne, et enfin dans le petit village de Vizzavona, entouré de fougères. L'auberge, séparée de la route par un ruisseau, est toute en pierres et les chambres rustiques sont meublées de lits profonds, recouverts de duvets. Au menu, tous les jours, pendant trois mois, langoustes et tomates provençales. Finalement, on revient à Bastia pour attendre un bateau qui retournera sur le continent. C'est par une nuit froide, sur le pont du bateau, que nous faisons la traversée du retour.

Mme Vautier a réussi à négocier un transat alors que je suis par terre, enroulée dans une couverture. Un jeune homme d'une vingtaine d'années est allongé près de moi. Parfois, le roulis nous projette l'un contre l'autre. Je prends goût à ce mouvement étrange et je finis par m'endormir. Lorsque je me réveille, il fait encore nuit, l'air est humide et je suis dans les bras du garçon qui me réchauffe de tout son corps. Je reste immobile, me retenant presque de respirer pour prolonger jusqu'au matin cette douceur nouvelle qui m'est complètement inconnue.

Ce premier émoi secret pique ma curiosité pour les garçons. Dans le jardin de la clinique Santa Maria, il y a un citronnier qui donne seulement six citrons par année, mais ils sont si doux qu'on peut les peler comme des oranges. Mon cousin Michel décide de faire de ce citronnier une balançoire. Il y installe une corde, attache une planche de bois sur laquelle je prends place, et il me pousse avec force. Je me retrouve dans les plates-bandes du jardin, face à la grille, meurtrie, le genou écorché. Il rigole en me lançant des plaisanteries grossières :

– J'ai vu ton cul, il est poilu !

Je le trouve beau malgré les sévices qu'il me fait endurer. Il m'attache sur une chaise, me bâillonne pour m'empêcher de crier, et il me gifle en me crachant des mots crus. Puisque Mme Vautier considère que nous nous entendons plutôt bien, elle décide qu'un séjour chez ses parents m'apprendra à socialiser. Ils habitent Arles et je ne les aime pas.

Au numéro 8 de la rue des Carmes, à peine ma valise posée, je compte les jours qui me séparent de mon retour à Nice. Yvonne, la mère de Michel, est une jeune femme brune, rusée, qui manipule tout le monde. Elle est belle, pauvre et ambitieuse. Le dimanche, à la messe à l'église Saint-Trophime, Pierre, le père de Michel et Pierrette, lit le journal en croisant les jambes. Je suis choquée et triste. Dans leur maison glaciale, il fait sombre, le sol est carrelé, le mobilier rustique et les persiennes toujours closes. Je dors au premier dans une chambre minuscule qui donne sur la cour, à l'étage des enfants. Tous les matins, je me lève avec la peur au ventre. Je n'ai pas de mots lorsque je descends à la cuisine et croise Yvonne ou Pierre. À leurs yeux je suis une retardée. Ils me tolèrent à cause de la tante Marie. Je reste des heures attablée devant la nourriture, j'en suis malade. Je sens leur dégoût et je préfère encore être maltraitée par leur fils, Michel, que de subir le regard accusateur d'Yvonne. Mon angoisse domine le bon sens. Le mistral, ce vent chaud qui souffle comme une tempête de sable, m'attire à l'extérieur, il souffle durant des semaines, à me rendre folle. Les Arlésiens disent que ça rend « fada ». Michel, que tout le monde appelle Michou, me pousse sur les trottoirs étroits vers la promenade des Alyscamps, les Champs-Élysées de la Provence. C'est un cimetière original à ciel ouvert, où les sarcophages de pierre sont alignés le long des allées, dans lesquels mon charmant cousin menace de m'enterrer vivante. Je hurle, ce salaud me pourrit la vie.

De temps en temps, on prend le train pour les Saintes-Maries-de-la-Mer avec toute la famille en traversant la Camargue. Paysage sauvage pour une fille habituée à la ville, ce sont des moments de joie. Un soir, événement historique : on donne l'opéra *Carmen* dans les arènes d'Arles, lieu spectaculaire qui accueille magnifiquement cette histoire. Grimpés dans les gradins, Michou et moi sommes tellement émus qu'il me sourit. Qui peut se vanter d'avoir entendu *Carmen* dans les arènes d'Arles, sans micros, sous un ciel étoilé et une brise légère ? Moi. Ce sont les miracles de la vie. La guerre semble épargner cette ville de province.

Et puis, quand la pensée de la lettre de la honte revient me narguer, le ciel s'obscurcit, je plonge dans un mutisme profond. C'est certain que la famille des neveux sait tout de moi. Chez eux, je fais du temps. Je ne pense qu'à ma ville chérie, Nice, à ma petite chambre du sous-sol et au grand jardin, puisque je n'ai rien d'autre.

Yseult, une amie de mon âge, a affiché fièrement sur le mur de sa chambre le portrait de Philippe Henriot, homme politique français issu de la droite catholique et fervent pétainiste. Il entre au gouvernement de Vichy comme ministre de l'Information. À partir de février 1942, la propagande s'intensifie sur les ondes des radios nationales, où Philippe Henriot, avec ses prestations biquotidiennes, se distingue par son discours: antisémite, anticommuniste et antigaulliste, et dénonçant les bombardements anglo-saxons, qui causent la mort de civils français. Ce portrait sombre de cet homme dangereux me rend nerveuse. Comment peut-on admirer un homme politique quand on a dix ans, au point de l'afficher comme une idole? Moi, j'en suis restée à Shirley Temple.

Sa mère, Mme Y..., déteste les Juifs et le clame haut et fort. Bien que leurs allégeances politiques soient opposées, Mme Y... est une amie de longue date de Mme Vautier. Ces deux femmes seules, dont les deux petites filles s'entendent plutôt bien, se voient régulièrement. Le père, un Albanais, a disparu de la circulation. Bien que la mère et la fille habitent un magnifique appartement qui domine la mer dans un immeuble baptisé le Château des Baumettes, Mme Y... a des fins de mois difficiles et donne des leçons de piano pour survivre. Yseult est une élève douée qui, poussée par l'ambition démesurée de sa mère, compte bien devenir une grande pianiste. Mme Y... est-elle au courant de la lettre? Cette femme me fait peur, malgré sa beauté sombre de femme fatale – elle s'affuble de voiles transparents dans son désir de provoquer –, autant par sa haine des Juifs que par sa tenue racoleuse. Un après-midi, au Château des Baumettes, plutôt que d'emprunter l'escalier de la terrasse qui donne directement dans le petit appartement, je prends l'escalier de service qui mène à la cuisine. Pourquoi ce jour-là, précisément, ai-je choisi la clandestinité? Je m'arrête brusquement. Deux hommes vêtus de manteaux de cuir parlent à Mme Y… En allemand. Je ne comprends rien si ce n'est que ma visite impromptue me met en danger. Je recule. Il n'y a pas de doute, ces types sont de la Gestapo. Je connais trop bien l'antisémitisme de Mme Y… pour ne pas déguerpir le plus vite possible. Si les deux hommes s'étaient retournés à ce moment-là, qu'aurait-elle fait? En arrivant à la clinique, je préviens Mme Vautier : « Mme Y… vend les Juifs aux Allemands. La Gestapo était là. »

– Qu'est-ce que tu racontes?

Pourquoi me croirait-elle sur parole? D'après Mme Vautier, je mens, elle dit souvent que j'invente des choses pour me rendre intéressante. Pourtant, quelques jours plus tard, sous la tonnelle de la terrasse, Mme Y… confirme à son amie ce que j'ai découvert. Sans mari, vivant seule avec sa fille, elle avoue dénoncer sans aucune culpabilité les Juifs qui louent des appartements au Château des Baumettes pour cinq mille francs par tête. « Faut bien vivre », dit-elle avec un sourire. Je n'ai jamais su si j'étais sur sa liste. Je dois sans doute la vie à Mme Vautier, qui a tourné le dos à son amie, dégoûtée, en lui lançant cette phrase :

– Eh bien, ma chère, ne vous gênez pas, vous pouvez me dénoncer. Moi aussi, je cache des Juifs à la clinique.

La peur, secrète et sournoise, empoisonne ce bel été. Dans ces moments d'angoisse, la lettre me tourmente doublement, comme une blessure qui ne guérit pas mais qui suinte, c'est pire. Je suis à la merci de tous, je dépends du bon vouloir de chacun. Le Juif se vend bien, un litre d'huile d'olive par tête. Quant à moi, personne ne détient de preuve. Je ne m'appelle pas Jacob ni Cohen, mais Visda, un nom qui n'existe pas, un nom sans origine, et c'est peut-être ce nom que je déteste, sans comprendre sa provenance, qui me sauve du pire. Depuis que

Nice fait partie de la zone libre, la ville s'est ouverte aux étrangers, et à cette époque on y compte plus de vingt-cinq mille Juifs, bonne aubaine pour Mme Y... Près de la gare, à l'hôtel Excelsior, la Gestapo s'est installée. Elle traque les trains, les gens dans la rue. Un jour, un homme avec un chapeau noir me suit, j'essaie de le semer. Ma peur et ma méfiance me donnent des yeux derrière la tête. Finalement, je perds le type devant le cinéma Escurial. Dès lors, je décide d'aller à l'école en bicyclette, pour fuir plus vite en cas de poursuite. Dans ma classe, il y a parmi mes collègues une jeune fille blonde qui demeure à l'écart. Personne ne lui parle car elle est allemande. Moi, j'envie sa blondeur. Mon école est une belle villa couleur ocre en plein cœur d'un jardin de lauriers roses et de magnolias blancs, à quelques pas de l'avenue de la Victoire. Jeanne de France est une institution pour filles seulement. Nous sommes loin d'être à l'abri. Chaque matin, Lilian, mon amie, vient me rejoindre. C'est une jolie fille, petite, avec des taches de rousseur et un petit nez retroussé. Elle est juive, son père bijoutier et sa grand-mère russe. Pour le déjeuner, elle a toujours du pain et une tranche de jambon, ou de fromage, qu'elle partage avec moi. Ce partage m'émeut.

Un matin, après l'école, elle m'emmène chez elle, rue C... En arrivant, c'est la panique. La grand-mère crie en russe et dans un mauvais français, elle tient une lettre dans ses mains. La mère de Lilian a été arrêtée par la Gestapo ; depuis, plus de nouvelles, la famille ignorait où on l'avait emmenée. Et ce matin, la lettre qu'elle tend à Lilian vient d'Auschwitz, en Pologne. Je suis trop troublée pour intervenir. Les lettres pour moi sont porteuses de malheur. De semaine en semaine, la vie devient si désordonnée que nous perdons nos repères. Je suis aussi angoissée pour Lilian que pour moi. A-t-elle connaissance de mes origines ? Plus la chasse aux Juifs se manifeste, plus je vis dans la crainte. Ce sont des mois de mensonge, d'angoisse, sous le ciel bleu de la Méditerranée. Mme Vautier cache une famille juive à la clinique : le père, la mère et deux enfants, dont un garçon frappé de paralysie cérébrale qui passe ses journées en chaise roulante. La Gestapo et la milice font régulièrement des descentes dans les écoles, les gares, les hôpitaux, à la recherche de Juifs, sur dénonciation ou non, ou vérifient l'identité des gens dans la rue. Je passe du temps auprès de ce pauvre garçon handicapé. Mme Vautier les a dissimulés dans des chambres en leur attribuant de faux noms et des maladies. Tout ce qu'ils attendent, c'est un passeur pour aller en Suisse. Ce jeune garçon si doux a conscience de la mort qui menace et du risque qu'il fait courir à ses parents. Je tente de lui donner un peu d'espoir même si je crois qu'il est perdu. Comment fuir, escalader les montagnes, se cacher quand on est captif d'une chaise roulante? Mme Vautier a trouvé un passeur. Je les quitte en pleurant. «Jamais, disent-ils, on ne vous oubliera.»

Devant l'héroïsme de Mme Vautier, cette fois-ci j'attends, j'espère une preuve d'amour, qu'elle dise la vérité. En vain. Je fais partie intégrante de sa vie, pas de ses secrets. Le pire est à venir. La clinique souffre du manque de provisions, les infirmières et les domestiques volent de la farine, du sucre, Mme Vautier ne s'en aperçoit pas. Elle travaille comme une brave ménagère. Parfois, dans la nuit noire de l'hiver, je l'accompagne dans sa tournée des marchés, à quatre heures du matin. Il faut nourrir cent personnes et nous traînons des valises que nous remplissons de légumes du cours Saleya et de quelques morceaux de viande trouvés au marché de la Buffa. Les employés veulent retourner dans leur village, sauf le chef qui restera jusqu'à la fin de la guerre. La zone libre ne veut plus rien dire. Nous sommes occupés par la milice italienne et les familles niçoises s'entre-déchirent. Je ne peux m'empêcher de penser à ma marraine Anna, qui est repartie en Belgique avant la guerre pour retrouver sa famille, et dont je suis sans nouvelles. Elle me manque. À l'école, on ne fait pas grand-chose, le cours de la vie est trop incertain. Je passe tout mon temps à la clinique où on a peint en bleu les fenêtres de toutes les chambres. La vie rétrécit. J'ai repris mes allées et venues au sous-sol, passant de la lingerie à la réserve. En plein centre, il y a une chambre fermée et une porte secrète qui donne sur la fournaise.

Sur la double porte, une affiche autoritaire indique : « Défense d'entrer. » Je connais bien l'odeur de cette pièce où, en descendant quelques marches, on s'enfonce en enfer : dans le four crématoire on brûle les pansements purulents, le placenta des femmes qui viennent d'accoucher. J'entrevois ces morceaux gélatineux qui ressemblent à du foie de veau rosacé, l'odeur douceâtre du sang m'est familière. C'est là qu'aboutissent aussi les bébés mort-nés. Tout ce qui est enfourné dans ce trou profond disparaît. Parfois, j'aide M⁽ᵐᵉ⁾ Vautier à pousser le charbon dans cet antre bruyant, à l'odeur âcre. Ce lieu qui fait étrangement partie de ma vie me plonge dans un curieux état. Dans cette ambiance tristement réaliste, je n'éprouve rien, ni tristesse, ni crainte, ni dégoût. La vie des autres se termine ici. J'ai appris cela depuis l'enfance et ça ne me révolte pas. Dans un accès d'inconscience naïve, M⁽ᵐᵉ⁾ Vautier m'entraîne dans une misère concrète, celle des autres, qui n'offre que des images et des odeurs repoussantes. La vie interrompue trop tôt, la mort à nu, l'horreur apprivoisée. Je suis exposée, indifférente, à ces visions cauchemardesques. Rien ne m'est caché de la crue réalité sauf qui je suis. Initiation inquiétante qui ne m'empêche nullement de jouer et de lire dans la chambre d'en face. J'habille une poupée, grandeur nature, représentant Shirley Temple, je lis ses livres, je vois tous ses films, c'est mon idole et je rêve de lui ressembler, d'avoir des boucles blondes, des fossettes... en vain. Abandonnée et solitaire, je forge mon caractère. J'ai moins peur du sang et de la mort que des chuchotements et des ricanements qui courent dans mon dos. C'est ça, le vrai chagrin.

En m'éloignant de ce couloir, je chasse les miasmes et retrouve mon beau jardin fleuri de magnolias géants. Je contourne le pavillon blanc aux volets fermés pour l'éternité. Si les acacias s'agitent, la mer sera démontée ce soir. Curieusement, bien que je vive dans cette ville inondée de lumière, je suis une enfant de la pénombre. L'été, à la clinique, vers cinq heures de l'après-midi, c'est le moment où le vent tombe. Ce silence me rend joyeuse. Ce soir, la mer est calme. Je descends le boulevard

Gambetta jusqu'à la rue de France et je vois au loin la mer argentée comme le mercure avec lequel je joue continuellement. C'est l'heure délicieuse. Il fait chaud, pourtant la plage est vide. J'aime ces temps morts, ce sont les plus beaux moments de la journée. Je nage vers le large, je n'ai peur de rien, la peur viendra plus tard. Je suis heureuse. En remontant le boulevard Gambetta, je serre ma robe contre moi. J'ai dû enlever mon maillot mouillé et je me sens nue, vulnérable, honteuse. Pourquoi ne puis-je pas rentrer avec mon maillot? Les exigences de Mme Vautier sont stupides. J'ai peur que le vent se lève et découvre cette nudité si violemment défendue. Enfantillage douloureux, on ne peut rien expliquer. Je souffre, le bonheur est passé, le soleil est couché, demain peut-être la joie reviendra-t-elle vers sept heures du matin, l'heure où l'eau est claire, calme, où les galets ne brûlent pas encore la plante des pieds. Ce sont les trêves de mon enfance. Matin et soir, le gris et le bleu de la Méditerranée.

Un après-midi, à la clinique, je me précipite dans le couloir et fonce vers la porte vitrée qui mène à la cuisine. Mon bras dévie de la trajectoire et brise la vitre. Je suis aussitôt entourée d'infirmières et de femmes de chambre, c'est la panique devant la blessure. Quelques points de suture, un bandage et l'histoire est finie. Une seule cicatrice sur le bras, où, lorsqu'on enfonce une aiguille, je ne sens rien. La cicatrice ressemble à celle que laisse un vaccin, une auréole ovale où la peau est décolorée. Moi non plus, je ne sens rien, j'ai l'âme décolorée.

Un dimanche de novembre au cimetière de Caucade. Il pleut. C'est le jour des Morts. Durant la guerre, chaque année, les scouts et les guides de France organisent un rassemblement au cimetière de Caucade en hommage aux soldats morts pour la France. Cette cérémonie se déroule en présence de militaires et de personnalités. Filles et garçons sont pour un jour les petits soldats de l'ordre. Chacun choisit sa tombe. Je remarque un garçon blond qui vient se placer en face de moi. Je me tiens droite comme un cyprès, affublée de l'uniforme obligatoire qui ne m'avantage pas. Je ne supporte plus la pluie froide, ni l'humidité de cette matinée où je me tiens au garde-à-vous tout comme ce garçon qui me regarde d'un air complice. Je le connais de vue. Nous sommes immobiles durant toute la matinée, ayant pour seule distraction de porter notre regard l'un sur l'autre, sous la pluie torrentielle. Il me regarde avec une telle insistance que je suis troublée. Qu'est-ce qui le fascine? Moi qui ai le sentiment de ne jamais attirer l'attention de personne, je sens pour la première fois de ma vie une chaleur dans tout mon être, que je ne comprends pas. Il me sourit. Malgré mon extrême timidité, j'arrive à répondre à son sourire en plantant mes yeux dans les siens. Mais je porte un horrible chapeau que Mme Vautier a teint en bleu marine pour qu'il soit conforme au règlement. Ce galurin ridicule dégouline en laissant des traces de teinture bleue sur mes joues pâles. J'ai honte. Dimanche unique : sous un ciel gris, dans ce décor de chagrin, ma vie commence. La cérémonie prend fin avec la sonnerie aux morts. Le garçon me rejoint dans les allées du cimetière et nous nous dirigeons vers le tramway qui nous ramène à Nice. Sur la plate-forme, il se tient à côté de moi. Il est beau, comme le prince Éric dans les romans de Serge Dalens. Avec ses yeux bleu pâle, ses mèches rebelles, son corps souple et élancé, ses culottes courtes qui dévoilent des jambes musclées et bronzées, il m'affole.

– Je m'appelle Jacques.

– Moi c'est Minou.

Il est si proche que je respire son odeur de jeune homme propre et en santé. Agrippée au poteau du tramway, je frôle sa main, mais quelqu'un me tire en arrière; c'est ma copine Jacqueline.

– Laisse, viens. Va pas avec ce type.

Jacques a compris le manège pour m'écarter de lui:

– Ça te dirait d'aller au cinéma?

– Aujourd'hui?

– Oui, viens. Laisse tomber la fille. Viens avec moi.

Cette demande me bouleverse. C'est la guerre, j'ai douze ans, et j'ai l'impression que si je n'accepte pas ce rendez-vous, il n'y aura plus d'autre occasion.

– Pourquoi pas demain au Paris-Palace? Tu viendras?

Il a dit d'accord. Je flotte. Mais rapidement, dès qu'il disparaît de ma vue, je perds toute ma confiance. Je redeviens la petite fille fragile de douze ans. Le lendemain, je supplie Mme Vautier de m'accompagner au cinéma. J'ai peur qu'il ne vienne pas. J'ai peur de me retrouver seule. Inquiète, fébrile, je fais les cent pas devant le cinéma, trop en avance, bien sûr. La séance commence, il n'est pas là. Nous entrons dans le cinéma, je le guette, angoissée, personne ne lui ressemble. Est-ce la présence de Mme Vautier qui l'a empêché d'entrer? Était-ce seulement un moment d'égarement sous la pluie froide de novembre? Pourtant, au fond de moi, je sais que quelque chose s'est passé entre nous, une reconnaissance. Dans les semaines qui suivent, je me console avec cette phrase de Serge Dalens qui fait dire à un de ses personnages: «Nous méritons toutes nos rencontres, elles sont accordées à notre destin et ont une signification qu'il nous appartient de déchiffrer.»

Les mois qui suivent, je le croise à la sortie de l'école. Nos rencontres sont tellement brèves et gauches que nous arrivons à peine à échanger quelques mots. Quand je le vois, je perds totalement mes moyens. Je ne me demande même pas pourquoi il n'est pas venu au rendez-vous. Je ne pense plus qu'à lui, mes résultats en classe sont catastrophiques.

Mme Vautier est en colère : « Après tout ce que j'ai fait pour toi ! Tu ne comprends pas que si tu ne réussis pas en classe, tu n'auras pas d'avenir ? Tu ne sais rien faire, ni coudre ni faire le ménage, à peine te laver. Je t'ai fait donner des cours de latin, pour rien ! On a essayé le piano, la danse et quoi encore… Tout ce qui t'intéresse, c'est de voir ce garçon ! »

Le 26 mai 1944, entre 10 h 25 et 10 h 40, une centaine de bombardiers de l'US Air Force attaquent les objectifs considérés comme stratégiques – la gare de marchandises, le pont du Var –, semant la destruction et la panique. Le bilan est lourd : 384 tués et disparus, 480 blessés, 5600 sinistrés, 438 immeubles détruits, et la dernière attaque des bombardiers confond le vélodrome de Pasteur avec la rotonde, lâchant ses bombes du lit du Paillon au pied de Cimiez. Bref, les Américains n'ont jamais su lire une carte aérienne. Je suis consternée, cette désolation touche le quartier de Jacques. Moi qui n'ai rien vu, ni entendu, je n'ai aucun moyen de communiquer avec lui. Plusieurs mois plus tard, je suis invitée à la fête de fin d'année de son collège. Sasserno est un collège pour garçons seulement, mais j'y suis mes cours de latin. Cet après-midi-là, au milieu des parents et élèves, il vient vers moi. Je porte une robe orange en organdi avec une ceinture de velours bleu.

– C'est joli ta robe, avec tes cheveux noirs, ça te va bien.

Ces mots, aussi insignifiants soient-ils, me chavirent. Sa bouche m'attire, je suis médusée. C'est la première fois qu'un homme montre du désir pour moi, je le lis dans ses yeux et m'accroche à cette sensation nouvelle.

C'est le début des vacances et l'espoir de le revoir me paraît pratiquement nul :

– Je veux te revoir !

– C'est facile! répond Jacques avec désinvolture.

Sur le moment, je me suis contentée de cette réponse, craignant de briser la magie de l'instant. Je passe l'été à sa recherche. Je sais où il habite, à l'est de la ville, près de son collège. Il n'est nulle part. Je ratisse les rues de Nice, je l'espionne. Je suis à la merci du hasard. J'ai l'impression de le voir à chaque coin de rue. Mes traques à bicyclette ou à pied me tuent. Je me décourage.

En son absence, le spectre de la lettre m'accompagne partout. L'enfant de Sophia et David ne peut être que moi. Plus les années passent, plus mon interrogation du début se transforme en une certitude fatale. Jacques ignore que je ne suis qu'une supercherie. Je sens que je lui plais, mais ça ne compte pas puisqu'il ignore tout de mes origines. Ce garçon qui m'a regardée comme jamais personne ne l'a fait auparavant m'a chaviré le cœur et l'esprit. Non seulement fait-il naître en moi un désir dont j'ignore encore toute l'amplitude, mais il m'insuffle l'oxygène et le bonheur que je croyais jusque-là impossible sur terre. Je veux que ce soit lui qui m'embrasse pour la première fois. Je veux que ce soit lui qui me prenne dans ses bras pour la première fois. Je rêve de ce premier baiser qui scellera, dans ma tête d'adolescente, un pacte d'amour inaltérable et définitif. Mais chaque fois que je déterre la lettre de Mme Julienne, je m'interdis tout espoir. Comment pourrait-il accepter une bâtarde, une fille d'étrangers, lui, le fils d'une famille noble de Versailles? L'été est douloureux. Je fuis la blessure du soleil et m'enferme dans les couloirs du sous-sol de la clinique pour lire. Je traîne comme une âme en peine, ce qui provoque la colère de Mme Vautier:

– Tu te fous de tout. On est en guerre, mais Mademoiselle est amoureuse.

– Justement, parce que c'est la guerre, je veux vivre!

La Gestapo se faufile partout dans la vie des Niçois avec la complicité des Italiens et de la Milice française. Les Allemands dévisagent les garçons et les filles. On nous a prévenus à l'école, à la radio: les Allemands cherchent des traits sémites qu'ils définissent ainsi : « front bas, oreilles décollées, air stupide ». Mes cheveux noirs et mon teint pâle sont suspects. Les arrestations sont de plus en plus fréquentes, deux garçons du lycée Masséna ont été arrêtés par la Gestapo. La guerre est devenue la seule préoccupation de la population niçoise, même si l'on est en zone libre. On évite de sortir dans les rues. Furieuse de mon attitude rebelle et insouciante, le 7 juillet 1944, Mme Vautier m'entraîne dans les rues de Nice. L'avenue de la Victoire se dresse entre la rue Masséna et la rue Gioffredo. De loin, j'aperçois un attroupement d'hommes et de femmes pétrifiés. Plus on approche, plus le contour des choses se précise. C'est le choc, une véritable vision d'horreur. Deux cadavres se détachent sur le ciel bleu de Nice. Deux jeunes hommes se balancent au bout d'une corde, en plein jour, pendus à des lampadaires, devant une foule muette qui ne peut détacher les yeux de cette manifestation de la barbarie au cœur même de leur ville. Les gens contemplent avec effroi les cadavres de Séraphin Torrin et Ange Grassi alors que moi, je ne veux pas regarder mais il est trop tard, les images sont imprimées dans ma mémoire, à jamais. Je tire Mme Vautier par la jupe, je recule, terrifiée. Je me sens en danger au milieu de cette foule hostile, qui reste là, figée par une curiosité morbide. Nice en porte encore la cicatrice. Deux stèles commémoratives se dressent de chaque côté de la rue. *ANGE GRASSI franc-tireur partisan français FFI fut pendu ici le 7 juillet 1944 et resta exposé pour avoir résisté à l'oppresseur hitlérien.* On peut lire les mêmes mots sur la stèle de Séraphin Torrin qui fait face à celle de son malheureux compagnon. Dans la pierre, cette phrase gravée : *Passant, incline-toi, souviens-toi.*

Après cet événement traumatisant, l'absence de Jacques n'est que plus cruelle. Mme Vautier ne se laisse pas fléchir, je dois me résigner à passer un autre été à Vadonville. À mon arrivée, je constate que la zone occupée a beaucoup souffert. Nous n'avons rien à manger et, en plus, on me demande de «faire les trains» avec d'autres filles de mon âge. Munie d'un sac de moleskine noire pendu au bras pour rapporter le butin, je sais qu'on utilise ma jeunesse comme appât. Les trains chargés de soldats américains ralentissent à un certain endroit dans la campagne déserte, et si on s'approche de la voie ferrée, on a des chances de ramasser des chewing-gums, du Nescafé, des cigarettes américaines et des conserves. C'est humiliant de tendre la main, de devoir sourire à ces jeunes hommes qui nous regardent avec convoitise et qui me font peur. Ils ont beau être les vainqueurs de nos ennemis, ce sont des soldats armés qui profitent de la faiblesse des habitants. Les Américains, pour moi, c'est une armée d'occupation, comme les autres. Ils me font signe de monter : « *Come on, come on…* »

Le train s'arrête un moment seulement, mais il peut très bien embarquer les filles pour les balancer quelques kilomètres plus loin dans la vallée de la Meuse. Depuis toujours, j'ai peur des hommes groupés, de leur violence. Le droit des vainqueurs c'est aussi de violer les filles. Parfois, il leur arrive de descendre du train et de nous attraper. Pour sympathiser… disent-ils. Je suis là, tremblante et en colère, mais butée. Il n'est pas question que je rentre au village le sac vide. Un jeune soldat saute du wagon de marchandises et se met à me suivre. Je cours et je jure de me jeter dans le canal s'il essaie de me toucher. Mon corps, c'est ce que j'ai de plus pur. Je le réserve pour Jacques.

Avec ses bottes de parachutiste, sa démarche chaloupée, il a à peine vingt ans. Il me parle, tend le bras et je bute contre une pierre. Il s'approche tout près de moi et me dit dans sa langue incompréhensible :

– *Hi baby, come on, don't be afraid!*

Il me donne tout ce qu'il a dans les poches : du chocolat, des boîtes de conserve, des cigarettes. Lorsqu'il veut poser la main sur ma tête, je hurle d'effroi et les autres soldats se marrent en lui faisant signe de remonter à bord du train qui reprend tranquillement de la vitesse. Honteuse de ne pas m'être jetée dans le canal, d'avoir eu peur pour rien, je regarde le train s'éloigner. Je me souviendrai toujours des bottes de cuir souple et de la tête bouclée de ce jeune homme qui me voulait du bien.

Dès mon retour à Nice, je n'ai qu'une hâte, me précipiter au collège Sasserno pour m'inscrire à mes cours de latin. Je me suis faite à l'idée de redoubler mon année au lycée à condition que je retrouve Jacques le plus tôt possible. Dans la cour de récréation, je croise un de ses copains et lui demande :

– Quand est-ce qu'il rentre, Jacques, est-ce que tu l'as vu ?

– Bien sûr, mais Jacques ne revient pas à Sasserno cette année, ses parents l'ont inscrit dans une boîte à bachot, le Cours Henri IV !

Du coup, j'ai un vertige. Je suis anéantie, je retiens mes larmes et je quitte à toute vitesse ce lieu où je n'ai plus rien à faire. À la clinique, je retrouve la morosité du quotidien, je ne parle pas de mon chagrin à Mme Vautier, laquelle s'étonne de ma docilité et de mon silence. Autre tourment, j'apprends que le Cours Henri IV est mixte. Je suis déjà jalouse de ses futurs copains et copines. Je les imagine tous les jours ensemble, quelle douleur ! Alors je triche avec le hasard. Une journée de plein soleil, je l'attends à la sortie. Dès qu'il apparaît mon cœur s'emballe. Il est là avec ses bottes de parachutiste et sa veste kaki qui rehausse la blondeur de ses cheveux. Souriant, il vient vers moi et la vie recommence.

Malgré la dureté des jours, de cette guerre qui n'en finit plus, une force nouvelle souffle sur mon adolescence. Mon amour pour Jacques m'habite si fort qu'il m'aide à sortir de ma coquille misérable. Je deviens sourde aux commentaires destructeurs de Mme Vautier et j'échappe à la clinique Santa Maria. Le sortilège est rompu. Jacques est présent dans toutes les manifestations scoutes. Avenue de la Victoire, un après-midi, nous défilons ; je porte des chaussures en raphia (de la paille cousue sur une semelle de caoutchouc). Il n'y a plus de cuir et, pour une fois, je peux marcher sans souffrir. J'exulte. Mais le raphia est fragile et se défait constamment. En plein milieu de l'avenue, une de mes chaussures craque et je me retrouve boitant, la chaussure ouverte comme une huître. Je trébuche alors que nous devons marcher au pas. Jacques a tout vu, il s'approche de moi.

– Donne-moi la main, t'en fais pas, ça va aller.

De tout mon être, je le remercie de cette attention. Le défilé continue sans nous. Il est si tendre, si prévenant, même si je suis aussi ridicule avec mes chaussures en raphia que je l'étais le 2 novembre 1943 avec mon chapeau de guide, dégoulinant de teinture sous la pluie. Pour Jacques, je suis une fille différente des autres, maladroite mais passionnée. Il ne peut plus m'ignorer. J'ai le sentiment que je fais partie de sa vie.

LA GUERRE EST FINIE

Que reste-t-il de nos amours
Que reste-t-il de ces beaux jours
Une photo, vieille photo
De ma jeunesse
Que reste-t-il des billets doux
Des mois d'avril, des rendez-vous
Un souvenir qui me poursuit
Sans cesse

Ce lundi 9 avril 1945, dès neuf heures du matin, la place Masséna est noire de monde, comme si la ville entière s'était donné le mot, abandonnant les autres quartiers. Tout le monde, au même moment, déserte boutiques, foyers, bureaux, usines, pour venir acclamer le général de Gaulle. Convoquée avec les autres guides, je cherche Jacques des yeux. Du monde, il y en a partout jusqu'au fond du jardin Albert Ier, aux fenêtres, sur tous les lampadaires et jusque sur les toits. J'ai peur de la foule, on dit soixante mille personnes, j'étouffe. Si seulement il pouvait se glisser près de moi, nous serions à l'unisson. Mais la joie populaire, le soleil, je ne les sens pas et je m'arrache avec difficulté à la foule en liesse. C'est trop fort, trop dur, trop soudain. Si par hasard, cette cible mouvante attirait les fous du ciel, qu'arriverait-il? J'anticipe le malheur et je m'extirpe du rassemblement avec soulagement. Sur le toit du pavillon adjacent à la clinique, Mme Vautier a planté le drapeau français. La guerre n'est pas finie, pour moi, c'est un geste prématuré qui porte malheur. Toute la colline du parc Impérial foisonne de drapeaux bleu, blanc, rouge et le mimosa fleurit sans rien comprendre. Je pleure la réjouissance populaire à laquelle je ne crois pas. J'ai raison. Au même moment, devant la clinique, un jeune homme passe alors qu'un soldat allemand dissimulé derrière un arbre le vise : un cri de Mme Vautier fait tourner la tête au jeune homme qui esquive la balle. On l'attrape brusquement pour qu'il entre dans la clinique. D'après moi, il est interdit de mourir le dernier jour de la guerre. Cet inconnu demeure quelques jours chez nous dans le pavillon au fond du jardin et repart un soir. En temps de guerre, la douleur et l'incertitude sont les mêmes pour tout le monde. Cela crée une sorte de fraternité du malheur, à laquelle j'adhère. Sans projet, sans avenir, je vis goulûment les heures et les jours de beauté. Je n'envisage pas l'avenir comme une ligne droite, habituée que je suis à un présent imprévisible. Tout ce que j'ai traversé en si peu de temps m'a fait prendre conscience de la fragilité du lendemain. Je préfère suivre le cours des choses en protégeant mon amour pour Jacques. C'est ma seule ambition, et mon ancrage dans l'existence.

En 1946, si la guerre est finie, la vie n'est pas encore revenue à la normale. Je vis encore à la clinique Santa Maria. Ce sera la dernière année. Mme Vautier est épuisée. La guerre l'a éprouvée, sa santé est chancelante. Elle veut vendre la clinique. Non seulement je suis inquiète, mais je me rends compte que la paix revenue ne m'offre pas la quiétude qu'elle apporte aux autres. La vente de la clinique n'est pas une mince affaire. Dès que Mme Vautier en parle à ses neveux, ils approuvent, forcément. Pour les employés, les médecins et Mme Julienne, c'est une autre histoire.

– Pourquoi ne pas laisser la clinique à Minou et acheter un appartement au bord de la mer, sans tracas ni soucis ? proposent-ils.

Le Dr Grinda, un ami de Mme Vautier, l'exhorte à ne pas vendre :

– Une clinique de luxe comme Santa Maria est un capital fantastique. Minou connaît cet univers par cœur. Dans deux ans, elle aura dix-sept ans. Si elle s'occupe de la direction, vous pourrez vous reposer.

Mais les neveux, qui ont appris que Mme Vautier a fait de moi sa légataire universelle, me considèrent comme la menace à éliminer. Malgré mes quinze ans, j'ai l'air d'une femme. J'ai des seins, des hanches, la taille fine et des cheveux noirs qui attirent les regards. Je serais un bon parti pour un futur médecin, mais pour la famille Vautier, je suis une intrigante qu'il faut mettre hors jeu sans tarder. Je ne suis pas dupe. Je vois mon destin se profiler : à droite, la vie mondaine, pleine de promesses, à gauche, une petite vie médiocre. Si Mme Vautier disparaît, c'est direct à l'orphelinat.

Durant cette année-là je poursuis Jacques de mes assiduités. On se croise au passage et il accepte l'amour inconditionnel et juvénile que je lui porte. Avant les vacances, je suis admise en troisième au Cours Henri IV. L'espoir de retrouver Jacques en septembre me donne des ailes. C'est avec plaisir que j'entrevois mes dernières vacances à Vadonville. Histoire de me préparer pour la rentrée, je veux profiter de ce temps pour lire, me baigner et commencer un journal. Si je suis toujours l'étrangère qui vient en vacances, je grandis, et les garçons me regardent en douce. Je porte un ensemble pull et jupe angora couleur caramel qui sculpte ma silhouette. J'aime le contact de cette laine légère et sensuelle. Elle me donne de l'audace. Je me promène dans le village, seule, m'écartant à peine pour laisser passer les vaches. Je remonte la rue principale qui sent la mirabelle et la quetsche. Je fonce à vélo jusqu'à la Meuse où les peupliers frémissent. Au bord de la Meuse, il y a une cabane de chasseurs. On y donne des soupers mémorables sur des tables en pin recouvertes de nappes brodées et de vaisselle scintillante. Vins du Rhin et gibier chauffent l'ambiance. Je ne suis plus à la table des petits, on m'accepte comme une grande qui, en prenant de l'assurance, scrute les visages et demeure indifférente aux plaisanteries obscènes des hommes mûrs. Je marque d'une croix les jours qu'il me reste à passer comme si je retenais mon souffle. J'attends septembre avec avidité pour revoir celui que j'aime. Au retour, à Nice, je retrouve le jardin, l'odeur d'eucalyptus, je peins mes ongles avec des pétales de géranium, je lis tous les

«Signe de Piste» et je me précipite les soirs de chaleur à la plage comme si la Méditerranée m'appartenait.

Je veux être belle pour mon premier jour à Henri IV. En me dirigeant le matin vers l'école, je tremble de joie. Je suis à la recherche d'une nuque blonde, d'un manteau kaki. Dans ma classe, il n'y a que des petits cons qui pouffent de rire en se poussant. Jacques est absent, introuvable. Je me dis que ce n'est pas grave. J'ai la certitude qu'il sera là bientôt.

Le lendemain, Jacques est là, à la sortie. Heureuse, je cours vers lui avec mes livres. Il me sourit et demande :

– Qu'est-ce que tu fais ici ?

– Moi ? Je suis entrée en troisième hier. Si je suis là enfin, c'est pour toi.

Il me regarde d'un air surpris.

– Tu n'es pas au courant ? J'ai lâché mes études.

Mes livres glissent par terre, je veux mourir. Réalisant ma stupéfaction, il me prend par les épaules en me disant de bonne foi :

– L'école je m'en fous. Mais ça ne change rien entre nous. On continuera à se voir.

Quelque chose se casse en moi. La nouvelle m'atteint comme une gifle. C'est le même désarroi ressenti mille fois depuis ce jour où je me tiens, petite, devant la glace de l'armoire où j'ai découvert la lettre : le rejet. La violence qui tue. Du coup, ce lieu précis du Cours Henri IV, 5, rue Gustave-Deloye, se désagrège.

Cette année-là, Jacques devient un fantôme que je croise occasionnellement quand il vient voir ses copains. Mais son absence n'est pas le seul malheur qui m'accable. La clinique n'est maintenant plus à vendre, on a trouvé un acheteur. La ville est trop petite pour contenir ma tristesse. J'ai besoin d'air. Je fugue vers Cannes. Contrairement à Nice, qui vit et fourmille à longueur d'année, Cannes s'accorde aux saisons. Je n'aime pas beaucoup cette ville qui dort tout l'hiver, sous ses grilles fermées. Mais cette année, on y tient le premier festival du cinéma, du 20 septembre au 5 octobre 1946. Avec mes copains les plus rupins, on décide d'aller faire un tour à Cannes, qui est à moins d'une heure de voiture, et on emprunte la route du bord de mer. Sur la Croisette, il y a peu d'effervescence, un seul endroit retient notre attention : le Carlton. C'est l'hôtel des vedettes, comme en témoigne la foule qui s'entasse sur la terrasse. Le nouveau Palais, qui vient d'être construit, n'est pas tout à fait terminé. La fête s'annonce. Un copain me présente Gérard Philipe, natif de Cannes, qui vient tout juste de terminer *Le Pays sans étoiles* et entreprendra *L'Idiot* l'année suivante. Il me tend la main sans me regarder, je rougis de ses manières de jeune homme mal élevé. En lui, je ne vois qu'un grand type portant une veste de tweed, oubliant l'acteur sublime. C'est la fin de la journée, le soleil rouge pâle m'incite à rentrer à Nice. Je ne suis qu'une passante cinéphile qui adore côtoyer les stars pour se consoler.

La promenade des Anglais est mon refuge les matins d'hiver quand je sèche les cours, et ma préférence va au Moulin de Longchamp, une boîte minuscule où se croisent les vedettes : Marina Vlady, sa sœur Odile Versois, Claude Bolling, pianiste et compositeur, et d'autres. Je respire cet air de succès qui fait mon bonheur. Bien qu'intruse dans ce milieu, par ma présence quasi quotidienne, je crée un lien. C'est une façon bien puérile de me faire accepter.

Ma vie se transforme. Mme Vautier a vendu la clinique à un très bon prix, et ce sont les neveux qui ont hérité du fabuleux montant, en promettant de veiller sur leur tante Marie jusqu'à la fin de ses jours. Dans sa naïveté, la pauvre femme croit en sa famille toute-puissante. Elle ne se doute pas qu'elle finira sa vie dans la misère, abandonnée de tous. Je l'ai pourtant mise en garde… mais qui suis-je pour protéger une vieille dame des erreurs de parcours ? Pierre et Yvonne achètent une ferme, puis un restaurant, des investissements qui devaient être rentables et assurer une vie tranquille à leur tante chérie. La ferme s'avère un mauvais placement. On ne s'improvise pas fermier pour cultiver la vigne et le tabac. Quelques années plus tard, ils font faillite et vendent la ferme du Lot-et-Garonne pour presque rien. Mme Vautier vit de petites rentes, n'osant avouer la malhonnêteté de ses neveux. Après l'échec de la ferme, Pierre se recycle dans un commerce, qu'il perd également. Sa femme, Yvonne, le quitte pour un curé défroqué. Ils disparaissent de notre univers. Revers de fortune pour leur tante Marie et ce que je prévoyais : la petite misère.

En 1946, avec la pénurie de logement, je me demande où nous allons atterrir. Mme Vautier choisit de s'installer 16, rue Andrioli, dans un meublé sinistre, en attendant de trouver mieux. C'est un choc. L'immeuble appartient aux parents de mon amie Jacqueline, mon seul point de repère après la vente de la clinique. Trois petites pièces minuscules, pas de balcon, des meubles bon marché, un plafonnier qui diffuse une lumière miteuse, de vieux rideaux de coton jaunis par le soleil et la poussière de la rue, à deux pas de la promenade des Anglais. Je trouve l'endroit horrible, mais j'ai une chambre à moi. La nuit, je lis le roman scandaleux de l'époque, *Ambre*, et j'invente ma vie avec Jacques que j'aime follement. On se voit de temps en temps et on marche vers l'est de la ville jusque chez lui, 7, rue Pierre-Daveluy, l'appartement du haut. Il me parle de ses parents, de sa sœur, chaque mot qu'il prononce me grise. J'attends d'être grande pour me donner à lui, c'est un serment que je fais à Sainte-Réparate, dans le Vieux-Nice. J'oublie la clinique et je ne retourne jamais dans le quartier du Tzarewitch. L'argent file, la vie est morne et douce. Mme Vautier décide qu'il est temps de trouver un ancrage normal, un appartement où nous pourrons vivre après l'immense bouleversement de la guerre. Dans notre quête de stabilité, nous dégotons, après de nombreuses tribulations, un appartement que je désire ardemment. C'est dans le quartier des musiciens, rue Verdi, un petit trois-pièces moderne qui ressemble à un décor de cinéma. Deux marches donnent sur le salon et un mur en miroir avec une terrasse au-dessus. Malheureusement l'appartement a été loué à deux familles, pour la même date, par un agent d'immeubles frauduleux. Premier arrivé, premier servi. Je me souviens de ce 1ᵉʳ juillet 1947 où, joyeuse, je glisse la clef dans ce qui allait être un endroit de rêve. Le nouveau locataire ouvre la porte. J'en déduis que l'agent nous a roulées. La reprise étant illégale, la bataille est perdue.

Les années noires commencent. Fini le luxe, finie l'arrogance. Le changement a toujours éteint les feux de la colère chez moi, je sais qu'on finira par trouver un refuge, pour une vieille dame fatiguée et une jeune rebelle.

À deux pas de la mer et de la promenade des Anglais, nous visitons un modeste trois-pièces au quatrième étage sans ascenseur. Un de ces vieux appartements niçois, haut de plafond, avec des frises champêtres et de lourdes persiennes pour contrer le soleil et la chaleur redoutable de juillet. On s'installe dans ce nouveau décor avec les meubles de la clinique. Il y a deux chambres, mais l'une sert de débarras. À cause de la crise du logement, le propriétaire de l'immeuble vétuste a divisé le quatrième étage en appartements et la porte n'est qu'une cloison mince. J'ai l'impression de vivre dans le couloir. De plus, je suis obligée de partager le lit de Mᵐᵉ Vautier. Je veux une chambre à moi, un peu d'intimité. Pour célébrer mes seize ans, j'ai invité Jacques. Quatre ans que j'attends ce moment. Il m'a promis de venir. Les amis présents ne comblent pas l'attente. Sans lui la fête n'existe pas. Mᵐᵉ Vautier nous a laissé l'appartement en me recommandant de bien me tenir avec mes camarades. Elle connaît ma passion pour Jacques et me met en garde constamment. Désemparée, je me suis enfermée dans la cuisine, je lave le plancher de rage en oubliant mes invités. J'ai honte d'avoir cru qu'il viendrait. Vers la fin de la soirée, alors que tout le monde se fatigue à danser, on sonne.

La musique comble le vide et, l'obscurité aidant, il m'embrasse pour la première fois. Je m'enflamme. Je le pousse vers la chambre pour qu'il me prenne dans ses bras, loin des sarcasmes de ses copains qui me déchirent. Il s'assoit dans la bergère rose tendue de satin et me prend sur ses genoux en m'enlaçant tendrement. Je n'ai jamais rien ressenti de si doux, de si fort.

Ma robe bleu marine est bien trop sage pour ce corps à corps tant espéré. Ses baisers sont brûlants, cette bouche que je désirais tant, elle s'offre à moi, enfin. Je suis ivre de joie. Il me touche, m'embrasse, je le dévore, je le goûte, je mets en mémoire son odeur, c'est vertigineux. Il me caresse sans fin en chuchotant : « J'ai envie de toi. » Je suis folle de lui. Rien ni personne ne pourra me voler ces moments. C'est de cela et rien d'autre que j'ai besoin à l'infini. Je n'ai jamais rien éprouvé de si immense. Je ne connais rien de l'amour sinon ce désir fou qui guide mes gestes timides et chastes. Depuis quatre ans, j'attends cet instant, ce baiser sublime. Ce soir-là, je fais le serment de l'aimer toujours, il sera le premier à me faire l'amour, il n'y aura personne d'autre. Je vais triompher de l'adversité et personne ne pourra rien y faire.

Après cet anniversaire baroque, je n'ai pas mes règles pendant trois mois. Les familles se consultent et s'inquiètent, interrogent Jacques, qui se défend, « mais non il ne s'est rien passé, on s'est embrassés, c'est tout ». Pour moi, il y a trop d'espoir et de violence dans ces baisers chastes pour en supporter le choc émotionnel. Son désir a déclenché en moi une folie. Il est tout le contraire de moi, aussi blond et lumineux que je suis noire et sombre. Il est grand et m'enveloppe avec son amour de tout ce qui m'a désertée jusqu'à présent. Je m'éveille à ce qu'il y a de plus beau dans la vie. Exister dans le regard de l'autre.

Quelques semaines plus tard, nous sommes invités, Jacques et moi, à une soirée donnée par un copain d'école dans une villa somptueuse, près de Cimiez. Pour cette occasion, Mme Vautier m'a confectionné une blouse rose pâle en crêpe de Chine qui souligne ma poitrine. Il suffit de passer la main sur ce tissu pour ressentir la chaleur de la peau.

La villa, d'où les parents sont absents, surplombe Nice en un splendide jardin orné de statues de plâtre. Près des pergolas, sur un banc de pierre, Jacques et moi, nous nous embrassons durant des heures.

Je ne veux qu'entendre encore et encore, pour me les rappeler toujours, ces quelques phrases : « Tu me plais, tu es belle. »

Je suis captive de mon plein gré et heureuse. Puis il me repousse gentiment et s'éloigne du jardin sans dire un mot. Inquiète, je le cherche à travers le palais de marbre.

— Est-ce que tu as vu Jacques?

— Je crois qu'il est parti, répond notre hôte.

Comment peut-il me prendre dans ses bras si amoureusement, avec tant de force, et me lâcher aussi brutalement? C'est affreux. Le copain de la villa s'assoit près de moi dans le parc, en me prenant la main: «C'est normal, tu sais, Jacques c'est un homme, il a besoin de femmes. Toi, il te respecte, les autres, c'est pour un soir, ça ne compte pas.»

Je ne suis pas sûre de vouloir qu'on me respecte. Je veux qu'il me prenne, qu'il me touche, qu'il m'aime. Le garçon hoche la tête. Je pleure sur son épaule. Tout est saccagé. Après cette soirée à Cimiez, il ne reste que le souvenir du vide. Je traque Jacques dans les rues de Nice après les cours. Je dois lui parler, dissiper ce nuage sombre qui empoisonne ma vie. Je croyais que ses baisers scelleraient un pacte entre nous. Je ne suis rien sans lui. Curieusement, lorsque nous avons déménagé, rue Dante, j'ai retrouvé la lettre à la même place entre les draps brodés, et le miroir où je me perds sans fin, ainsi je peux nourrir mon angoisse, retourner puiser dans mon malheur, espérant à chaque lecture un changement, une preuve contraire. Lorsque je n'attends plus rien, un midi, Jacques est à la sortie du Cours Henri IV. Il m'attend. Nous marchons ensemble vers son appartement. Je suis sans voix.

— Voilà, me dit-il, je vais bientôt partir faire mon service militaire. Comme j'ai lâché les études, je n'aurai pas de sursis. Je veux te présenter mes parents, et mon petit-neveu, Jacques, il a trois ans, c'est le fils de ma sœur.

Mon cœur bat si vite, si fort.

— Je dois te parler, Jacques. L'autre soir, à Cimiez, pourquoi tu es parti, sans dire un mot?

— Les filles ou les femmes avec qui je couche, ça ne compte pas, je ne les aime pas. Je m'en fous de ces filles. Tiens, là-haut juste en face de chez moi, il y a une femme, c'est ma maîtresse, elle est mariée, avec elle c'est juste pour baiser.

Je ne comprends pas. Sa sincérité me désarme.

– Et moi, qu'est-ce que je suis pour toi?

– Une jeune fille, me dit-il amoureusement. Je tiens à toi, Minou. Tu comptes pour moi plus que toutes les autres femmes.

Au deuxième étage de la rue Pierre-Daveluy, Jacques me présente sa mère, une petite femme blonde, souriante, qui m'accueille à bras ouverts et m'invite à prendre le thé dans son salon. Son père, un ancien militaire, m'examine sans broncher. Jacques, le petit-neveu de trois ans, se jette dans mes bras.

– C'est toi, Minou, c'est toi?

– Jacques m'a parlé de vous, Minou, me dit sa mère. Je sais que vous êtes des amis. Quand il sera parti, venez me voir quand vous voudrez, vous promènerez mon petit-fils. Le temps passera plus vite.

Jacques me ramène à la maison. Devant l'entrée de l'immeuble, il prend une photo de moi. J'ai les cheveux bouclés, très noirs et très longs, une robe lilas et des chaussures à talons. Il me prend dans ses bras en disant:

– On va se voir souvent.

C'est le plus beau jour de ma vie. J'ai peu d'amis en général, des relations, des copains, mais l'amitié est une denrée rare. Il y a Jacqueline, cette brune niçoise autoritaire, qui ne voulait pas que j'aille au cinéma avec Jacques, et une autre, plus proche, Lilian. Après l'arrestation de sa mère par la Gestapo s'est établie entre nous une complicité muette. Est-ce la peur qui nous lie, Lilian et moi? Je suis sûre qu'elle sait mon secret. Durant ces années d'adolescence, nous attendons des nouvelles de sa mère, qui viennent de Drancy, j'ignore où ça se trouve, puis d'Auschwitz, puis plus rien. Nous ne parlons pas de ce drame. Pour Lilian, c'est trop souffrant. Elle est la confidente de mon amour pour Jacques. Je la trouve belle, avec son petit minois plein de taches de rousseur et sa poitrine généreuse. J'envie son petit nez retroussé. Pour le départ de Jacques en Algérie, Lilian organise un party chez elle, avec les copains de l'école. Cet après-midi-là, dans le salon moderne, sur l'air de *Mélancolie*, je danse un slow avec Jacques, qui est attentif et tendre. Il y a de la bouffe et de l'alcool. Je suis fébrile et ne sais trop comment me comporter. Anxieuse, amoureuse et jalouse : cela fait un cocktail explosif. Jacques me fait boire, m'embrasse fougueusement. Je suis chamboulée par son départ, je ne sais pas profiter du moment. Il me calme, je suis malade d'émotion et de trop de vins. Dans la salle de bains, je l'implore de tout mon corps de se coller contre moi. Il me déshabille, je suis complètement soûle et malheureuse, j'ai vomi partout et il me lave, je suis morte de honte. Je l'interroge sur Béatrice qu'il m'a présentée, l'autre jour, avenue des Fleurs. C'est une belle jeune femme blonde, grande et mince, tout ce que je ne suis pas : « Ah c'est toi, la fameuse Minou ! » s'est exclamée en riant Béa, comme l'appelle Jacques familièrement.

— Tu ne peux pas m'empêcher d'avoir des copines, Béatrice c'est ma confidente.

— Tu couches avec ?

— Un peu.

Je n'ai pas l'habitude de boire. Il vient me trouver dans la chambre de la grand-mère de Lilian où je suis étendue, et me console. Je suis sa petite fille qui a peur de tout et qui remonte à la surface lorsqu'il pose ses lèvres sur les miennes et qu'il répète : « J'ai envie de toi. »

Lilian me rassure, elle connaît mon attachement excessif et ma fragilité. Alors je m'abandonne, enfin apaisée, et m'endors.

Jacques est parti pour un an, faire son service militaire. Je n'ai pas encore son adresse, mais nous nous sommes promis de nous écrire. Moi, tous les jours, lui, quand il pourra. En attendant, une copine dont le frère travaille aux studios de la Victorine nous fait signe lorsqu'il y a un tournage, une publicité ou un film américain. Je vais au Pariter, un immeuble, boulevard Dubouchage à Nice, qui sert de lieu de sélection des figurants. L'assistant de production trie les gens comme à l'abattoir. Toi... pas toi, non... oui. Je ne suis pas choisie. Je sors, rentre par la fenêtre du rez-de-chaussée et me replace dans la file. C'est humiliant, mais j'ai besoin d'argent. Un matin, sur la promenade des Anglais, un type m'accoste.

– Mademoiselle, vous voulez faire du cinéma ?

– Tu parles !

– C'est sérieux. Demain sept heures, place Masséna. C'est un film américain avec Gene Tierney et Danny Kaye. On vous emmène sur le plateau de *Sur la Riviera*, à l'Eden Roc, trois nuits et 7000 francs. Venez en robe du soir.

Je n'en crois pas mes oreilles ! Il me refile sa carte d'assistant de production. Enfin il se passe quelque chose. J'appelle ma copine de la Victorine, ce n'est pas une blague. Le film est en couleur. Je me fais teindre en rousse comme Rita Hayworth, mon idole. Pour le tournage, je porte une jupe de dentelle noire et un corsage pailleté rose et or. Mes cheveux auburn descendent le long de mon dos, c'est ma plus belle parure. Je suis nerveuse. Trois nuits à danser sous le ciel étoilé à l'Eden Roc, aujourd'hui l'Hôtel du Cap, en buvant des panachés ! Nous sommes trois cents, une foule compacte de figurants joyeux ;

c'est magique, les projecteurs sur la foule, avec trois caméras et des arcs : la lumière, enfin. Ma première paie vient de la MGM. Le film qui est sorti quelques années plus tard, en 1951, n'a pas eu un grand succès. Après ces trois jours de rêve, je tourne avec deux amies belles et bronzées, sur la plage, une publicité pour des shampoings et des crèmes. Je gagne quelques sous, mais je ne corresponds pas aux critères de l'époque. Les publicitaires disent que les cheveux longs ne sont pas à la mode. Pour avoir d'autres contrats de publicité je dois sacrifier ma chevelure. Je dis non. Je tiens plus à mes cheveux qu'à l'argent. Je prépare des concours de maillots de bain, je me trouve affreuse, si pâle en noir. Je sais très bien que le concours est biaisé dès le début. Je me frotte au rejet, à tout ce qui fait mal. Autre tentative, cette fois à la boutique de vêtements chic, rue de Longchamp. La propriétaire a mis une annonce : « Cherche jeune fille entre 16 et 20 ans comme vendeuse et mannequin. Organise un concours sous forme de défilé de mode à l'Hôtel d'Angleterre. » Je me présente, emplie d'espoir autant que de crainte. La propriétaire me regarde comme si j'étais une jument et flatte ma croupe en disant : « Un peu trop de fesses, un peu trop de poitrine, heureusement la taille est fine. » Les cheveux ? Il faudra faire un chignon. Cette aventure dure un mois, entre les essayages et les séances d'apprentissage des rudiments du métier. On me montre comment marcher sur un podium. Le directeur artistique de l'hôtel est un petit bonhomme chauve et libidineux, qui voudrait bien m'apprendre à marcher dans sa chambre, mais je refuse, le couloir de l'hôtel fera l'affaire. Il s'incline. Le jour du défilé, une surprise m'attend : je dois porter une robe noire au décolleté jusqu'à la taille, sans soutien-gorge.

Malgré ma trouille, c'est pas le moment de lâcher. Sur le podium, je marche, accompagnée en direct par les musiciens : Django Reinhardt et Stéphane Grappelli.

Dans l'assemblée, je repère la maîtresse de Jacques, celle qui habite en face de chez lui. Elle a au moins trente-huit ans, et porte un chapeau démodé pour mon goût. Je n'ai plus peur d'elle. Applaudissements. Un défilé réussi, un public conquis.

L'élue est une belle fille d'un mètre soixante-dix. Exit la carrière de mannequin-vendeuse. Une autre fois, c'est un concours de coiffure où je suis affublée d'une création à la Marie-Antoinette avant la guillotine. Rien de vraiment sérieux, mais je continue. Un matin, rue Dante, je reçois un télégramme rédigé ainsi : *Venez demain à la première heure pour une audition, directement aux studios de la Victorine.* Je n'ose croire à ce bonheur. Bien sûr, j'ai fait de la figuration régulièrement. Si seulement ce rendez-vous pouvait déboucher sur quelque chose… Même si j'entretiens peu d'espoir, j'essaie de me faire belle. Je descends le boulevard Gambetta, légère sous le soleil. Rue de France, je prends le tramway jusqu'à Magnan et je parviens enfin à ce lieu mystérieux que sont les studios de la Victorine. Les grilles en fer forgé sont fermées. Je sonne et je tends le papier bleu au concierge.

– On m'attend pour une audition, mais oui, regardez!

– J'ai bien peur, Mademoiselle, que vos amis vous aient fait une blague. Les studios sont fermés, il n'y a aucune production en ce moment.

Le brave homme comprend ma tristesse. Je reprends le tramway de Magnan jusqu'à la rue de France et je rentre rue Dante, en silence.

– Alors cette audition ? me demande Mme Vautier.

– Une erreur…

Une erreur, ou une mauvaise blague ? Je crois savoir qui en est l'auteur. Dans ma tête surgissent les images d'une soirée sordide à Cimiez. Jacques ne sait rien de cette minable aventure. On ne parle pas à celui qu'on aime du dégoût et de la peur qu'on a ressentis. À cette époque, je rencontre souvent un jeune acteur, Daniel, déjà célèbre, qui par sa notoriété a ses entrées à la Victorine. Beaucoup de jeunes acteurs connus descendent sur la Côte. Daniel n'est pas un ami, c'est une connaissance, utile, parce qu'il nous file des petits boulots dans le cinéma. Il m'invite à une fête dans une immense villa à Cimiez pour me présenter au jeune premier du moment. Avec moi, Daniel est double, parfois cynique, parfois généreux. Ça me flatte qu'il pense à moi. J'accepte l'invitation avec méfiance et courage. En entrant, je sens que je me suis fait avoir. Le jeune premier m'accueille en jouant les tombeurs, je suis vierge et farouche. Une fille blonde déjà en soutien-gorge semble parfaitement à l'aise. C'est un piège. La fête se réduit à trois garçons, deux filles, dont une pute. Daniel pousse les deux autres types vers moi, s'esclaffe, et lance avec son accent parigot :

– Allez Minou, laisse-toi faire… Déshabille-toi, on va faire la fête…

– Ça va pas! je crie, en tentant de cacher ma peur et mon dégoût. Ne me touche pas.

Les hommes font les malins quand ils sont plusieurs, c'est à moi de négocier la façon dont je vais me tirer de ce mauvais pas. Daniel me pousse brutalement.

– Pourquoi tu crois qu'on t'a invitée? Pauvre conne!

Je tente d'ouvrir la porte, il me barre le chemin. Il est petit mais sec. Il y a de la haine dans son regard vicelard. Il me jette avec mépris : «Tire-toi connasse. T'es même pas baisable.»

Le quartier de Cimiez est celui des parcs, des villas luxueuses, des riches. Il n'y a pas d'autobus dans ce coin-là. Le jeune premier est furieux, se moquant de Daniel et du pauvre garçon qui accepte de me raccompagner. Dans la voiture, muette, je me sens moche; qu'est-ce que je suis allée chercher? Un espoir de boulot, une amitié? J'apprends à mes dépens. Daniel et moi, par la suite, nous nous évitons et l'anecdote fait le tour de Nice. J'éprouve une répulsion très forte pour ce garçon, que je soupçonne de méchanceté volontaire, et d'un besoin de vengeance. La blague de la Victorine, ça lui ressemble.

En 1948, les marins américains envahissent la rade de Villefranche. Le jazz déferle sur Nice. C'est le premier festival de jazz, du 22 au 28 février. L'instigateur est Hugues Panassié. Grand critique de jazz, il arrive à Nice pour cette spectaculaire occasion, flanqué de son copain : mon cousin Michou, celui qui me terrorisait et me ligotait dans ma petite enfance. Et puis il y a cet autre garçon, timide et séduisant, qui m'intrigue. Ses boucles noires me désarment. Il s'appelle Jacques, lui aussi. Pour moi, il sera Jacky. Durant ce mois de février, avec Hugues Panassié, mon cousin et un couple d'amis, je passe des moments agréables. Hélène et Jean sont des collectionneurs de jazz, ils ont une petite boutique, Sur le Paillon, où ils vendent des disques rares. Un soir, on se retrouve tous au casino municipal pour une soirée exceptionnelle, fracassante et inoubliable. Louis Armstrong chante, accompagné de son orchestre, Barney Bigard à la clarinette, Jack Teagarden au trombone, Earl Hines au piano et Sidney Catlett à la batterie. Après la prestation de Louis Armstrong, on assiste à un incroyable solo de batterie par un autre batteur sensationnel, Baby Dodds. Un genre de bonhomme Michelin ! À la fin de cette soirée, Michel et Hugues Panassié me présentent Louis Armstrong et les autres musiciens.

Je dîne souvent chez Hélène et sa petite famille. Jacky traîne toujours dans le coin. Je m'habitue à ce beau garçon discret et les soirées chassent ma mélancolie permanente. Jacques me manque terriblement.

J'apprends tout sur le jazz et je retiens les noms avec un plaisir naïf. Panassié est une véritable encyclopédie. Je porte une petite robe à pois rouges, c'est la mode. Elle laisse mes épaules dénudées, alors que mes cheveux longs flottent dans mon dos. Les marins américains me sifflent et veulent m'emmener en Californie, en me jurant que c'est aussi beau que la Côte d'Azur.

Journée mémorable, je reçois la première lettre de Jacques, j'embrasse le facteur, il rit. Je tremble en montant mes quatre étages, j'arrache l'enveloppe. J'ai peur tout d'un coup qu'il me dise : « Une lettre par jour, c'est trop ! »

Mais non, sa lettre est touchante et contient la plus belle phrase du monde : « Tu es la première jeune fille pour laquelle j'éprouve une attirance. Écris-moi tout, j'ai besoin de toi. »

L'après-midi je dois aller à Juan-les-Pins avec Mme Vautier et ses amis. Ma lettre en poche, je lis cette déclaration d'amour encore et encore. Sur mon cœur je porte sa lettre, baisée mille fois. Heureuse, légère. Mon intérêt pour le jazz m'incite à fréquenter les concerts au jardin Albert Ier. Je me pointe aussi à Juan-les-Pins pour danser des nuits entières, au Vieux-Colombier, où se produit l'orchestre de Claude Luter et Sidney Bechet. J'apprends à danser le be-bop. Je fais la connaissance d'un garçon moche, lourdingue, mais qui, aussitôt sur la piste de danse, devient d'une légèreté et d'une efficacité redoutable. Il devient mon partenaire de l'été. J'apprends à m'abandonner, à me laisser conduire, sans oublier Jacques, mon seul amour. On est loin du Palladium, du ballet classique, et de ma maladresse. Pour une fois, je m'éclate. Juan-les-Pins, entre Cannes et Nice, est un endroit magique à cette époque. La petite ville roucoule de plaisir, la nuit. Tout est ouvert, les magasins, les coiffeurs, les boutiques de vêtements, les bars, les restaus. Se faire coiffer à quatre heures du matin, c'est le pied. Et puis, j'ai sur moi la lettre de Jacques, mon protège-bonheur. La vie me semble tellement plus importante que les études, mon université a toujours été la rue, les plages, les cafés, les boîtes, les gens. Je passe mon temps entre Juan-les-Pins et les promenades avec le petit-neveu de Jacques. J'offre des fleurs ou des chocolats à sa mère. Nous parlons de lui, de mon enfance à la clinique, mais jamais de mes origines. Sa mère s'intéresse aux sentiments que j'éprouve pour son fils. Avec gentillesse, elle calme mes doutes, mais reste prudente. J'écris tous les jours, plus de soixante-dix lettres. De lui, deux.

Chère Minou,
Ici, à Cherchell, j'ai commencé mon entraînement de parachutiste.
Mes copains de l'armée sont jaloux de moi, car je sais que demain,
il y aura une lettre de toi. J'ai besoin de tes mots. Dis-moi tout. La
vie est dure, on crève de chaleur, bientôt je t'enverrai une photo. Ne
m'oublie pas, écris-moi. Tu es ma seule amie. Tu es la seule per-
sonne à laquelle je tiens vraiment.

Il ne dit jamais : je t'aime. Il me manque tant que j'ai mal dans
tout le corps. Une goutte de Pour un Homme de Caron dans
son cou, et sa bouche sur mon cœur, comme ce serait bien !
Pour passer le temps, je vais chaque jour à l'association
des étudiants dans une villa, avenue des Fleurs, aménagée en
foyer pour étudiants en mal de rencontres, surtout pour les
jeunes qui viennent de l'extérieur finir leurs études à Nice. Un
après-midi, un garçon pâle et discret se met à jouer du piano,
ce garçon studieux qui fait ses études de droit à Nice est un
habitué de l'avenue des Fleurs. J'aime l'écouter jouer. Il a un
humour caustique. On se retrouve souvent et il me demande si
j'aime chanter.
— Je chante faux, te fatigue pas.
— J'aimerais t'écrire une chanson, me dit-il en riant.
La chanson qui m'est destinée, il l'offrira plus tard à
Juliette Gréco. Ce timide talentueux s'appelle Alain Goraguer,
il sera compositeur de musiques de films, de chansons. Je me
demande parfois s'il se souvient de la villa de l'avenue des
Fleurs.

L'été de mes dix-huit ans, il fait une chaleur torride. Jacques est toujours en Algérie, à Cherchell, il m'a envoyé une photo de lui en parachutiste sous un palmier. Mme Vautier est souffrante, l'humidité de la Côte ne lui convient pas. Je n'ai rien à lui dire, elle sait que je me débrouille toute seule depuis un moment et multiplie ses séjours en Lorraine. Entre Juan-les-Pins et Antibes, le seul endroit viable, c'est la mer. Pour survivre, je travaille comme pseudo-esthéticienne à Antibes avec un vague diplôme de maquillage. Échevelée comme je suis, je détonne dans cet univers cosmétique. Mme Litoz, patronne de l'Institut Paris-Beauté, est une femme singulière. Elle m'appelle Gisèle. À cause du ballet. Pour elle, Minou ce n'est pas un nom. Elle dit que je ressemble à une belle Juive, ce qui me fait grincer des dents. Encore cette étiquette qui me colle à la peau. Je ne veux pas être juive.

Tous les jours, avec mon sandwich au saucisson et ma bière, je déjeune dans l'eau à la plage d'Antibes. Au fort Carré. C'est la seule façon de se rafraîchir. Jusqu'à présent, Mme Litoz n'a gardé son personnel que quelques heures tout au plus. Elle m'a prévenue que je ne tiendrais pas le coup, mais sans s'en rendre compte, elle s'attache à moi, me laisse faire des épilations, présente mes seins à toutes ses clientes en prétendant que c'est la crème miracle de Jeanne Gatineau qui leur donne cette fermeté.

Mme Litoz est une imposture, comme moi. Vers les quatre heures de l'après-midi, on prend un Ricard, c'est notre rituel. Elle me parle de la Savoie, d'un terrible accident qui l'a défigurée. Elle m'apprend à ruser, à mentir aux clientes qui, sur la table de massage, racontent inlassablement leurs vies et leurs misères. Je l'écoute et je la fais rire. Elle a suffisamment confiance en moi pour me laisser la boutique durant quinze jours. Résultat : je vends dix mille francs une immense bouteille d'eau de Cologne Jean Marie Farina qui est dans la vitrine à des Américains de passage, alors que la bouteille est factice. Je l'ignore. En faisant le ménage à l'Institut, je nettoie la toilette avec le masque le plus cher, le prenant pour un détergent. Je n'aime guère faire le ménage, ni balayer le trottoir. Je tiens le coup six mois à Paris-Beauté. Tous les soirs, je rentre à Nice vers onze heures, je fonce à vélo vers la promenade des Anglais, là où je m'efforce d'oublier ma position misérable et mon étrange vie. Au mois de juillet sur la Promenade, on rencontre toujours des copains ou des copines. Avec mes épaules nues, ma silhouette élancée, j'aime séduire, et je suis folle de la mode d'été. Je porte une robe bustier à fleurs tirant sur le rose fané, très cintrée, qui moule mes hanches et s'évase dans le bas. Cette robe est un passeport de séduction. Je ne pense pas à l'avenir, ce qui compte, c'est minuit, ce soir, sous les pergolas.

Je vais chez la mère de Jacques, plusieurs fois par semaine. On parle de lui, de mes lettres quotidiennes, de cette longue attente et de Versailles. Elle semble m'apprécier. Je continue à promener son petit-fils. Il est tout frisé, blond avec de jolis yeux noisette et un petit air triste. Avec lui je parle de mon amoureux, son oncle. Je conjure le sort en me faisant accepter dans cette famille si éloignée de moi.

En rentrant rue Dante, j'écris.

Mon amour,
Il m'est arrivé une histoire extraordinaire. Je me promenais rue de France dans l'après-midi tout en noir avec des lunettes de soleil. Sur le trottoir viennent en sens inverse deux hommes, un jeune et un monsieur plus âgé ; ils me font signe en criant : « Juliette, Juliette ». Je ne comprends pas, ils avancent et je réalise que le jeune homme est Jean Marais et l'homme qui l'accompagne, Jean Cocteau. Je suis bouleversée et surprise qu'ils m'aient confondue avec Juliette Gréco, ce qui m'arrive de plus en plus souvent. J'enlève mes lunettes et, en riant, je leur dis : « Je ne suis pas Juliette Gréco. » « Comme la ressemblance est frappante », ajoute Jean Marais. Émue et tremblante, je les questionne : que font-ils à Nice ? Jean Cocteau m'apprend que Jean Marais vient jouer Britannicus au Palais de la Méditerranée. Je voudrais que tu sois près de moi, dans tout ce que je ressens, danser avec moi, me baigner, marcher le soir quand il fait chaud.

Ta mère est si gentille. L'été est stupide sans toi. Je compte les semaines, les mois. Cent jours, cent lettres. J'ai envie de toi.

Cet été-là, Juliette Gréco est à Nice pour donner des spectacles au Palais de la Méditerranée. J'ai acheté ses disques. Plus je me promène dans les rues, plus on dit que je lui ressemble. J'ai beau afficher une photo d'elle dans ma chambre, je ne me reconnais pas en elle. J'aime *Je hais les dimanches*, ses chansons noires, sa voix rauque, son allure.

La journée de son premier récital, vers midi, je descends sur la plage et un type dans l'eau me fait signe de m'approcher. Je ne le connais pas, mais je sais qui il est. C'est l'ami de Juliette Gréco. Cette imposture commence à me faire sourire. Ça fait plus d'un an que je porte du noir même en pleine canicule, sans trop savoir pourquoi. Pour être différente. Je ne pense pas à Gréco, je me cherche une image singulière. En noir je suis chez moi. Le soir de la première du concert de Gréco, je suis installée seule à une table et les photographes s'approchent de moi. Je proteste : « Vous vous trompez, je ne suis pas Juliette. » On m'apporte du champagne et lorsque le présentateur entre en scène et annonce : « La femme mystérieuse toujours en noir qui chante de sa voix grave », tous les regards se tournent vers moi. On m'applaudit, attendant que je me lève. Alors Juliette Gréco entre. Et c'est le silence, le plus embarrassant de toute ma vie. Le lendemain, *Nice-Matin* titre « Qui est la vraie Gréco, qui est la fausse ? » avec nos photos à la une. Alors que je m'approche de Gréco pour avoir un autographe, elle me regarde en disant :

– Ça vous amuse de me ressembler ?
– Je ne crois pas qu'on se ressemble.
– Des filles en noir, comme vous, il y en a plein à Paris.
– Ici, à Nice, je dois être la seule.

Tout ce qui m'arrive n'est que prétexte à nourrir les lettres que j'envoie à Jacques. Je n'ai qu'une heure de vie par jour. L'attente du courrier. Lorsqu'il est passé sans rien m'apporter, la journée est finie. Les mois passent, à peine une dizaine de lettres de Jacques, plus de deux cents de ma part. Un matin, je sonne chez sa mère avec un bouquet de roses, elle me fait entrer brusquement : « Venez vite, Jacques est revenu ! » Je suis prise de vertige. La surprise me déstabilise. Je ne suis pas prête à affronter celui devant qui je me suis mise à nu pendant des mois.

Je ne peux croire que la porte va s'ouvrir et qu'il va apparaître, alors que je l'imagine encore ailleurs, si loin, en Algérie. Comment n'ai-je rien senti ? Je m'assois sur un fauteuil de velours vert, inquiète. Il s'avance sur la pointe des pieds et va vers la fenêtre. Il est en uniforme de parachutiste. Il paraît plus grand, les épaules plus larges, les cheveux plus courts. Il me regarde avec étonnement.

Je dis : « Prends-moi dans tes bras, s'il te plaît. » Je me lève jusqu'à lui, je m'abandonne contre son corps, j'embrasse son cou, je respire son odeur. Il glisse sa main sous mon pull bleu pâle. Puis il prend ma tête dans ses mains et m'embrasse doucement sur les lèvres en murmurant :

– Comme tu as changé !

Je lis dans son regard tous mes mots, mes désirs, ma folie, ces lettres où je m'offre sans pudeur. Ce retour, je l'ai rêvé, imaginé, préparé dans ma tête, inventé. J'ai construit pendant dix mois un amour léger, vivant, où toutes les pensées les plus audacieuses étaient permises et réciproques. Mais devant la réalité de son retour, je suis dépossédée, j'éclate en sanglots. La certitude de ma relation avec lui se désagrège. Je me sens flouée, sans repères. Je lui répète :

– Prends-moi dans tes bras, s'il te plaît.

Il me serre si fort, son étreinte me remet au monde, le sang circule, la peur s'éloigne.

Sa mère brise ce moment parfait et dit joyeusement :

– Il est revenu notre Jacques ; alors, vous êtes heureuse ?

Je suis encore dans l'attente, dans un ailleurs où tout est possible. La réalité me semble terrifiante.

— J'ai encore quelques jours de caserne à faire avant la démobilisation, dit Jacques. J'ai vachement hâte d'être en civil, enfin libre. C'est long, dix mois…

— Terriblement long.

Je veux le quitter autrement qu'avec ces paroles creuses, ces gestes retenus. Pour lui la délivrance se pointe, mais mon combat se profile.

La vie après le service militaire, c'est l'ébauche des projets, des engagements, de l'organisation. L'avenir, tout ce que je déteste. Tout ce dont j'ai peur. Du quatrième étage de la rue Dante, je regarde la mer au loin, je m'assois dans la bergère de satin, ne sachant que faire. L'écriture quotidienne me manque. Ce petit journal où je déversais les moindres détails de mes journées et les moindres tressaillements de mon cœur affamé n'aura plus sa raison d'être. J'ai perdu ma liberté, il récupère la sienne. Écrire tous les jours à celui qu'on aime, c'est tisser un lien profond, si l'autre accepte cette démesure. La distance, la solitude et l'ennui fortifient les sentiments. De retour dans sa ville, il m'échappe. Je le sais, je le sens. J'attends quelques jours avant de retourner chez sa mère. Il est absent, mais il va bien, les amis défilent à la maison, me confie sa mère. Jacques n'a pas la vocation militaire comme son père. Mais la famille l'entoure de toute son attention. Il va prendre des vacances avant de commencer à chercher du travail, ajoute-t-elle.

— Il faut que je le voie, nous avons été si intimes durant cette année.

— Soyez patiente.

En redescendant l'escalier ce jour-là, je croise une toute jeune fille qui tient dans ses bras un bouquet de fleurs. Le genre petite-bourgeoise distinguée, blonde avec une queue de cheval, quinze ans à peine. Je ne suis pas surprise de la voir sonner chez lui. J'ai un point au cœur. Je file avec ma détresse au Moulin de Longchamp. C'est un après-midi calme, sans vedettes. Je commande un diabolo menthe et j'écoute Mouloudji.

Un jour tu verras
On se rencontrera
Quelque part, n'importe où
Guidés par le hasard

Nous nous regarderons
Et nous nous sourirons
Et la main dans la main
Par les rues nous irons

Mais j'accepte tout. Il me fait mal, mais quand il me rappelle, je suis là. Deux semaines plus tard, il me donne rendez-vous à la plage Beau Rivage avec ses deux amis JP. Un Jean-Pierre brun, intellectuel et snob, un Jean-Pierre blond, sportif et voyou. Ce sont ses amis du Cours Henri IV. Ils me tolèrent par amitié pour Jacques. Le JP voyou m'interpelle :

— T'as les yeux couleur eau de vaisselle, dans laquelle auraient trempé des épinards !

Quel poète ! Lorsqu'ils sont ensemble, je les trouve cons. Je ne suis pas sûre que JP le brun aime les filles. J'essaie de faire partie de la bande pour Jacques, qui a délaissé le style militaire pour le maillot de bain. Sa peau de blond est bronzée, imberbe. Il rit, me chahute et me pousse dans l'eau. J'ai un maillot noir une pièce avec bustier, cadeau d'un défilé de mode. Il fait encore froid, mais à Nice le défi c'est de se baigner le 1ᵉʳ avril. Sinon on joue sur la terrasse de la plage au ping-pong. Je connais bien JP le voyou. Je l'ai rencontré sur le tournage du film de René Clément *Les Maudits*, une histoire de guerre, de sous-marins, où nous devions plonger dans le port de Nice déguisés en soldats allemands. Courageuse comme je suis, j'ai décliné l'offre, mais JP le voyou s'est offert un paquet de fric avec ce tournage. Depuis on est restés copains. Pour JP le snob, je suis la petite amie de Jacques, mais lui et JP le voyou ne se privent pas de faire allusion aux conquêtes faciles de leur copain. Je pose des questions :

— C'est qui la nymphette qui était chez toi, l'autre jour ?

Jacques répond en haussant les épaules.

— C'est une amie de mes parents, elle vient de Paris.

Jean-Pierre le brun s'empresse d'ajouter :

— Sa mère recrute tous les partis possibles pour son fils, il faut le marier ce petit ! Il y a de la compétition, ma belle Minou.

Pour moi il est de plus en plus clair qu'il va s'en aller. Pour ceux qui ne vont plus aux études, Nice n'offre aucun choix de travail, Paris est inévitable.

— Je serai chez ma sœur à Versailles, tu m'écriras ?

On s'enlace sous le regard narquois des JP, une dernière fois avant son départ.

Dépossédée de sa fortune par ses neveux, Mme Vautier vit maintenant en Lorraine. C'est la sœur aînée du Dr Vautier qui l'a recueillie avec bonté. Je ne peux rien y faire sinon regretter de ne pas avoir pu garder la clinique. J'ai expédié la plupart des meubles de l'appartement de la rue Dante à Lérouville, gardant seulement le lit, l'armoire d'acajou et la bergère rose de la chambre à coucher. J'ai dix-neuf ans, un appartement et je survis en faisant de la figuration ou en posant occasionnellement (tête et buste uniquement) pour les élèves de l'école des arts plastiques. Au marché de la Buffa, j'arrive à m'offrir des tomates, des radis roses et des petits artichauts violets que je mange crus. Dans mes temps libres, j'essaie de profiter de la promenade des Anglais à la recherche d'un regard connu. Depuis la fin de la guerre, la familiarité est à la mode, les étrangers vite repérables. Dès le début de l'été, toute la faune de Saint-Germain-des-Prés envahit la Côte. Marchant pieds nus, les garçons portent des jeans, des tee-shirts crasseux et parlent fort. La plupart du temps, ils sont soûls. Ils traînent et font peur aux Niçois, couchant sur la plage et sur les bancs de la ville. Un jour de canicule, je fais la connaissance de deux types bizarres qui arrivent de Paris en stop. Ils m'attirent, ils ont une allure nonchalante qui jure avec celle des Niçois : Youra et Boris. S'ils s'adressent directement à moi, c'est que je ressemble aux filles de Saint-Germain. Avec eux, je me sens dans le coup. Plus âgé que moi, Youra est un réfugié russe. Il connaît toute la communauté du boulevard Tzarewitch, ayant vécu sous le nom de comte Pscherasky. Son copain, Boris, est un Américain d'origine yougoslave. Ils parlent russe entre eux et attendent un copain qui doit se pointer d'un jour à l'autre. Je les amène souvent au Moulin de Longchamp. C'est le lieu de rendez-vous des Russes. Youra s'y sent à l'aise et Boris le suit partout. On y boit du café et on écoute la musique de Claude Bolling, entourés d'étrangers.

Un midi, alors que je flâne sur la Promenade, je les croise avec leur fameux copain.

– Voilà, c'est Andrei, dit Youra.

Boris et Youra cherchent mon regard. Leur ami est affublé d'un tricot de fille bleu pâle qui lui donne un air débraillé. Avec son teint hâlé, ses cheveux décolorés par le soleil, il est plutôt beau, mais arrogant et prétentieux. Me regardant à peine, il s'exclame :

– J'ai faim ! Salut la fille, t'as de quoi bouffer chez toi ?

Après cette fulgurante entrée en matière, tous les quatre nous rejoignons mes copines Yseult et Monique qui m'attendent sur la plage.

Yseult n'est plus la gamine mignonne que j'ai connue dans mon enfance. Après la guerre, sa mère, Mme Y…, a été condamnée à mort par contumace et elle vit maintenant en exil en Italie. Yseult, plus terne, plus silencieuse, n'évoque jamais le passé déshonorant de sa mère. Elle vit seule dans l'appartement des Baumettes et l'endroit devient, tout comme mon appartement, un de nos quartiers généraux. Monique, Yseult et moi mettons en commun notre pauvreté, notre jeunesse et nos solitudes. C'est à qui hébergera les zazous de Saint-Germain. Au château des Baumettes, on rencontre un certain Johnny, un Français perdu qui essaie de se faire passer pour un Américain. Il nous fait la cuisine. Un soir, il nous prépare un ragoût de lapin très épicé qu'André et moi dégustons. Oh horreur ! Il nous avouera quelques semaines plus tard que c'était du chat ! Les services de cuistot de Johnny vont s'arrêter là. À partir de ce moment-là, André et Boris volent des vélos et partent à la campagne pour ramener des tomates et des figues. Au retour, ils reposent tranquillement les vélos à leur place, ni vus ni connus. On se colle les uns aux autres pour être plus forts. Quand j'ai besoin de ma solitude, je reviens à mon appartement de la rue Dante. J'ai retiré la lettre de l'armoire, maintenant elle m'appartient. Je dors dans le lit de Mme Vautier et personne n'entre dans cette pièce. La présence de Jacques me manque par-dessus tout. J'attends que sa mère revienne de Versailles pour aller la voir et garder ainsi le contact avec l'homme de ma vie. Cet été-là, je ne lui rends visite qu'une seule fois. Elle m'apprend que Jacques a trouvé du travail en banlieue de Paris dans une entreprise de parquet. Elle me donne son adresse. Je ne pense qu'à aller le rejoindre, mais Paris est hors de prix. Mes amitiés de passage me consolent. Un matin, sur la Promenade, je fais la connaissance de Dominique. Elle vient de Paris, elle marche pieds nus et porte une jupe de coton gaufré mauve qui s'harmonise avec ses yeux. Les cheveux longs en queue de cheval, elle a un visage splendide mais un corps trop lourd pour être une super nana. C'est une fille drôle et simple avec qui je suis bien. On se baigne et on se marre, on ne fait pas la manche mais on glane des cafés, des croissants ou des apéritifs. On a la pêche et surtout, à deux, rien ne nous fait peur. Un jour, un jeune type un peu maigrichon nous aborde et s'inquiète de notre sort : «C'est simple, dit Dominique, on a faim, seulement voilà on n'a pas un sou…»

La petite chenille est ravie, le type pense nous impressionner en nous disant :

– Je vous invite à déjeuner.

Sur la Promenade, on est à la hauteur de la rue de France ; au coin de la rue Halevy il y a un bistrot et nous nous dirigeons vers le restau, tous les trois… Dominique déclare, frondeuse :

– D'accord, on accepte à une condition. Tu paies le repas, mais tu nous fous la paix, c'est-à-dire, tu ne déjeunes pas avec nous…

Le mec n'en revient pas : c'est quoi ces deux nanas ? Elles sont barges ou quoi ? Voyant que nous ne cédons pas et que de toute façon, on s'en fout, magnanime, il dit :

– Très bien, je vous paie la traite et je me tire…

Assises près de la fenêtre, nous triomphons et nous trinquons au mec inconnu. L'estomac serré par la faim, je n'avale qu'une salade de tomates, et un verre de vin. Quand je quitte Dominique c'est pour retrouver la bande, André, Youra et Boris. Je fais aussi la connaissance d'Hélène Plemiannikov, la sœur de Roger Vadim. Elle est chaleureuse, généreuse et nous balade tous dans sa voiture décapotable. Elle partage avec Daniel Gélin une villa dans l'arrière-pays. Gélin est déjà une star, il est à Nice en convalescence, essayant d'échapper à ses problèmes de drogue. Pour aider Hélène, il m'arrive parfois de garder les enfants de Daniel Gélin chez moi afin d'agrémenter son séjour. Personne ne se connaît vraiment, mais on partage tout avec insouciance. Youra, Boris, André et moi sommes souvent invités chez des riches. Youra nous emmène un soir dans une grande villa luxueuse, chez une aristocrate russe dans le haut de Cagnes. Je suis ravie, André fait la gueule. Il a du mépris pour les riches. Pourtant, il s'est radouci. Dans les soirées, il semble apprécier la compagnie d'Yseult, plus que la mienne. Il dit qu'il aime les filles naturelles, que je suis trop sombre pour lui. Moi, il suffit qu'on me rejette pour que je cavale comme une dingue. J'essaie d'être son amie.

André ne tient pas en place, il veut sortir de Nice, prétextant que je ne bronzerai jamais si je ne m'installe pas sur un rocher. Comme toutes les Niçoises de ma génération je recherche les plages artificielles que de riches Américains ou Anglais ont comblées par des tonnes de sable. Je connais une de ces plages divines à quelques kilomètres de Nice. C'est une petite anse minuscule blottie au bout du cap Ferrat. Le sable y est fin et blanc, on y goûte la fraîcheur de l'eau salée et on y ressent la morsure du soleil. C'est à Passable. Le roi des Belges, Léopold II, y a acheté une villa. La villa de Passable est l'une des plus belles du cap Ferrat. Cette journée mémorable sur un rocher se termine par des brûlures au second degré. André rit de mon infortune et me dit après ça : « Ma belle, tu seras comme les autres, bronzée. » Pour une fois, on rentre à l'appart rue Dante et je concocte la potion magique : un mélange de bicarbonate de soude et d'huile d'olive. André me badigeonne avec dégoût. Je reste cloquée durant quelques jours avant de renaître sous un hâle méditerranéen.

André est vraiment un type bizarre, il râle tout le temps et parfois il a des moments de tendresse auxquels je suis sensible. Sous ses dehors de macho, il a une fragilité que je détecte. Un soir, nous sommes seuls sans Boris ni Youra, sur la plage de Nice. En allant vers le port, je lui avoue : « André, faut que je te dise quelque chose… » Je tâte le terrain.

– Quoi?

– J'en ai jamais parlé à personne, je suis une enfant abandonnée…

– Et alors, qu'est-ce que tu veux que ça me foute ! ! !

– Ça te dégoûte pas?

– T'es conne… qu'est-ce que ça peut bien faire? Allez, viens, t'en fais pas, le monde est plein d'enfants abandonnés.

Il me prend par les épaules. Ce grand secret qui m'étouffe est plus facile à partager avec un garçon qui visiblement n'en a rien à cirer. L'essentiel c'est qu'il m'accepte comme je suis. Je suis incapable d'en dire plus sur moi, si ce n'est mon amour obsessif pour Jacques.

Mais plus l'été avance, plus le temps rétrécit. Je sais que tôt ou tard, ils partiront tous et qu'il faudra que je m'occupe de ma vie.

Grâce aux liens que j'ai tissés avec tous ces jeunes, je me sens plus solide, moins peureuse. Nice est devenu trop étroit, mes petits boulots ne rapportent rien, j'étouffe. Il est temps que je fasse comme les autres : que je parte.

Le premier voyage que je fais à Paris en 1951 n'est que le brouillon de mon avenir. Je suis en repérage. Dans mon carnet d'adresses, il y a celle de Jacques, offerte par sa mère, et celle de Bernard Buffet, un peintre célèbre que je ne connais pas, qu'une copine m'encourage à rencontrer.

– Tu verras il est sympa, il connaît tout le monde, va le voir de ma part.

J'ai aussi l'adresse de Jacky à Neuilly, celle de Dominique, rue Pierre Iᵉʳ de Serbie et, pour compléter, celle du Mabillon, en plein cœur du VIᵉ arrondissement, où je peux espérer retrouver Boris, André ou Youra. Ma première destination, c'est la gare de Lyon, où le patron de Jacques vient me chercher en voiture. C'est un homme affable, courtois qui me met à l'aise. Il m'explique que Jacques sera le lendemain à Versailles et que je suis attendue chez sa sœur et son mari. Sa prise en charge me rassure. L'entreprise qu'il gère fabrique des parquets quadrillés qui sont déjà populaires aux États-Unis.

À mon arrivée, la sœur de Jacques m'accueille en riant de ma timidité et se moque ouvertement de son mari qui semble mal à l'aise du franc-parler de sa femme. Ils font un drôle de couple, elle, une blonde plantureuse, rigolarde, qui fume sans arrêt, lui, une sorte d'échalas guindé qui s'appelle Philippe. La sœur de Jacques est le portrait de son frère, leur ressemblance est troublante. Curieuse, elle me questionne sur mon voyage, sur Nice et sur ma relation avec Jacques.

– C'est un coureur, mon frère, méfiez-vous! me lance-t-elle, l'air de ne pas y toucher. Elle traite aussi son frère de «chouchou à sa maman» et laisse percer une certaine jalousie:

— Je constate que vous êtes dans les bonnes grâces de la famille, je ne peux pas en dire autant. Moi, je suis la délinquante. Est-ce que mon frère vous a parlé de moi?

— Bien sûr, il vous aime beaucoup! J'ai l'impression d'être devant Jacques quand je vous regarde, c'est fascinant.

— Vous trouvez? Venez on va boire quelque chose. Whisky, porto?

Elle apporte des verres en oubliant sciemment son mari. Il y a un malaise qui plane. Je ne sais plus où me mettre:

— Vous êtes sûre que je ne vous dérange pas?

— Au contraire, ça me fait plaisir de vous rencontrer, on s'emmerde assez ici.

Après un excellent dîner, on pénètre dans le salon converti en chambre avec un immense lit qui trône en plein milieu de la pièce.

— Minou, est-ce que vous avez une objection à partager notre lit?

Je reste médusée. Est-ce une blague?

— Ça ferait plaisir à Philippe, d'avoir près de lui une belle jeune fille.

Je ne trouve pas ça drôle du tout. Elle ajoute:

— Et toi, Philippe, tu ne dis rien, comme d'habitude.

Les histoires de couple, c'est pas mon truc, je suis venue voir Jacques, pas régler des malentendus. J'en prends mon parti et je finis par me coucher tout habillée pour signer ma désapprobation, avec la ferme intention de déménager mes pénates le lendemain matin, dès que Jacques va se pointer. Si la sœur est dingue, je n'y peux rien. Le lendemain je me promène dans Versailles. Il fait soleil. Personne dans les rues. Versailles est une ville secrète où toutes les maisons de pierre semblent abriter des fantômes. On s'y sent épié, la ville entière est engluée dans l'histoire. Ce sont les rues larges et pavées qui procurent cette sensation d'autrefois. C'est une ville sage, austère, qui m'impressionne par sa rigueur architecturale et son ordre. Drôle d'endroit pour une rencontre passionnelle. En attendant Jacques, je bavarde avec sa sœur. On boit un verre ensemble, elle s'excuse pour la veille. Elle espérait une autre vie, une vie plus excitante, avec son mari ça ne colle pas. Jacques arrive en fin d'après-midi, souriant, disponible, parlant de son nouveau travail avec emballement. Il a changé. Il prend ma défense lorsque sa sœur se moque de moi. Il m'embrasse devant elle. Je suis heureuse. Mais avant même que j'aie le temps de lui faire comprendre que je voudrais partir, il lance :

— On dort où ?

— Dans la pièce en arrière, répond sa sœur.

Surprise de découvrir un autre lit dans la maison, je laisse Jacques y poser sa valise sans lui raconter ce qui s'est passé la veille. J'imagine une nuit entière avec lui, contre lui. Avec la complicité de sa sœur. En réalité la chambre n'en est pas une, un boudoir peut-être ? Il n'y a qu'un sofa et deux fauteuils, un miroir ancien. Je porte une chemise de nuit en crêpe de Chine rose, cadeau de Mme Vautier. Jacques se glisse sous les couvertures. C'est un moment de bonheur. Son corps nu contre le mien, c'est ce que je désire depuis si longtemps ! « C'est fou comme tu ressembles à ta sœur, dis-je en plaisantant. »

— J'espère que tu me préfères.

— Idiot. Je t'aime tant.

J'ai tellement gambergé avec ces images que si je devais mourir demain, je n'aurais pas peur. J'ai envie de faire l'amour. C'est le but, non ? Mais entre les portes françaises et le parquet qui craque, l'amour est impossible, je n'entends que son cœur qui bat contre le mien. Dommage.

Le lendemain au petit-déjeuner, Jacques croise les regards ironiques de sa sœur. « Alors, c'est fait ? » demande-t-elle. Mal à l'aise, je me tais. Je quitte Versailles, le cœur barbouillé. Entre-temps, Paris est d'une beauté infinie. Après mon passage tumultueux à Versailles, je décide d'aller à l'adresse de Dominique, la copine parisienne que j'ai connue à Nice l'été d'avant. « Si tu viens à Paris, viens me voir. » Nostalgique de nos insolences et de nos fous rires, je me pointe chez elle, rue Pierre Ier de Serbie. C'est un hôtel particulier. J'ai un doute. Je n'ose pas sonner et rebrousse chemin. Pourquoi Dominique m'a-t-elle menti ? Pourquoi m'avoir caché qu'elle habitait dans un quartier chic ? Quelques années plus tard, à New York, en 1970, j'ai rendez-vous avec une auteure célèbre dans un café de Greenwich Village. Comme elle avait l'habitude d'écrire dans les cafés, nous avions décidé, le réalisateur et moi, d'y faire l'entrevue et, après, de nous promener dans le Village. Nathalie Sarraute est mon invitée, une femme passionnante, généreuse, beaucoup plus compréhensible comme être humain que comme auteure. Au cours de notre entretien, je lui fais part d'une anecdote qui lui paraît étrange, l'été, à Nice, dans les années 1950 et ma rencontre avec Dominique, qui avait omis de me dire qu'elle était la fille de Nathalie Sarraute. Elle me regarde avec intérêt, surprise de notre aventure. Pourquoi sa fille avait-elle inventé ce personnage de jeune fille pauvre ? Devant le malaise et l'étonnement de Nathalie Sarraute, je me prends à regretter ma petite histoire. « Croyez bien que je suis désolée de l'étourderie de ma fille et sachez que les portes de l'hôtel rue Pierre Ier de Serbie vous sont ouvertes. N'hésitez pas à venir nous voir. » Ce que je ne fis pas. Pour garder intact le souvenir de Dominique comme une jeune fille qui marchait pieds nus dans les rues de Nice l'été 1951.

Durant mon séjour à Paris, après Versailles, j'atterris à Neuilly chez Jacky, le copain de mes seize ans, avec qui j'écoutais du jazz, l'été 1948. Jacky est charmant, généreux et partage l'appartement avec un copain. Je m'installe dans son salon. La nuit, ses amis espagnols font la fête. Ils chantent, jouent de la guitare. Je n'arrive pas à dormir, mais je suis là où il faut être. Saint-Germain-des-Prés est un endroit mystérieux, un quartier difficile à définir, pour moi l'orpheline de cœur, l'exilée sans papiers et sans nom. La première fois que j'arrive au Mabillon, je n'ose pas entrer. Un voilage fin masque l'intérieur. Mais quelqu'un m'ouvre la porte et je me glisse sur la banquette en face, qui est libre ; tout de suite, quelqu'un vient me parler. À cette époque Saint-Germain-des-Prés est le paradis des oubliés, on s'y sent un peu moins malheureux qu'ailleurs. Il existe là une fraternité naturelle ; on dort chez l'un ou l'autre, on traîne des nuits entières à La Pergola et les ruelles où on se promène ressemblent à ce que j'ai imaginé dans mes rêves. Paris est plein de poésie, même le ventre creux. Personne autour de moi ne s'inquiète de savoir si je suis une enfant abandonnée ni ne me questionne sur mes origines, tout le monde s'en fout et, peut-être pour la première fois de ma vie, je me sens libre, libre du jugement des autres et débarrassée des préjugés. Je sais que ce petit moment de délivrance ne durera pas, mais le quartier m'accueille avec gentillesse et j'en profite. Le soir, je rejoins à Neuilly Jacky et sa bande. Il est attentif à ce que je vis et lorsque je reçois une lettre de Jacques me demandant de venir le rejoindre une fin de semaine à Coutances, Jacky me passe l'argent et m'accompagne à la gare :

– Jamais je n'oublierai ce que tu fais pour moi, dis-je en l'embrassant.

C'est sous la pluie que j'arrive à Coutances, une petite ville de Normandie entièrement reconstruite après la guerre, où Jacques a ses chantiers. Il m'attend à la gare et m'accompagne au premier café, s'excusant de devoir aller travailler. Je peux attendre, je suis heureuse, comblée. Le patron, me voyant frissonner, m'offre un café à la façon normande. Il m'en offre un deuxième, puis un troisième. Ressentant un bien-être bizarre, je me rends compte que le café normand est moitié café, moitié calva. Oubliant l'humidité et le froid insidieux, je relis la lettre que Jacques m'a envoyée. Je suis plus amoureuse que jamais. Lettre de malheur, lettre de bonheur, pourquoi pas ? La pluie ne cesse qu'en fin d'après-midi et Jacques vient me chercher enfin. Il me conduit vers son chantier : un immeuble gris en béton où le vent s'engouffre par toutes les ouvertures. Par terre est posé un sac de couchage.

– J'habite ici et ce soir on dormira ensemble…

– C'est ici que tu vis, sur le chantier ?

– Oui, dit-il en se déshabillant. C'est comme si on vivait ensemble et que tu partageais mon lit. Enlève tes vêtements, tu verras comme il fait chaud dans mes bras. C'est mieux que chez ma sœur.

Comment résister à cette candeur ? Il allume une bougie, il m'ouvre le sac de couchage comme un présent. Je me faufile tout contre lui, j'essaie d'oublier la dureté du béton, le sifflement du vent et j'ai peur tout à coup, lorsqu'il me pénètre : je ne parviens pas à me détendre.

– Je te fais mal ? dit-il en se retirant.

Je pleure en silence, il me calme en m'embrassant. Je combats trop d'obstacles, la dureté du lieu, ma maladresse.

– C'est pas grave, me console-t-il.

Je finis par m'endormir dans ses bras, recroquevillée dans le froid et la tristesse.

Le lendemain Jacques part travailler toute la journée, je reste seule, explorant mon environnement. Il ne pleut plus, mais l'humidité de cette bâtisse en construction est insupportable. En m'accueillant sur son territoire, il me prend à témoin. La vie de chantier ou le service militaire, c'est du pareil au même. L'insouciance est perdue à tout jamais. Je fouille dans ses affaires pour trouver un pull, quelque chose de lui qui me réchaufferait. Je tombe sur un paquet de lettres, indiscrétion maladroite de ma part. Les lettres viennent de Nantes, elles sont signées : *Ta maîtresse qui t'aime*. Devant la surprise, ma réaction est toujours la même : je me tais. À la tombée du jour, Jacques revient épuisé. Je voudrais être capable de parler simplement, lui dire que je l'aime par-dessus tout, oublier les lettres, le froid, la solitude. Et lorsqu'il se colle à mon corps, je ne résiste pas. Mais lorsqu'il essaie à nouveau de me pénétrer, il s'inquiète :

– Je ne veux pas que tu aies mal, que tu souffres, me dit-il.

– Mais j'ai mal, aide-moi, je ne sais rien de l'amour, je veux être ta femme, s'il te plaît… comme les autres… lui dis-je en pleurant.

Jacques se retire, il n'ose pas. Il essaie de me consoler en promenant ses lèvres sur mes seins jusqu'à ce que je sombre dans un sommeil de mort. L'aube revient, triste et grise, et je quitte Coutances, souffrante. En rentrant à Paris, même Jacky se joue de mes frayeurs en disant souhaiter me partager avec son copain. C'est trop. Je ne veux rien de tout cela.

Il est temps de rentrer à Nice, je suis trop vulnérable. Dès mon arrivée, je viens chercher un réconfort chez les parents de Jacques. Sa mère me reçoit avec colère. Pour elle, je ne suis qu'une intrigante qui veut piéger son fils.

– De quel droit allez-vous déranger mon fils sur son lieu de travail ? Devant tous ses collègues, vous n'avez pas honte ?

Elle est furieuse et ne me permet pas de m'expliquer, me claquant la porte au nez. Je redescends l'escalier, mes fleurs à la main. Sans l'invitation de Jacques, jamais je ne me serais permis d'aller à Coutances. J'aimais cette femme, je croyais à son affection, et vlan, je prends ce rejet et son mépris comme une gifle monumentale. Je suis assommée, ne sachant quelle stratégie adopter. Quand ça va mal, mieux vaut le silence. Notre amitié s'est brisée net.

Entre-temps, M. Borelli, l'homme d'affaires et notaire de Mᵐᵉ Vautier, a pris en charge la liquidation de l'appartement. C'est une location, je dois remettre les clefs au propriétaire quand je serai prête. Une période de ma vie s'achève entre tristesse et inquiétude. Ce saut dans l'inconnu me terrifie. Je suis responsable de ma liberté, de ma conduite et de mes choix. Ce n'est pas le travail qui me fait peur, je suis disciplinée quand c'est nécessaire, il me sauve de mon déséquilibre affectif. Sans diplôme, je dois me préparer à chercher un boulot à ma convenance. Soit j'essaie un travail de bureau, soit je me dirige vers l'Institut de beauté Jeanne Gatineau avec la recommandation de Mᵐᵉ Litoz. Durant ces quelques mois qui me restent, je loue une machine à écrire pour copier entièrement *L'âge de raison* de Sartre. J'adore ce livre. À la fin de l'exercice, je peux me débrouiller comme dactylo.

Au 6 de la rue Dante, le 11 octobre 1951, je fête mes vingt ans de solitude. En rentrant de Nice, l'été dernier, André m'avait écrit cette lettre :

Salut Minou,

À propos de ton mec, sale coup, mais c'était à prévoir, des deux côtés d'ailleurs... Je voudrais te parler de ton désir de venir à Paris. Ça ne m'enchante pas. Pour deux raisons. Ce ne sont que des conseils que je peux te donner et je sais que tu ne les suivras pas. D'abord, as-tu des amis à Paris sur qui tu peux compter pendant très long-temps et pas des amis à la petite semaine ? Si tu n'as personne, reste au chaud à Nice comme une petite-bourgeoise. Quel est ton but en venant à Paris ? Échapper à l'emprise mortelle de la bourgeoisie niçoise ? Que te donne Paris ? Crever de misère et devenir une petite putain de Saint-Germain vivant au jour le jour, raflée presque tous les soirs ? Saint-Germain est beau et pittoresque pour le tou-riste aux poches bourrées de dollars, pour toi comme pour moi, c'est la mort du peu de vitalité que nous pouvons avoir. Et puis merde... tu as vingt ans, l'âge de raison.

Pour ce qui est de la dureté de la vie, j'en conviens, ce n'est pas facile, mais j'en viendrai à bout. Quoi qu'il en pense, je ne serai jamais une petite putain de Saint-Germain. Ça, c'est certain.

C'est mon dernier hiver à Nice. Dans ma tête, mon pro-chain départ pour Paris est fixé à l'été 1952. Le temps de rompre avec ma ville. Pendant cette période, Jacques ne répond pas à mes lettres. Je garde espoir. Un soir, sur la promenade des Anglais, je croise Jacky en uniforme de parachutiste. Il est ren-tré de Paris pour l'armée. C'est son dernier soir de liberté car il part le lendemain pour deux ans faire son service en Indochine. Nous sommes heureux de nous revoir. On s'installe sur les tran-sats, deux ans c'est long, on ne se reverra peut-être plus. La chaleur est accablante, on descend sur la plage et je m'adosse au mur de ciment. Je ferme les yeux, heureuse de passer cette soi-rée avec lui. Jacky s'approche et m'embrasse si doucement que je garde les yeux fermés et lui rend son baiser.

– Viens, me dit-il.

Je sais que c'est fou, j'en meurs d'envie, mais j'ai fait le serment que ce serait Jacques mon premier amour, personne d'autre. Il suffisait de presque rien pour que ma vie bascule, mais quelque chose me poussait à fuir, plus fort que mon désir, plus violent que la raison, un ailleurs compromis mais inéluctable.

Je suis à Paris depuis quelques semaines, chez des copains de Nice, qui m'hébergent dans leur appartement, du côté de Saint-Mandé. Sans trop réfléchir, je leur ai prêté le peu d'argent qu'il me restait. Je cherche du travail et j'envoie des centaines de demandes d'emploi. On se débrouille pour vivre. Je reçois deux offres, l'une pour Jeanne Gatineau, l'Institut de beauté, et l'autre au bureau d'American Express comme dactylo. Je choisis la sécurité : l'American Express pour la réputation de la boîte, mais aussi pour son emplacement, place de l'Opéra. La mère de mes amis étant revenue de vacances, je dois quitter l'appartement, mais j'attends toujours qu'ils me remboursent. Je me suis fait avoir comme une provinciale. Ça m'apprendra.

J'habite à Saint-Germain-des-Prés et chaque soir j'ai rendez-vous avec Verlaine. Dans une chambre à l'Hôtel des Vosges, rue de la Petite-Boucherie, près de La Rhumerie Martiniquaise. C'est un hôtel de passe et la propriétaire loue ma chambre durant la journée. Je fais semblant de ne pas le remarquer. Chaque soir, je retrouve mes affaires pliées dans l'armoire. La chambre est laide, avec son cosy-corner en faux bois et son lavabo minuscule ; une cuvette sert de bidet. Mais c'est chez moi. Je suis au cœur de l'action. Quant à l'argent, c'est un problème. Pour la première paie, il faut attendre la fin du mois. Je vais au Mabillon à pied, au détour de la rue. Si l'hôtel est délabré, l'emplacement vaut de l'or. Le jour, je suis une petite dactylo morose, avec des goûts de luxe, le soir, une aventurière à La Rhumerie Martiniquaise.

À midi, à la place du déjeuner, je lis *La peau* de Malaparte en face des Galeries Lafayette. Je ne fréquente pas la cinémathèque mais la rue, les cafés. Je construis mon rituel, car je suis le personnage principal de mon histoire et rien de ce que je vis ne peut être grave puisque c'est de la fiction pure.

Un soir, en rentrant de l'American Express, je trouve mes valises sur le trottoir. La concierge de l'hôtel est désolée. Pour elle, ma chambre n'est pas rentable. Il vaudrait mieux que je devienne pute plutôt que dactylo… À la rue à six heures du soir, je me retrouve avec mes valises au Mabillon, j'ignore où je vais coucher. En septembre, à Paris, c'est la rentrée, il n'y a pas une chambre de libre, les hôtels sont pris d'assaut, tout au moins ceux qui sont dans mes prix. La première personne qui m'approche est un jeune homme brun, à la tête bouclée, avec de grands yeux verts et une belle bouche. Il me trouve triste, je lui confie ce qui m'arrive. Il s'appelle Jean. Il prend ma valise et me propose son lit par gentillesse. Jean est peintre, il habite une chambre de bonne rue de Seine. Il a une petite amie qui vient tôt le matin. Il me prévient que je dois cacher ma valise avant de partir travailler. On gèle dans sa chambre et il dort nu, sans couverture. Moi je n'ai que mon manteau pour me couvrir. Après une semaine de ce pis-aller, je dois trouver autre chose. Je ne trouve rien. Je passe de longues soirées d'errance, au Mabillon d'abord, de minuit à trois heures du matin, puis à La Pergola et ensuite au Barbac où je termine la nuit. Je me lave dans les toilettes et j'attends le lever du jour pour aller travailler. Je porte toujours les mêmes vêtements, je ne mange pas à midi, j'avale seulement un café boulevard Haussmann, derrière l'American Express en lisant *Crime et châtiment*, mais j'ai vingt ans et Paris est si beau, vu de la plate-forme du 95, que j'oublie mon malheur. Le soir au Mabillon, enveloppée des lumières et de la chaleur du calorifère, je reçois en douce du vieux Joseph un café, un œuf et un petit bout de cake. Cher vieux Joseph qui peste contre les jeunes du Mabillon : surtout César, le sculpteur qui chahute avec sa bande d'Espagnols, et parfois se fait foutre dehors pour tapage nocturne, le fameux César qui donnera plus tard son nom au trophée que l'on remet chaque année à la grande fête du cinéma français.

Je m'assois sur un banc devant chez Lipp. À travers les fenêtres sans rideaux, j'observe les appartements du boulevard Saint-Germain et leurs lumières dorées.

Au coin de la rue de Buci et du boulevard Saint-Germain, il y a un traiteur qui a fait de sa vitrine une orgie de charcuterie : foie gras, langoustines enrobées de mayonnaise, jambon de Bayonne, œufs en gelée, saucisson d'Arles, rosette de Lyon, ainsi que des bouteilles de champagne dans leur cercueil de bois. Je m'arrête souvent devant cette vitrine gargantuesque, salivant, presque heureuse de voir tant de bonnes choses interdites. Quand on a faim, on va Chez la Mère Moineau, c'est moche, sale, mais il fait chaud et la mère Moineau cuisine un couscous délicieux. Avec ses yeux qui louchent, son chignon bringuebalant, elle forme avec son petit mari algérien le couple le plus bizarroïde du quartier. Durant ces semaines de vagabondage, le pire, c'est le manque de sommeil. Quand je me pointe rue du Four, j'ai une chance de trouver un lit ou une chambre à partager avec quelqu'un, pour une nuit ou deux. Fille ou garçon on ne fait pas de différence et la solidarité est de rigueur. Je drague un lit, un fauteuil, un sofa. Lorsqu'un inconnu s'assoit à ma table, je lui fais part de mon désarroi, et parfois on m'invite. Dormir dans un vrai lit coupe la semaine de misère. Je découvre de nouveaux lieux. Parfois un type m'accompagne pour dormir sur un banc le long des quais, c'est moins triste. Moins risqué surtout. C'est dur, humiliant et physiquement épuisant, mais le matin je suis toujours ponctuelle au bureau. Le quartier me ressemble. Il est exalté, excitant, dangereux, mais c'est ma famille. Malgré mon indigence, je me sens en accord avec l'esprit de Saint-Germain.

Durant cette période, je fais la connaissance de Vali, une Australienne aux cheveux rouges, qui danse le soir le be-bop au Tabou, une des premières caves de Saint-Germain. Ensemble, on se maquille dans les toilettes du Mabillon, les yeux charbonneux, le visage pâle. On se confie nos joies et nos peines. Un soir, au Saint-Claude, un petit bar sympathique, je croise Youra. Il m'invite chez le Grec, rue Grégoire de Tours, c'est la place quand on a quelques sous, un peu crade, mais la bouffe est convenable et le vin abordable. Il me donne des nouvelles des autres. Boris va à la Sorbonne. Il a obtenu une bourse pour étudier les langues orientales, c'est la mode. André ne fout rien. Il prétend que travailler est indigne de lui, et que de toute façon, il se suicidera avant l'âge de vingt-cinq ans. En blague. Youra s'inquiète de ma virginité éternelle. À son avis, il n'est pas normal qu'à mon âge, je sois encore vierge. Je suis d'accord.

Au bout de trois mois d'errance quotidienne, épuisée de dormir tous les soirs chez des amis de passage ou dans les bars, j'accepte avec reconnaissance lorsque Claude, une collègue de travail, voyant ma fatigue et mon découragement, me propose de rester quelque temps chez elle. C'est l'occasion de reprendre un semblant de vie normale, de me réchauffer et d'oublier mon destin tragique. Claude habite un bel appartement avec sa mère, boulevard Arago, où je peux enfin prendre un bain. À la première occasion, je me coule dans l'eau chaude pour me laver les cheveux et sortir de la crasse. L'eau est si sale que je m'empresse de nettoyer la baignoire pour cacher ma gêne. Claude devient une amie très chère. Nous sommes fin novembre. Grâce à sa mère, je trouve enfin un abri : au septième étage d'un bel immeuble de Passy, je deviens la locataire d'une chambre de bonne sans fenêtre, sans eau, et sans chauffage. Pourtant, je suis folle de joie. Ce minable abri qui fait trois mètres sur trois me comble. J'achète un petit tapis vert, une lampe de chevet en paille verte et un réchaud à alcool. L'armoire est fournie, ainsi qu'une table. Enfin j'ai un toit, au 11 de la rue de l'Annonciation.

Travailler toute la journée dans un bureau et, à six heures et demie, être debout dans la rue à ne pas savoir où on va coucher le soir même, c'est l'angoisse suprême. Chercher un lit soir après soir, comme le drogué cherche sa dose, cela rend obsessif. On perd son identité. Ne pas avoir d'adresse, c'est le pire dommage que puisse subir un être humain. Je deviens vite fière de mon misérable palais. La vie au bureau est relativement agréable. La comptabilité de l'American Express couvre le cinquième étage en entier. Nous tenons les comptes de tout l'international. Sur ma machine Underwood, je m'occupe des faux traveller's chèques. Chèques volés, perdus, il y en a des milliers. Ça rend fous les caissiers. J'aime le quartier de l'Opéra, pour y travailler, me faufiler aux Galeries Lafayette, ou au Printemps, les jours de paie. J'aime prendre un café boulevard Haussmann, regarder les vitrines de chaussures boulevard des Italiens. Mais vivre dans ce coin, non. Trop impersonnel. Depuis que j'habite Passy, dans le XVIᵉ, mon trajet a changé. Je traverse Paris en autobus, le 63 d'abord, à l'Opéra, et ensuite le 32, au Trocadéro. Parfois les soirs d'été je monte dans le 95 et je retourne à Saint-Germain. Ne plus se sentir comme une SDF chasse le désespoir, j'entreprends de revoir Jacques une dernière fois pour vérifier où en sont nos rapports. Il accepte. On a rendez-vous devant l'American Express après le travail. C'est jour de paie et je porte du mauve, la couleur de l'année. Mes copines de bureau savent tout de moi. Mon infortune, l'accueil que m'a fait Claude chez elle, mon amour pour Jacques. Je suis leur feuilleton quotidien, je les amuse et je me tourne en dérision comme s'il s'agissait de quelqu'un d'autre. En scooter avec Jacques, on se balade dans Paris. C'est la première fois que nous passons un moment agréable à Saint-Germain. Il fredonne le tube du jour, *Le Petit Bonheur*! Il a la même voix que Félix Leclerc. Chaude et grave. On dîne rue Grégoire de Tours, chez le Grec, on boit du vin et on termine la soirée chez moi : sept étages à monter, une chambre de bonne qui ressemble davantage à une cellule. Jacques paraît surpris.

– On est loin de Nice, et de la rue Dante ? dit-il.

C'est tout de même mieux que sur son chantier, mais je ne peux lui offrir que du thé. J'ai une casserole et deux tasses. Il regarde la chambre, l'espace exigu, et m'embrasse avec fougue. Le désir est là, il sait ce que j'attends de lui. Tout ici est en faveur d'un rapprochement, nous sommes seuls, dans une chambre, à l'abri. Tant qu'il ne fera pas l'amour avec moi, je serai incomplète. Maintenant il le sait.

Je pose un foulard de soie verte sur la lampe, je caresse ses cheveux blonds, plus longs, plus raides. Je passe ma main sur son ventre plat pour la première fois, il se couche sur moi, je m'écarte pour mieux le recevoir, j'aime son odeur, j'aime tout de lui, sa peau, sa bouche, ses épaules d'homme bien bâti et sain. Quand il me pénètre je me tends vers lui, la douleur me fait tressaillir, mais ce que je veux est au-delà de la peur, je l'implore. Son sexe est dur et bute contre ma virginité récalcitrante. Il a peur de me faire mal. Encore. C'est ce qu'il me dit. Est-ce cela qui freine son envie? Déflorer une jeune fille, est-ce une responsabilité qu'il ne veut pas assumer? Cette crainte de me faire mal, est-ce la seule raison?

– Je dois y aller, dit-il en se rhabillant. Je pars sur un chantier demain.

Son hésitation à me prendre me crucifie, me condamne. Je me sens inachevée, infirme. Un désastre. Pour moi, c'est pire qu'une rupture. On se quitte sans rien se promettre.

Quelques mois plus tard, je croise André sur le boulevard Saint-Germain. Il s'étonne de me voir dans le quartier. Il revient d'Italie et me demande:

– T'as une piaule?
– Oui, à Passy.
– Tu peux m'héberger quelques jours?

Je le laisse s'installer chez moi, il branche l'électricité sur la minuterie à l'extérieur, c'est pas le pied mais c'est toujours ça. Je lui avoue que je suis toujours vierge. Et que j'en meurs. Avec l'espoir d'en avoir le cœur net avec Jacques, je ne vois qu'une solution: trouver un type qui accepte sans condition de me débarrasser de cette putain de virginité et retourner auprès de lui. Dans cette optique, André me présente Patrick Straram, il a dix-neuf ans, un visage anguleux marqué par quelques souffrances inconnues. Je n'ai pas un regard pour lui, il ne m'attire pas. Patrick devient un habitué de la rue de l'Annonciation, apportant toujours une bouteille de vin. Nous sommes voisins, lui aussi habite une chambre de bonne dans l'immeuble que possèdent ses parents. Son père dirige le Théâtre des Champs-Élysées, où Patrick nous emmène gratuitement. André l'incite à me draguer, ce qu'il fait avec maladresse. Je n'ai pas envie de lui. Un après-midi où nous sommes seuls, il veut faire l'amour mais c'est un échec. Toutes ces tentatives avortées me plongent dans le dégoût et l'angoisse. Patrick s'accroche, je le repousse brutalement. Le soir, j'en parle à André. Il se marre :

– Mais qu'est-ce qu'ils ont tous ces mecs ?

– Tu crois que c'est ma faute ?

– Bon, écoute, ce soir je ne peux pas… j'ai un rancard avec Boris. Demain après-midi, c'est dimanche, on en finit avec ces conneries.

Un dimanche de grisaille dans la chambre de bonne. J'ai l'impression d'être à la clinique, attendant sur ma chaise. Il me dit, en se déshabillant :

– Fais pas cette tête, c'est juste pour te rendre service. Moi, je ne veux pas d'embrouilles, tu m'héberges c'est tout. On est copains, pas plus.

Dans le petit lit étroit, je suis allongée raide morte comme si j'allais à l'échafaud. Je prends un verre pour avoir moins peur et je tremble entre ses bras. On frappe à la porte.

– C'est qui ?

– Patrick !

– Reviens demain.

– Qu'est-ce que vous faites ? J'ai apporté une bouteille…

– C'est ça, demain… On fêtera ça !

Comme situation surréaliste, on ne fait pas mieux. André n'est pas particulièrement romantique. Tout est mécanique. Je n'ai aucun plaisir, il s'y reprend à deux fois. Mais quand il se retire, il dit en souriant : « Ben voilà, c'est pas compliqué. »

Ce n'est pas ainsi que je voyais cette première nuit, un avortement de pucelle, j'ai les larmes aux yeux. Je ne pense qu'à Jacques. Je suis à la fois meurtrie et délivrée. Avoir rompu mon serment de jeunesse me rend triste. Je n'aurai plus le courage de le revoir, je le sens. Ce que j'avais de plus pur en moi je l'ai galvaudé. Les paroles de sa mère me reviennent en tête.

– Vous n'êtes qu'une intrigante!

André revient régulièrement. Je suis piégée malgré moi. J'attends qu'il me prenne dans ses bras, il me regarde à peine, n'a aucun désir pour moi et ça me tue. Il fait l'amour et repart. Je m'attache à ces miettes d'affection. Des types passent à la maison avec André. Ainsi Édouard, un jeune Eurasien d'une beauté à pleurer. André dort par terre sur le matelas et Édouard essuie mes larmes avec ses baisers, rien de plus. Et la ronde continue, la chambre de bonne est le refuge des clodos. Le vieux Serge couche par terre et cauchemarde la nuit en poussant des hurlements. Je suis malheureuse et André le sent. Fatiguée de ses allées et venues sporadiques, je pose un ultimatum:

– C'est simple, ou on se marie ou bien tu t'en vas, je n'ai pas envie de me retrouver enceinte.

Pas de réponse. J'ai la hantise de reproduire ce dont j'ai tant souffert, une enfance sans père ni mère. C'est mieux comme ça. Sans espoir. Quelques jours plus tard, ma concierge me félicite:

– Alors, vous vous mariez?

1953. Je troque mes cent noms, ma naissance sous X, contre un seul, un vrai nom russe, Petrowski. Je décide de me faire teindre en rousse pour cette nouvelle vie qui s'annonce. Huit heures chez le coiffeur avec une teinture qui tient d'un mélange de jaune safran et de bourgogne. Avec mon tailleur gris, acheté pour la circonstance, et mes escarpins noirs qui me martyrisent, j'ai l'air de la crémière de la rue de Passy. Mon futur mari arrive à onze heures à la mairie de Passy, ivre mort. Quant à mes témoins, ce sont des invités triés sur le volet, deux junkies, un couple, Boris et Kaki, un dominicain amoureux fou de mon mari et Orlando, une grande bringue brésilienne, acteur célèbre dans son pays et furieusement homosexuel. La fête, surréaliste, a lieu dans notre chambre de bonne dont on garde la porte ouverte pour gagner un peu d'espace. Le curé nous a promis une surprise, la vaisselle de son couvent en plus de la nourriture, l'acteur brésilien, un plat de son pays. Nous sommes assis à moitié sur le lit, à moitié sur des valises. Je carbure au Monbazillac et mon nouvel époux se laisse faire une piqûre de morphine intramusculaire par le dominicain : cadeau de mariage. Mes amis junkies bouffent des oranges et la journée s'efface. Je me retrouve à sept heures du soir un 18 avril à Paris, seule, la table dévastée, mon tailleur fripé, le mascara qui dégouline sur mes joues ; je me sens plus soûle que mariée. Dans un effort, je décide de descendre à Saint-Germain. En fouillant dans l'armoire, je constate que mes minuscules économies ont disparu avec les invités. Dans l'autobus 63, je tente de récapituler ma vie. Je m'appelle désormais Madame, mais le mari s'est tiré. Du Old Navy au Mabillon en passant par le Saint-Claude, La Rhumerie, Le Bonaparte, j'écume le quartier. Vers minuit, je retrouve mon mari sur le boulevard Saint-Germain près du Old Navy. Seul, les amis disparus, les économies envolées. On s'assoit dans un café. Il reste cinq mille francs qu'André me jette sur la table puis il m'annonce :

— Tu comprends, bébé, le mariage c'est pas mon truc, il vaut mieux en finir tout de suite.

On est le 19 avril 1953, j'ai vingt-deux ans, je suis mariée depuis moins de vingt-quatre heures, et il n'y a plus de métro. Je m'écroule sur une chaise, roulant entre mes doigts mon alliance tout en oscillant entre le désespoir et le fou rire. Mon avenir semble mal barré, mais j'ignore encore que j'entre dans cette terrible période des années noires de mon passage initiatique à Saint-Germain-des-Prés. Je ne sais rien faire de sensé, j'expérimente ; le mariage, c'est pour avoir un nom. Je me suis acheté une nouvelle alliance en argent. Un soir de pluie, André passe la nuit rue de l'Annonciation et repart comme il est venu, sans amour ni tendresse. Trois semaines plus tard, je découvre que je suis enceinte, c'est la vraie vie, la vie normale pour les femmes amoureuses. Mais suis-je amoureuse d'un courant d'air ? Lorsque je jouais avec mes poupées à la clinique, je disais régulièrement à mes enfants : « Je suis veuve, votre père est mort à la guerre, mais ça ne fait rien. » J'avais dix ans. Maintenant, je me balade dans Paris, heureuse, et sans nouvelles d'André durant de longs mois, et puis un jour me parvient une lettre de Rome, à mon nom, le vrai, le seul : Madame Petrowski.

En principe je devais être à Paris ce soir, mais nous restons (Boris, Kaki et moi) une semaine ou trois mois. Tout dépend du travail que nous allons trouver, Kaki, comme mannequin, Boris et moi, dans le cinéma. Je ne me fais pas d'illusions. On a passé de durs moments mais ça va. J'ai vu Naples et je ne suis pas mort, les belles filles sont rares, toutes ont des culs comme les juments de Vadonville. J'habite dans un magnifique appartement grand comme l'American Express, je mange des kilos de spaghettis. Comment va le monstre ? Je n'ai rien compris à ta lettre. Sur ce, salut, fais gaffe.

Le monstre c'est l'enfant que je porte et mon mari, bien qu'il soit parti à Rome, ne m'a pas oubliée. Ça me rend heureuse. Paris est si beau et je n'ai jamais eu une aussi belle peau, j'ai les cheveux courts, bouclés, comme ceux de Gina Lollobrigida, des anneaux aux oreilles et un joli petit ventre rond. Lorsque je suis assise, rue Saint-Benoît, les types me draguent et quand je me lève, ils sont surpris. Je parle à cet enfant de toute la beauté qui m'entoure, et je le promène boulevard Saint-Germain. Je ne bois ni alcool ni café, pour elle ou pour lui, je monte avec difficulté mes sept étages mais j'ai le moral. Patrick vient me voir de temps en temps et quand il part chez sa grand-mère en province, il m'écrit des lettres d'amour à l'encre verte qui me font sourire. Au générique de sa propre et courte existence, mon nom n'apparaît pas, pourtant il fait partie de mon histoire.

Être enceinte, c'est à la fois mon plus grand bonheur et ma pire douleur, je sais que cet enfant, je vais devoir l'élever seule, mais qu'est-ce que ça peut faire puisque cet enfant a un père, une mère et surtout, un nom.

Nathalie vient au monde dans la nuit du 1er au 2 janvier à cinq heures moins vingt, à la maternité Tarnier de l'assistance publique, dans le couloir des mères abandonnées. Je suis Mme 41 et, au bout de mon lit, un petit être minuscule repose. Nathalie, ma fille, un peu de moi, beaucoup de lui, est là, vivante. Accrochée à ce lit durant quinze jours avec interdiction de me lever, je suis si heureuse quand on me tend ma fille que j'en oublie ce mari inconstant qui voulait divorcer le soir de ses noces, peu intéressé par cette grossesse et encore moins par la naissance. En sortant de l'hôpital, je rentre dans ma chambre de bonne. Je suis forte, en santé, je nourris ma fille au sein, de toute façon je n'ai pas assez d'argent pour payer le lait. J'ai un panier en osier, que m'a donné ma copine Kaki, qui fera office de berceau. Je ne lave pas ma fille car il fait trop froid et pour faire taire ses pleurs, je mets sur sa tête un petit bonnet de laine. Je l'aime à en mourir mais je sais bien que je vais la trahir quand il faudra retourner au travail. Pour le moment, je suis en congé de maternité, mais je ne peux pas rester dans cette chambre sinistre et glaciale. L'hiver 1954 est terrible. Je pars pour Vadonville, ce village de trois cents habitants dans la Meuse, que je connais si bien et j'en profite pour me rapprocher de Mme Vautier. Durant trois mois, je ne quitte pas du regard mon enfant aimée. Je lui parle de ma peine, je lui promets que jamais elle ne vivra ce que j'ai enduré : l'abandon, la solitude, l'exclusion. Nathalie est un bébé en santé qui affirme ses besoins. Je n'ai qu'elle à qui me confier, dans ce village qui m'est hostile puisque le père est absent. Ma réputation me suit de loin. Le médecin du village m'accueille avec tendresse, tout comme sa femme. Ce sont des amis du Dr Vautier, ils connaissent mon histoire, ils savent d'où je viens mais n'en parlent pas. J'ai loué une chambre dans le village et je dors avec ma fille en lui racontant mon chagrin, mais aussi ma joie d'être avec elle, si petite, si mignonne. Le docteur a trouvé un vieux carrosse qui roule difficilement dans les rues embourbées de Vadonville. L'hiver est rude, j'ai des engelures et j'ai peur pour Nathalie qui boit son lait goulûment. Mes promenades me conduisent de la maison à l'épicerie, où pour quelques sous j'achète des confitures. Parfois, je m'attarde au cabinet du docteur, un homme bon qui me rassure.

– N'aie pas peur, me dit-il, être mère, c'est naturel!

Dès qu'il fait moins froid, je vais à pied avec Nathalie à Lérouville. Mme Vautier, très affaiblie, est heureuse de voir ce beau bébé en santé pour la première fois. Elle lui a tricoté une petite brassière de la taille d'une poupée. La tante Laure, la belle-sœur de Mme Vautier, a banni les neveux d'Arles, leur comportement envers Mme Vautier est une honte pour sa famille. Les jours passent et la vie est d'un monotone à hurler. Je n'ai pas de nouvelles d'André. Ses parents habitent Nancy. En passant par la Lorraine j'espère qu'il viendra me voir mais j'attends en vain. Paris me manque, l'agitation de Saint-Germain, les lumières et les cafés emplis de copains. J'ai retrouvé ma taille de jeune fille. Mon lait s'épuise, les jours de congé aussi. Il est temps de retrouver Paris. Je lis et je berce ma fille qui ne se doute de rien.

Le retour à la réalité est insupportable. La chambre de bonne est sombre, trop froide pour un bébé. J'écris au président de la République pour expliquer mon cas, à l'abbé Pierre aussi, mais sans succès. Je cherche une crèche dans le quartier mais Nathalie est encore trop petite alors je demande de l'aide. Une assistante sociale vient me visiter dans la chambre de bonne le jour même où André décide de passer voir sa fille. Je suis heureuse de ne pas être seule pour ce face à face. La jeune femme, essoufflée d'avoir monté les sept étages, s'exclame en voyant Nathalie dans son panier sur une table:

— Mais qu'est-ce que c'est que cet endroit, c'est un taudis ! On n'élève pas un enfant dans un lieu aussi sale et insalubre… Il faut la sortir de là !

— Dis donc, connasse, fait André en la bousculant, si quelqu'un doit sortir d'ici, c'est bien toi si tu ne veux pas descendre les sept étages sur ton cul.

Je ne maîtrise pas ma vie, tout m'échappe. Je ne suis ni une mère ni une femme mariée, je suis une imposture. Une fois de plus, je sens comme une malédiction inhérente à ma naissance…

André rentre un soir avec une proposition.

— On n'a pas le choix, bébé, il faut emmener Nathalie chez ma mère à Nancy. C'est la seule solution, elle sera bien, au bon air.

Les parents d'André sont âgés mais généreux, ils sont fous de joie, un enfant de leur fils, quel trésor ! Et moi je pleure, dans la petite maison de Malzeville où Nathalie va demeurer cinq ans.

Je retourne à l'American Express, puisqu'il faut vivre. Les soirs de cafard, je me réfugie à La Rhumerie où le punch au rhum blanc réchauffe ma mélancolie ; il y a toujours un faux poète ou un pseudo-artiste qui vient me rejoindre. Le Saint-Germain des riches, je le côtoie mais je ne le fréquente pas. Il m'arrive d'aller au Flore avec une copine et je croise Alain Delon dans les toilettes des filles, il m'emprunte mon crayon noir pour souligner ses magnifiques yeux bleu profond, ça me fait rire. Parfois c'est Anouk Aimée, vêtue de son éternel trench, qui traîne sa mélancolie sur le boulevard Saint-Germain, elle n'est pas encore célèbre. Jean-Paul Belmondo se retrouve souvent au Mabillon où, des soirées entières, il joue à l'appareil à sous avec André. J'essaie d'attendre jusqu'à la fin mais, le plus souvent, je rentre seule par le dernier métro. Le lendemain, retour à la réalité, je suis à l'American Express, à la comptabilité, au cinquième étage. L'autre jour, Orson Welles est venu à la caisse pour changer des travellers, pour six millions d'anciens francs, il veut s'acheter une voiture. Boris vient régulièrement chercher son chèque. C'est le rendez-vous de mes copains américains, ils sont nombreux à Paris et finissent toujours par aboutir à l'American Express, qui sert de lieu de ralliement. Parfois, je sors prendre un café avec eux, ou une coupe de champagne les jours de paie. La vie est redevenue normale. André est en Italie, Boris et Kaki se droguent de plus en plus, Youra et sa femme sont partis aux États-Unis, Jean-Michel, le gentil garçon du Mabillon, est soûl tous les soirs, le gros Fred, avec sa tignasse décolorée et son teint rougeaud, fait peur aux grenouilles de bénitier du quartier. Et quand ça va vraiment mal, je vais chez la mère Moineau, rue du Four. J'y retrouve Patrick Straram qui lit *Ulysse* et se prend pour James Joyce. J'ai offert une chemise à André et je l'ai retrouvée sur le dos d'un type que je ne connais pas. C'est comme ça. Pendant la semaine, je rentre directement à Passy, dans ma chambre pourrie, et puis le week-end, je m'éclate au Bonaparte. C'est mon café, je connais tout le monde et la patronne m'aime bien : j'attire les clients, pour moi le rhum est gratuit. J'ai un besoin maladif du désir des hommes – mais uniquement de ceux qui me plaisent. André ne s'intéresse pas à ma vie nocturne. Il est tombé amoureux d'une Italienne, si belle et si propre, dont il a collé les photos sur le mur de notre chambre, je n'y peux rien. Chaque fois que j'ai assez de sous, je vais voir ma fille qui pousse comme une fleur, aux yeux couleur de myosotis. Elle ne me connaît pas encore. Lorsque je reprends le train pour Paris, je me sens moche. Quelle différence entre Sophia, ma mère, et moi ? C'est guère mieux.

J'apprends la mort de Mme Vautier sans grande surprise. À l'enterrement, il n'y a que la tante Laure, André et moi, en plus de quelques amis du village. Nous n'avons pas un sou. Ce soir-là, nous faisons l'amour dans le lit de Mme Vautier. Nous n'avons aucune morale, j'ai le fou rire depuis l'enterrement. J'hérite de cent soixante mille anciens francs et d'un fonds de commerce dans le Lot-et-Garonne, à Clairac, c'est tout ce qui a échappé aux cousins d'Arles. Mme Vautier, la veuve richissime, est morte dans la misère. Elle est partie sans m'avoir révélé quoi que ce soit sur ma naissance. En passant par Nancy, André et moi découvrons avec étonnement une petite Nathalie joufflue qui nous sourit ; elle a les yeux de son père. Elle est si mignonne. On reviendra pour son baptême.

En juillet, j'ai un mois de vacances. On descend, Boris, Kaki, André et moi, à Saint-Tropez, où l'on a trouvé une chambre. C'est la fête tous les soirs et, tous les matins, on déjeune chez Sénéquier ou à La Ponche. Le Tout-Saint-Germain fauché est là, le gros Fred, Jean-Michel et les autres. Je claque mon héritage avec frénésie, pour moi, ce n'est pas de l'argent, c'est un surplus. Un matin à l'aube, au port de Saint-Tropez, le saxophoniste Don Bayas vient s'asseoir près de moi. Il baragouine un peu le français, il a joué toute la nuit. On trempe nos pieds dans l'eau, la lumière est si neuve ce matin-là, entre le bleu tendre et le rose du lever du soleil, je savoure cette beauté en sachant la fin de l'été toute proche. Contre la mort, nous avons voulu vivre comme des princes ces quelques semaines. La fête est finie.

Paris est désert au mois d'août. La poussière et la chaleur aggravent le désordre de la chambre. Je ne change plus les draps, les ordures traînent dans des sacs de plastique, tout est laid à mourir. Je ne comprends pas pourquoi je vis de cette façon. André est reparti, peut-être en Italie? J'étouffe dans ce taudis et je me demande combien de temps encore il faudra endurer le malheur. Ma seule discipline, c'est de me lever chaque matin de ce matelas dégueulasse qui tient sur quatre pots de confiture et d'aller travailler. Ce qui me tue c'est que rien ne change, qu'il n'y a aucun espoir que ça s'améliore; mon travail est insipide, personne ne m'aime et je me dois d'envoyer chaque mois une pension pour Nathalie, c'est la moindre des choses, mais c'est aussi la moitié de mon salaire. J'ai appris par sa sœur que Jacques est marié et je n'ai plus de nouvelles de lui. Pourquoi m'en donnerait-il ? Alors, les jours de cafard, je me pointe à La Rhumerie Martiniquaise pour y boire mon éternel punch. Ça va mieux pendant quelques heures et il suffit qu'un beau type me regarde pour que mon chagrin disparaisse.

J'ai repéré par la fenêtre un petit deux-pièces vide près de la rue de l'Annonciation, au rez-de-chaussée, j'imagine ce que serait ma vie avec Nathalie, et peut-être même André, dans un endroit propre, décent. Hélas, je rêve, il faut payer une reprise. La propriétaire de la chambre de bonne a remis l'électricité parce que nous sommes mariés. C'est déjà mieux. Après l'hiver 1954 qui fut si terrible, j'ai envoyé une autre lettre à l'abbé Pierre pour lui faire part de la situation de milliers de jeunes couples comme le mien, aux prises avec la crise du logement. Je suis du côté des désespérés, les SDF meurent dans les rues de Paris, c'est un scandale, mais tout le monde s'en fout. Quand je peux, je file à Nancy voir grandir ma fille entre ses grands-parents, qui raffolent de ce petit être qui commence à marcher. Je suis une mère de passage. André est revenu d'Italie, je l'ai aperçu par hasard dans un restaurant du boulevard Saint-Michel avec une fille blonde, il lui tenait la main. Ce regard pour elle, il ne l'a jamais eu pour moi.

J'héberge Kaki et Boris pour l'hiver dans ma cellule de trois mètres sur trois. Ils dorment le jour, se droguent et bouffent des oranges en jetant les pelures par terre, la poêle a fait un rond de gras sur le tapis vert et Kaki m'a piqué une jupe qu'elle a ajustée à sa taille. Je suis dépossédée de tout et parfois, assise sur une chaise contre le mur, je me dis que je ne tiendrai pas le coup si ça continue. Les filles au bureau disent entre elles que je pue. Je suis mal dans ma peau de femme négligée.

Je rencontre une fille qui essaie de m'aider, elle travaille dans le cinéma, elle est belle, gentille, et m'invite à La Brasserie alsacienne, à Montparnasse, pour me présenter un réalisateur célèbre : André Cayatte. J'ai tellement faim que je me bourre de choucroute, sans me rendre compte de ce qui se passe autour. Cet hiver-là, je perds pied et me comporte comme un animal sauvage. Je ne trompe pas André, je me demande pourquoi. Pas assez désirable, sans doute. Je traîne dans le quartier les fins de semaine. Vali m'emmène au Tabou, elle danse comme une fée et porte un super beau pull blanc à col roulé qu'elle a acheté à la boutique au coin de Saint-Germain et de la rue de Buci. J'achète le même pour André. Il s'en fout, il dit toujours : « Un rien m'habille… » Pierre, un vieux du quartier, s'est fait bouffer l'oreille par une de ses petites amies, Jerry, une Américaine jalouse… C'est ça, le Saint-Germain des paumés. Parfois, Jean-Michel m'accompagne jusqu'à Passy, il m'embrasse tendrement et repart à pied à Saint-Germain. Je lis Céline et je suis en colère comme lui, comme Camus, comme Sartre. La colère me fait du bien. Ne me parlez pas des lendemains qui chantent, de la solidarité, d'un monde meilleur, ou de refaire le monde – quel monde ?

Lorsque je ne vis pas dans l'instant, je sombre dans la tristesse. Kaki souffre de plus en plus des articulations, je lui fais des tisanes et lui explique que je ne peux pas continuer à vivre avec eux ; elle hoche la tête, si belle, si jeune et désespérée… Je ne peux rien contre ça. C'est Boris qui l'a initiée à la drogue ; avec moi, il a essayé, mais ça ne marche pas, André en prend un peu mais c'est plutôt pour faire comme tout le monde, alors que Kaki a plongé direct dans cet abîme. Lorsqu'ils quittent ma chambre, ils retournent au quartier et prennent une chambre rue Guisarde, dans un hôtel miteux. Elle se jette un soir du troisième étage et s'écrase sur le trottoir. *France Dimanche* titre : « Les désaxés de Saint-Germain-des-Prés ». La police interroge Boris, d'une part, parce qu'il était présent et, d'autre part, parce que c'est un Américain. Ce qui s'est passé exactement, nous ne l'avons jamais su. En nous revoyant à New York, il nous a dit : « Vous avez pensé que c'était moi ? » C'est vrai que Kaki avait peur de Boris à la fin, il était violent, disait-elle… Je me suis toujours demandé si le fait de les mettre dehors avait précipité la chute tragique de Kaki. Ce fut un choc pour moi, cette mort.

En 1964, en souvenir de Kaki que je n'ai jamais oubliée, j'ai publié un article de fond sur le suicide dans *Maclean's*. Elle me fascinait, mais je n'acceptais pas son dégoût de la vie, je me battais comme une petite ouvrière en face de son profond désespoir. Même l'enfant qu'elle a eu en même temps que moi n'a pu la retenir. Elle avait tout pour elle, le talent, la beauté, elle fut le mannequin-vedette de Jacques Fath, il lui manquait l'envie de vivre... Après ce drame, Boris retourne à New York. La vie change à Saint-Germain, la drogue fait de plus en plus de ravage. Une fois par mois à peu près, lorsque l'anxiété devient trop forte, je prends le train pour Nancy pour retrouver cette jolie miniature qui grandit, parle, fronce les sourcils, me demande des cadeaux, me reconnaît à peine à chaque visite. Elle ressemble de plus en plus à son père. Blonde, les mêmes yeux bleus, elle a l'air d'une petite paysanne en santé ; je me projette à son âge dans les couloirs de la clinique. Je ne peux pas continuer comme ça. À Paris, André a quitté la fille blonde du restaurant, elle est retournée au Canada. André prétend qu'il s'en fout, moi je suis à bout de forces, il ne fait rien, se soûle tous les soirs. C'est alors que notre copain turc Chahine nous propose, un soir de brume dans notre chambre de plus en plus crade, une idée.

— Une femme amoureuse, dit Chahine, si tu lui demandes de l'argent, elle t'envoie de l'argent !

André et moi, nous éclatons de rire, Chahine a un sens de l'humour très particulier. On ne sait pas trop ce qu'il fait, il dort dans une impasse à Montparnasse, un vrai coupe-gorge, mais il nous aime bien. Pour la naissance de Nathalie, il m'a donné mille francs qu'André a bus. Dommage. Chahine décide que nous devons écrire à la Canadienne une lettre où André insiste pour la revoir, disant qu'il l'aime, etc., mais que sans argent il ne peut pas la rejoindre !... C'est comme une bonne blague, cette fille, je la déteste, et ce mensonge me plaît infiniment. André écrit la lettre, l'envoie et Chahine retourne à Montparnasse. Les semaines passent et un jour, une lettre recommandée arrive à la maison. André ne veut pas aller à la poste, pour un tas de raisons, c'est moi qui signe et prends la lettre. Dans l'enveloppe il y a un chèque de cent cinquante dollars. On appelle Chahine et nous convenons qu'André ira rejoindre la Canadienne, Helena. Partir, pourquoi pas? Il n'y a rien à foutre à Saint-Germain. Il aimerait mieux aller à Caracas… mais le seul visa possible, c'est le Canada. Je fais toutes les démarches. Journée historique: le départ d'André pour le Canada, le 12 juin 1955… je croise Chahine, le Turc, au Mabillon, qui sourit ironiquement et me dit: «Tu verras, c'est une bonne chose qu'il soit parti. Helena, la Canadienne, ça ne durera pas… et au Canada on ne lui fera pas de cadeau, il devra travailler, ça change un homme de travailler.» Chahine a peut-être raison. Mais pour moi tout est fini.

Aujourd'hui, je viens de relire une lettre, histoire de retrouver l'air du temps. Je suis certaine que cela m'aide à me comprendre. Je ne peux pas croire que ces feuilles à peine datées me replongent si aisément dans l'anxiété d'une réalité morte pour moi. Lettre à André :

Lundi 13 février 1956.

Paris est sous la neige, en marchant dans les rues ce matin, j'ai éprouvé une sensation de douceur, l'atmosphère était ouatée. Te souviens-tu de ce 12 juin sur le quai de gare, tu avais peur de partir, ce n'était pas l'inconnu qui t'effrayait mais la crainte que la décision que tu avais prise ne corresponde plus à ton désir mais au rêve que tu t'étais forgé ? Pourquoi tes rares lettres sont-elles si dures, si méchantes, si dépourvues de tendresse ?

Essaie de te représenter la vie que je mène : je suis toujours seule, jamais d'argent, je ne vois presque pas Nathalie, ma petite fille, je travaille et je traîne... Pourquoi tu ne veux pas de moi dans ce nouveau pays ? Je travaillerai, j'apprendrai l'anglais, je ne te gênerai pas. Tu ne m'écoutes pas, tu ne m'entends pas. Tu ne pourras jamais m'empêcher d'espérer, c'est dans ma nature. En partant au Canada tu m'as dit négligemment : « Fais ta vie... on verra. » Tu te moques des sentiments, de ce que je suis, tu me traites d'idiote, de sotte comme si c'étaient les seuls mots affectueux que tu connais. Je souffre, je suis blessée, pense à moi...

Ta femme...

Celle qui signe : *Ta femme...*, je ne la connais pas et pourtant c'est moi. J'ai relu les lettres que j'écrivais il y a cinquante ans.

De Nice, de Paris, d'Ottawa, tout ce parcours que j'avais plus ou moins occulté vient de me frapper en plein cœur brusquement: je ne suis plus celle qui court dans Paris la nuit à la recherche d'un médecin pour sa petite fille malade, celle qui travaille comme dactylo à l'American Express, qui vit dans un taudis du XVIe arrondissement, celle qui écrit mille lettres pour se convaincre qu'il y a un espoir au bout de cet acharnement maladif. Elle est folle, cette femme amoureuse, d'un amour rejeté, inventé, incompréhensible. J'ai beau la croiser au fil des jours, des années, des mots, je ne la connais pas et pourtant, cette histoire, c'est la mienne... Elle ne tient pas compte du temps, elle se fragmente constamment et surgit au présent avec la fulgurance du passé. J'éprouve ces jours derniers une immense colère lorsque je lis ces lettres qui s'étirent sur plusieurs années. En regardant la soirée des Césars en 2005, j'ai vu un vieux monsieur se lever pour recevoir son trophée et cela m'a ramenée au 12 juin 1955. Une journée de tristesse et de désarroi, j'accompagne à la gare un homme en partance de Paris pour Cherbourg. Je ne sais pas si je le reverrai un jour ou si ma vie de femme mariée aura duré seulement deux ans. Il fait beau et, sur le quai de la gare, je pleure d'impuissance, tout en me sentant soulagée d'envoyer au loin, sur un coup de dés, ce mari inconstant: peut-être que j'ai raison de le pousser en dehors de ma vie pour que la sienne ait un sens. En sortant de la gare je marche lentement dans Paris, ayant un vague rendez-vous à Montparnasse avec mon amie Thérèse.

– Viens nous rejoindre au Select, je te présenterai des amis, un couple, elle, c'est une grande comédienne dans son pays et lui, un acteur très connu.

À la terrasse du Select, il y a un autre type que je connais, un jeune chanteur débutant qui vient souvent chez Thérèse nous faire entendre ses chansons dont nous n'avons rien à foutre, il nous colle, et le savoir là me déplaît. Le couple est charmant, l'homme a des yeux charbonneux, un regard perçant, des cheveux noirs, un type oriental, comme sa femme. Je ne le regarde pas vraiment, mais il insiste pour m'inviter à dîner à

L'Eldjezhaïr, le fameux restaurant arabe de la rue de la Huchette. Nous sommes en pleine guerre d'Algérie. L'impression que j'ai en entrant dans ce palais tendu de satin rouge et or en est une de luxe, d'un ailleurs loin de mes soucis : des poufs, du champagne et de la musique. Le jeune couple semble à l'aise, lui me sourit avec gentillesse, ayant deviné que je ne vais pas bien. Il m'offre du champagne, le repas est délicieux, j'oublie ma vie de pauvre et nous faisons la fête. Cet endroit me semble le comble du raffinement et de la simplicité. Mari et femme évoquent très peu leur carrière, ils aiment la France et surtout Paris. On parle d'Édith Piaf parce que le jeune chanteur vit avec elle. On parle de l'absence, de l'exil et de la guerre d'Algérie. On se quitte vers minuit, rue de la Huchette ; une semaine plus tard, à cause d'un attentat terroriste, L'Eldjezhaïr explose...

Le chanteur s'appelle Georges Moustaki et le jeune couple, Omar Sharif et sa femme. On ne s'est jamais revus, mais si cette soirée fut douce et m'éloigna un moment de mon chagrin, ce fut bien à cause de lui, ce vieux monsieur qui est venu, le soir de la 29ᵉ cérémonie des Césars, recevoir son trophée pour *Monsieur Ibrahim*...

À l'American Express, je travaille sur des machines comptables, je suis passée de dactylo à mécanographe. Le bureau de l'American Express se dirige tranquillement vers de nouveaux supports technologiques, IBM et Burroughs, on nous paie les cours et je fais des heures supplémentaires pour m'en sortir. La chambre est toujours aussi crade. Le tapis vert n'a plus de couleur, les murs salis par des taches d'humidité, de graisse, sont imprégnés de souvenirs de Boris et Kaki ou des clochards.

Je sors de plus en plus. Au Bonaparte, je croise Michel, un peintre qui a une chambre de bonne en face de Notre-Dame. J'aime me mettre à la fenêtre dans ce minable refuge, j'entends les cloches, c'est énorme. Michel est un amant violent et passionné, on passe la fin de semaine à faire l'amour sur le matelas sans drap, on se promène dans Paris en faisant tous les bistrots depuis le boulevard Saint-Germain jusqu'à

Saint-Michel. Michel boit de plus en plus et moi aussi, sans manquer une journée de travail. Je pense toujours à Jacques, comme dans une autre vie. Thérèse, mon amie couturière, me fait des robes gratos, elle coud des fourreaux sur moi, je cherche le regard des hommes. En robe noire cintrée et bordée de vison, les cheveux jusqu'au bas du dos, je flashe; parfois j'opte pour une paire de chaussures de marque et la vie prend un tour joyeux. Je suis redevenue célibataire, avec un vrai nom et une identité de femme mariée qui me réjouit. Avec Michel, je cherche une tendresse, un amour de vacances, lui s'en fout il ne dit rien, mais son désir comble le vide.

Alerte à Nancy, ma belle-mère est dans tous ses états, le médecin de Malzeville veut opérer Nathalie, ses jambes poussent de travers. Je me précipite à Nancy. Nathalie est maintenant une jolie petite fille blonde aux jambes fragiles par manque de calcium. Je refuse qu'elle soit opérée. Il y a sûrement une alternative, je connais trop les médecins pour ne pas exiger d'autres diagnostics. C'est à moi de décider. Je prends Nathalie et je file à Vadonville, où mon bon docteur examine ma fille. Il est ferme: «Pas d'opération, du calcium et on verra.» Décider pour moi n'est rien, mais pour l'enfant? C'est l'angoisse, si je me trompe cela influencera sa vie pour toujours. Si j'accepte l'opération ce sera un an d'immobilisation en clinique. J'ai mal pour elle, je veux qu'on l'épargne, que la solution soit douce, je crains un malheur, je me fie à mon instinct. Les jambes frêles de ma petite fille gagneront de la force, je sais qu'elle est solide, je dis non aux chirurgiens. Il est impensable qu'on lui brise les os, l'autorisation de cette torture, je ne la donnerai jamais. Je suis seule, sans personne pour me conseiller... J'ai raison de tenir tête aux autres. Je rentre à Paris et je reprends ma vie d'errance affective. J'ai un nouvel amant, Ralo, d'une beauté sombre, sa douceur me fait du bien. Je ne vis que pour l'instant, l'avenir n'existe pas. Les fins de semaine au Bonaparte, je les passe avec Ralo, entre le cinéma, un tour chez le bougnat de la rue des Canettes et des nuits tendres dans la chambre de bonne.

André écrit peu. Jacques est toujours dans ma tête. Je passe de plus en plus de temps au travail, pour tuer la vie maussade. Vers la fin de l'année, les propriétaires du fonds de commerce de Clairac veulent vendre. Clairac est un joli village dans le Lot-et-Garonne et la cuisine de l'auberge est divine. Il y a trois chambres, la clientèle est faite de travailleurs. C'est tout ce qui me reste de mon héritage. Je conclus un marché : cinq cent mille francs comptant d'ici quelques semaines, le temps que le notaire du coin fasse les papiers. Je songe à quitter mon trou-taudis de Passy, et cherche un semblant de logement à Saint-Germain. La crise du logement en est toujours au même point. Les grands appartements n'ont subi aucune augmentation de loyer depuis la guerre, il n'existe pratiquement pas de location convenable. Je visite mon rêve : au-dessus de la brasserie Lipp, un appartement exigu, deux chambres de bonne côte à côte, rénovées. Une douche de poupée, une cuisine modèle réduit et une chambre minimaliste, mais toutes les fenêtres donnent sur le boulevard Saint-Germain, juste en face des Deux Magots. Le proprio demande un million de francs. Aujourd'hui, je dirais oui sans hésiter. Mais à cette époque je ne pense pas au crédit, je n'ai pas de compte en banque et si je flambe tout ce que je gagne, je ne m'imagine pas avec des dettes. J'ai cinq cent mille francs et mon rêve vaut le double.

Chaque fois que je retourne à Paris, je ne peux m'empê-cher de regarder ces trois lucarnes au-dessus de chez Lipp. En désespoir de cause, j'atterris dans un deux-pièces, au sixième, rue de l'Université, près du métro Solférino, avec les toilettes sur le palier. Je déteste cet endroit dès le premier jour. La fenê-tre donne sur un mur de brique. La voisine d'en face s'est suicidée. Un lieu maudit, mais mon argent est placé. Je tiens six mois, le temps qu'André me demande enfin de le rejoindre au Canada. Je me prépare à partir avec espoir. Je loue l'apparte-ment à une fille bien, qui adore le quartier. Mon amie Thérèse est furieuse que l'occasion lui passe sous le nez, mais je n'ai pas les moyens de faire des cadeaux. Je quitte mon boulot à l'Ame-rican Express, où mon patron me laisse entendre :

– Tu pourras toujours travailler dans nos bureaux de l'étranger, la maison mère est à New York.

Ça me rassure.

Avant mon départ, j'envoie cette lettre à mon mari :

1957. L'Hivernia *est un bateau neuf lancé en septembre.* L'Hivernia *part du Havre le 17 avril et arrive à Montréal le 23... en espérant que tu pourras venir me chercher ?*

Ce premier voyage se fera sans Nathalie. Je ne peux pas entraîner ma fille sans savoir où je mets les pieds, je suis craintive à l'idée de m'embarquer dans cette aventure si lointaine. Je ne connais rien de ce pays.

Naviguer pour la première fois sur un paquebot quand on est une jeune femme, c'est une sorte de fiction, rien n'est tout à fait vrai. Le steward de vingt ans, qui s'occupe de moi comme si j'étais une princesse, active mon désir et je ne fais rien pour le refréner. Il sera toujours temps de se ranger auprès de l'homme que j'ai perdu de vue depuis deux ans, qui a probablement fait sa vie dans ce coin inconnu, qui a ses habitudes, mais en attendant je frime. Je suis à l'aise dans ce décor de luxe qui ne fait que rehausser l'éclat qui m'habite. Le jeune blond qui ne cesse de tourner autour de mon fauteuil ou de ma table m'étourdit. Dieu sait ce qui m'attend là-bas. Les soirs de bal, je me sens désirable ; gavée de nourriture, d'attention, je vis l'instant.

J'ai vingt dollars en poche et j'ignore si quelqu'un m'attend à la descente du bateau. Le rêve océanique se dilue lorsque je longe le fleuve. L'arrivée à Montréal me terrifie. Je débarque vers six heures le 23 avril, vêtue d'un ensemble fuchsia signé Marie-Martine, après une semaine de plaisir. Ce mari dont j'ai oublié le visage est là, il m'attend sans grand enthousiasme.

Nous sommes deux étrangers, deux continents et deux ans nous séparent. Après un bref interlude à Montréal, nous prenons la route pour Ottawa. En silence. Il fait froid, la neige résiste sur le bord du chemin. Nous arrivons dans un appartement morne du quartier d'Eastview. C'est là que je vais habiter durant deux mois. André y loue une chambre chez des particuliers qui ne parlent que l'anglais. Je dois m'y faire. Le lendemain, devant l'absurdité de la situation, André avoue :

– J'ai eu tort de te faire venir, ça ne marchera pas…

Il est prêt à payer mon retour par avion. Je suis déconcertée, ou plutôt, je suis furieuse et décidée à rester coûte que coûte. Ma première constatation est que je suis venue pour rien, cette vision d'une vie meilleure est un mirage. André part sur les routes six jours sur sept, il vend des réfrigérateurs ou des lits de massage pendant que je reste dans cette chambre lugubre à me demander ce que je suis venue foutre dans ce pays de merde. C'est insensé, vivre à cinq mille kilomètres de Paris, de Nathalie, dans un réduit où j'écoute Elvis chanter *Don't be cruel*. Je peux disposer de la cuisine seulement quelques heures par jour. La propriétaire de l'appartement est antipathique, son mari toujours absent, et moi je délire. Dehors, il fait encore froid et je ne sais comment m'orienter dans cette ville inconnue. J'endure avec colère ces moments de solitude en grinçant des dents. Quand mon mari rentre, on n'a rien à se dire. Entre nous, les sentiments sont absents, mais il faut survivre et je décide que je ne céderai pas même si je ne sais pas contre quoi je me bats. La désillusion ? Je suis habituée à la dureté de la vie et je m'acharne à vouloir trouver un autre endroit pour vivre. On déménage dans un sous-sol dans le même quartier. C'est un agglomérat de maisons en briques rouges, à deux étages. Tout est laid, l'environnement, la rue poussiéreuse en terre battue. Je ne me résous pas à croire que c'est ça le Canada. Pour m'extraire de ce sous-sol déprimant, je trouve du travail dans une banque et je me heurte à la nouveauté. On ne me comprend pas quand je parle, mes vêtements choquent le gérant de la banque et les clients aussi. Je gagne trente-cinq dollars par semaine. Le gérant me demande quelle serait mon attitude vis-à-vis de la clientèle si je deviens caissière.

— Si jamais il y a un hold-up, que faites-vous avec l'argent?

— Je le donne.

— Eh bien, retournez aux comptes courants!

C'est pas mon truc, la banque, mais en attendant je déjeune chaque jour au snack en face, où je lis des bouquins en anglais même si je ne comprends rien. Parfois, je vais au garage de l'autre côté de la rue boire un café dégueulasse en me disant: c'est ça l'Amérique.

La fin de semaine, mon mari m'emmène au bord d'un lac sinistre qui me fait penser au film *Une place au soleil* avec Montgomery Clift, Elizabeth Taylor et Shelley Winters. Nous sommes en pleine tragédie et j'imagine ses envies de meurtre dans ce lieu obscur et hostile. Le froid et les moustiques qui envahissent la cabane inconfortable où nous nous réfugions amplifient mon immense détresse d'avoir tout perdu. Pour me calmer, j'écoute la radio et je bois du rye. Ce sont des semaines, des mois d'impuissance, d'autant que je découvre qu'André a une maîtresse, plutôt jolie fille. Je veux la tuer. Je me sens ridicule, ce n'est même pas de la jalousie que j'éprouve, mais ce voyage est une imposture, je suis piégée. Heureusement que Nathalie n'est pas là. Toute seule, je saurai toujours me débrouiller et l'idée d'aller travailler à l'American Express à New York fait son chemin.

Noël arrive. On quitte Ottawa en direction des États-Unis. André a des amis partout et j'ignore où il m'emmène, il ne dit jamais rien. Au bout d'un champ enneigé, il y a une caravane garnie de houx. Moi qui ne connais rien de l'hiver, je découvre le long de ce mobile home des bancs de neige hauts comme des maisons. À l'intérieur tout est rouge et vert, des bougies scintillent dans le sapin, comme en France, et le couple d'amis est suédois. On mange des harengs en buvant de la vodka. Même s'ils ne parlent que l'anglais, l'atmosphère est chaleureuse et pour la première fois depuis mon arrivée, je me sens en harmonie. C'est mon premier Noël qui s'inscrit dans la beauté et la douceur. En reprenant mon travail, tous les soirs, je reviens à pied de la banque à l'appartement en jetant un regard indiscret sur la vie des autres, chaude, confortable. Je n'ai rien à moi, ni meubles ni rideaux, une simple télévision à même le sol, une salle de bains rose, une cuisine verte et une machine à écrire qui me coûte douze dollars par semaine. J'écris des trucs sans intérêt, je consigne mes impressions. Mes copains de Paris m'incitent à revenir. Mais je suis déterminée à supporter l'absence, la misère morale, la tristesse et, parfois, quand je suis vraiment en colère, je regarde le type d'en face qui tous les soirs se déshabille devant la fenêtre en sachant très bien que je l'observe. Ce manège entraîne le départ du couple, sa femme en bigoudis ne supportant pas ma présence.

1959. André et moi décidons qu'il est temps que Nathalie vienne au Canada. Elle va avoir cinq ans. Par la même occasion, il serait opportun de vendre le logement de la rue de l'Université. Dans les mois qui ont suivi mon départ au Canada, un drame est survenu. Un soir, alors que ma locataire venait d'allumer le réchaud à gaz dans la cuisine et nettoyait une de ses robes avec l'essence de son scooter dans la pièce à côté, le retour de flamme a produit une explosion meurtrière qui a poussé la jeune femme à se jeter par la fenêtre. Elle est morte dans sa chute, brûlée au troisième degré. Ce logement est un lieu maudit. Après la mort de la jeune femme, j'ai offert à mon amie Thérèse d'occuper l'appartement. Elle a accepté et s'est installée gratuitement rue de l'Université.

Mon arrivée à Paris que j'imaginais être une joie et un moment de liberté vire bientôt à l'angoisse. Le premier soir nous faisons la fête, Thérèse et moi, jusqu'au moment où je prononce le mot vente. Si je suis revenue à Paris, c'est pour briser les attaches, y compris cet endroit que j'exècre... Thérèse ne dit rien, mais je la sens heurtée. Rancunière, elle ne me pardonne pas de lui avoir laissé l'appartement en second seulement, pourtant je lui fais remarquer qu'elle n'a pas eu de loyer à payer durant deux ans... Je lui dis que je suis venue pour vendre cette chambre de bonne et que je ne repartirai pas tant que cela ne sera pas fait. Le lendemain soir, je trouve mes valises sur le palier. Si je comprends bien, les emmerdes commencent. Après une nuit blanche à l'hôtel, je me pointe au commissariat du quartier. J'explique ma situation : que je veux vendre l'appartement et que j'en suis la propriétaire... Si j'en crois le commissaire de police, il est pratiquement impossible de mettre quelqu'un dehors avec les règlements actuels... Elle a tous les droits...

— Vous vivez à l'étranger, si vous pouvez me prouver que vous revenez en France définitivement, alors c'est différent. En attendant, essayez de vous arranger avec votre locataire et, pour vendre, il faut une procuration de votre mari...

Il faut que je trouve un endroit où loger! Guy, un ancien copain de Montparnasse, m'offre de partager, en attendant, son atelier de peintre. Je dois trouver du boulot pour un mois ou deux, comme mécanographe, c'est la seule chose que je sais faire. Je m'inscris à une agence d'employés sur appel. Je gagne trois fois rien, mais ça me permet de voir venir. J'expédie un télégramme à André en lui expliquant la situation. Ma tentative de réconciliation avec Thérèse est impensable, c'est la guerre et c'est triste, la seule amie que j'ai à Paris est folle de rage. J'essaie de me ressaisir.

Boulevard Raspail, lieu bureaucratique, le commis a qui je montre la procuration d'André me dit avec un certain plaisir:

— Madame, la procuration c'est bien, mais si vous voulez vendre, il faut que votre mari vienne signer...

— Monsieur, mon mari est au Canada, il a signé la procuration...

— Non, il faut qu'il vienne en personne...

— Puisque je vous dis qu'il est au Canada, s'il a signé la procuration, c'est parce qu'il ne peut pas venir!

— Madame, demandez à votre mari de venir me voir pour signer la procuration...

Je sors du bureau furieuse et il faut que j'aille travailler... Paris, Paris, c'est pas la joie. Je laisse passer une semaine, en espérant que ce sera un autre employé, moins zélé, et je récidive. Même refrain, la procuration c'est bien, mais la présence du mari est nécessaire. Maudits fonctionnaires. Le soir, je retrouve mes amis peintres à Montparnasse, Roberto et Guy, je leur explique ma situation. Ils se marrent et Guy me dit:

– C'est simple, si tu veux que je sois ton mari, je vais signer pour lui…

Deux jours plus tard, je me pointe avec mon faux mari boulevard Raspail, et tandis qu'il me chuchote : « Il s'appelle comment ton mari ? », il signe le papier avec assurance, comme s'il avait fait des faux toute sa vie, et on sort du bureau en riant. À Ottawa, André s'impatiente : « Maintenant, y en a marre, je veux que vous arriviez le plus vite possible, j'en ai marre d'être célibataire… » Ma décision de revenir au Canada avec ma petite fille est formelle. Je ne peux pas continuer à vivre sans elle, à travailler comme une célibataire. Je doute de mes capacités d'être une bonne épouse, une bonne mère, mais je ne peux pas foutre en l'air l'avenir de cette enfant que j'ai mise au monde, alors je choisis. En attendant le retour au Canada, je dérive sans cesse, je vis avec Guy dans son atelier de peintre pour couper les frais, mais je ne suis déjà plus là… Je continue à travailler sur appel, bloquée à Paris par ce logement dont je ne peux reprendre possession. Les formalités prennent plus de temps que je l'espérais. J'ai mis l'appartement dans les mains d'une agence et je dois patienter. Je préviens Thérèse que je vends avec ou sans elle. Entre nous, c'est la grogne. Elle me fait dire qu'elle aura ma peau… Rien que ça ! Ce sont des semaines difficiles entre le travail, l'attente, l'incertitude de l'avenir. Paris m'épuise. Rue du Cherche-Midi, Monique, une amie de longue date, doit exposer un tableau de moi. Je lui ai servi de modèle pour le concours *Le printemps des jeunes artistes*, en échange elle me prête son appart, pour un après-midi. Ça fait déjà quatre mois que je suis à Paris, et même si j'habite momentanément chez Guy, je veux revoir Jacques… Les années ont passé, je ne suis plus vierge et il est marié. Je lui donne rendez-vous rue de la Gaîté, à Montparnasse, on déjeune sur une terrasse et le plaisir d'évoquer notre jeunesse nous fait sourire. J'explique à Jacques ma situation, la vie au Canada, les problèmes avec mon appart rue de l'Université, mon travail. On échange sur notre présent. Je dois aller au Grand Palais porter la toile de Monique, il accepte de m'accompagner et, au retour, on se retrouve rue du

Cherche-Midi. Dans cette chambre, la rencontre est la dernière confrontation. Je ne sais vraiment pas ce que je cherche, une fin en soi? Une façon de quitter la France pour toujours...

Jacques n'a pas changé, moi oui. J'ai vécu et ma situation à Paris est précaire. Je suis enceinte du peintre, j'ai vendu les derniers diamants de Mme Vautier pour aller me faire avorter en Suisse. J'ai très peur de ce voyage, je tente de me rassurer en faisant l'amour avec Jacques pour la première fois. Il ne sait rien de tout cela. Il dit simplement:

– Tes seins sont plus fermes que dans ma mémoire. Je dois faire attention?

– Pas la peine.

Je ne vois pas cette rencontre comme une infidélité, c'est ma façon bien étrange de clore mon adolescence... Nous avons traversé le temps sans jamais nous synchroniser. C'est moi qui le prends en moi, qui l'embrasse, qui assouvis la fureur d'amour, pour étancher ma soif de lui à tout jamais. En me quittant il me dit: «Il faut se revoir, appelle-moi, je t'aime.» Je pleure dans ses bras. Il veut poursuivre l'aventure. Étranger à tous mes ennuis, il ne sait rien de la peur qui me pénètre corps et âme.

La veille de mon retour au Canada, je vais à son bureau. Il ignore mon départ imminent. J'ai ce jour-là une robe bleue fleurie courte, avec une crinoline. Il me serre tendrement dans ses bras, je le sens très amoureux, enfin libre, c'est trop tard. Je suis coincée entre l'appart qui ne se vend pas, l'amour intempestif de Guy, et Nathalie qui ne m'a pas reconnue lorsque je suis allée la chercher à Nancy chez les parents d'André. Dieu qu'elle est belle... «C'est toi ma maman...?»

1960. Nous habitons à Eastview, une banlieue d'Ottawa, dans un appartement au premier, un peu plus confortable. Nathalie a sa chambre, elle va à l'école anglaise et ne comprend rien, elle rentre à la maison en pleurant... trois mois plus tard, avec son petit accent français, elle m'appelle : mamie... André a accueilli sa fille avec une joie immense. Il fait de la vente, c'est un dur métier. Quand il vend, il est de bonne humeur. Et moi, dans cette boîte en béton, je commence à écrire pour m'éloigner de la grisaille. L'appartement est en vente à Paris et j'attends toujours des nouvelles...

Le général de Gaulle vient en visite à Ottawa. Je porte une vieille gabardine bleue délavée, mes cheveux sont trop longs, mes talons s'enfoncent dans la pelouse de l'Ambassade. Aux yeux de son ministre Maurice Couve de Murville, je ne fais pas respectable. Lorsque je lui tends la main, il refuse de me saluer. Est-ce cela qui pousse le général à venir me parler ?

– Comment allez-vous ? Où habitez-vous ?

– À Eastview, mon général, mais ça ne vous dira pas grand-chose...

– Vous aimez le Canada ?

Je grimace. Il me sourit et me tend la main. Son petit détour a fait de l'effet. Je retourne sur la pelouse boire une coupe de champagne. J'aime bien voir pâlir la sale gueule de ceux à qui je ne plais pas. C'est une sorte de revanche.

Le monde ne change pas mais les jours et les mois passent. La vie de famille se met en place à Eastview. L'écriture devient mon évasion... Je pense à Paris, rue de l'Annonciation, et j'invente l'histoire d'un écrivain qui, en mal d'inspiration, s'installe dans une chambre de bonne à Passy et peu à peu s'intéresse à ses voisins, décide de les écouter vivre, sans jamais les voir ; ils deviennent les personnages du roman. Pour moi, c'est ma façon de me souvenir de ce lieu trouble où j'ai vécu quatre ans. J'ai pris un coin du salon pour en faire le paysage de mon imaginaire... Parfois, Nathalie s'approche :

– À qui t'écris, mamie ?

– À personne, je me raconte des histoires tristes...

– Pourquoi tristes ?

– Parce que ça fait du bien...

J'envoie le manuscrit chez Julliard. Chez Stock, on me propose d'éditer à compte d'auteur... Ça me tente, juste pour exister. André me dissuade.

– À compte d'auteur, ça vaut rien, attends...

Il a raison, mais je suis impatiente.

Chez Julliard, l'éditeur trouve le récit trop court, mais original. Il m'encourage à continuer. Je passe mon temps à attendre les retours de manuscrits et j'espère. Je lis Marguerite Duras et Françoise Mallet-Joris. J'écris un peu trop à la manière de Duras, évidemment. J'essaie les maisons d'édition à Montréal et ce sont les *Écrits du Canada français*, qui publient « La cloison ». Bien accueillie par la critique, je suis une nouvelle venue dans le milieu littéraire. André trouve que j'écris des conneries, je suis d'accord. La dilettante, c'est moi. Un zeste d'écriture, un soupçon de maquillage, j'apprends ou j'improvise. J'écoute, surtout, et je regarde. Je n'ai pas d'ambition extrême, je cherche à exister, et je suis aussi attentive sur les plateaux de cinéma qu'à la banque. À la demande de Radio-Canada, j'écris deux scénarios pour la télévision, une histoire de peintre et une histoire de train... On prononce mon nom sur les plateaux de télé, c'est marrant. Je continue à écrire, cette fois-ci un roman sur Genève et les pratiques d'avortement en Suisse, dans une sorte de thriller psychologique où le climat d'angoisse est à son paroxysme... La critique est mitigée. Les hommes n'aiment pas, les femmes m'appuient. Jacques Godbout, l'écrivain, dira : « Minou Petrowski s'est trompée d'été. »

C'est un sujet tabou en 1962… J'ai pas attendu Simone de Beauvoir pour faire du féminisme à ma manière, c'est ma façon de m'oxygéner. Julliard veut bien de ce jeune auteur qui vient d'ailleurs mais il faudrait avoir un autre roman dans mes tiroirs. Paris est si loin. Je n'écris que sur ce que je connais. Une fois de plus c'est aux *Écrits du Canada français* que je suis publiée. L'appart de Paris est finalement vendu. C'est une société de produits pharmaceutiques qui a acheté l'étage. Ma chère amie Thérèse a été foutue à la porte sans autre forme de procès. Je reçois l'argent : un million de francs, soit deux mille dollars. J'ai doublé ma mise du début. Maintenant que Nathalie est avec nous pour toujours, on cherche une maison… Celle qui me plaît est trop chère, mon dépôt ne vaut pas grand-chose. La maison que nous achetons sur Woodroffe est laide. Je déteste ce bungalow sans grâce, avec un foyer face à la porte, un salon en L et des chambres au bout du couloir. Tout est ouvert, la maison donne sur un terrain vague d'où la neige, l'hiver, s'engouffre sous la porte d'entrée ; je suis folle de peur… Pourtant la neige me fascine. Nathalie s'adapte à ce nouveau pays, elle s'est fait une amie de son âge, blonde et anglophone, avec qui elle va à la messe. André vend des clous et des boulons que je compte et enfourne dans des pots de confitures. On a posé une moquette verte dans le salon, les murs sont blancs et nus. André a trouvé, pour quatorze dollars, à l'Armée du Salut, un bahut laid et pratique où je conserve mes brouillons de future romancière. J'attends de poser des rideaux aux rayures vertes et blanches pour ensoleiller le paysage. Nous recevons les amis d'André, des Russes sympathiques. Mon mari est plus sociable que moi, ce milieu anglophone lui convient. Entre nous, la vie est plus simple, si ce n'est qu'il m'impose chaque fin de semaine cet horrible lac, à Saint-Pierre-de-Wakefield, qui m'inspire des idées sombres et une peur secrète.

Une fois par mois, je fais un tour à Montréal, c'est la récréation, je retrouve mes copains de Paris. En regardant une émission à la télé, *Le grand duc*, je découvre au générique le nom de Patrick Straram. Des Straram, c'est comme les Petrowski, il n'y en a pas lourd sur la planète. Je téléphone à Radio-Canada à Montréal et j'obtiens le numéro de Patrick...

Le monde est petit mais Saint-Germain-des-Prés est si loin... Je me demande si nous avons tellement changé. En fait c'est l'environnement qui fait que nous avons du mal à nous reconnaître. Le fou de Patrick écrit pour la télé, boit comme un trou. Il s'est marié avec Lucie et veut me présenter à tout prix son ami: Pierre Elliott Trudeau... Je veux bien, mais pas cette fois-ci... Je vais plutôt au bistrot rue de la Montagne, respirer un faux air de Paris. Je bois des grogs et je retrouve l'accent français. Un jeune garçon à la table voisine jette un regard vers moi, il fume des Gitanes: «Vous en voulez une? – Je ne fume pas.» La conversation s'engage, il a dix-neuf ans, il arrive de Paris, il est frêle, un peu arrogant avec ses petits cheveux blonds, mais il a le regard doux et candide: «Je suis chanteur, et un jour je serai célèbre!» Je souris avec tendresse. Le petit jeune homme aux épaules frêles et aux cheveux longs s'appelait Claude Dubois.

La récréation terminée, je reprends le train pour Ottawa. Je travaille pour Crawley Films comme maquilleuse, enfin j'improvise. Une histoire de drogue où l'acteur principal, un anglophone, joue le rôle d'un médecin qui prend de l'héroïne. J'en connais plus sur la drogue que sur le maquillage. À force de traîner dans les couloirs de la production, je me retrouve à travailler dans le premier film de Geneviève Bujold. J'enchaîne mes aventures. J'ai retrouvé après un déménagement une photo de ce premier film, où j'étais sa maquilleuse: nous n'étions ni l'une ni l'autre douées pour les cosmétiques. Geneviève se fichait de son apparence, je trouvais ça super, moi je n'y arrivais pas. Elle a vingt et un ans quand on se rencontre, elle est mariée et je lui dis: «Je ne crois pas que tu resteras longtemps avec ce type.» Elle pense que j'ai raison. Elle est fine, mince, de beaux yeux bruns, mais pas un visage exceptionnel. Je me rappelle encore ce matin où, dans un cinéma du centre-ville de Montréal, nous sommes trois personnes: le chef opérateur, le réalisateur et moi. Sur l'écran trois jeunes femmes: Margot Campbell, Louise

Marleau et Geneviève Bujold. Je n'en reviens pas. Geneviève est magique, la caméra l'aime visiblement, elle éclipse les yeux magnifiques de Louise Marleau, son teint est lisse, nacré et le travail très amateur que j'ai exercé sur elle la fait étinceler. Nous sortons tous les trois sans dire un mot, et en entrant dans le premier café, le réalisateur dit : «Alors ?»

Le chef opérateur et moi ensemble : «Geneviève…» J'aurais aimé entendre à cet instant précis la douce chanson de Claude Gauthier… C'est tellement évident que Geneviève crève l'écran que je me sens légère et heureuse. Notre amitié commence à ce moment-là. Pendant tout le tournage du film, je suis auprès d'elle, j'admire sa détermination, elle a du cran, elle négocie comme une star, sûre d'elle, confiante et fragile : «Si je deviens célèbre, tu seras ma maquilleuse personnelle.» Je n'avais pas assez de talent pour elle.

Finalement, comme je l'ai prévu, elle divorce et épouse le cinéaste Paul Almond.

Après le film de René Bonnière qui donne sa chance à Geneviève Bujold, nous nous regroupons entre amis français qui vivent à Ottawa et travaillent tous dans le cinéma. René et Claude, sa femme, nous accueillent avec enthousiasme, mais je demeure sauvage. J'apprécie René, on parle de cinéma ensemble, on oublie l'hiver et on rêve de Paris. Je fais la connaissance d'une fille sympathique, belle, grande, qui devient ma première amie en sol canadien. Denise est québécoise, son mari cinéaste anglais. Grâce à elle, je fais de la figuration dans la série *RCMP*. Dans ma tête, ce n'est pas un chemin que je construis, mais je me laisse porter. Peter est une sorte de James Dean sauvage et sexy. Il boit trop, mais il a un charme fou et il me plaît infiniment. Nous fréquentons les mêmes amis et, comme je viens souvent seule à ces dîners, nous nous lions d'amitié tout en partageant nos opinions enthousiastes sur le cinéma. Au fil des rencontres, je constate que Peter me trouble de plus en plus. Je ne comprends pas l'anglais mais je sais qu'un moment de distraction suffira pour qu'il m'entraîne dans une chambre. Je ne résiste pas, bien au contraire. Je deviens vite intoxiquée par ce type qui ne communique avec moi que par le regard et l'expression de son désir. Quelle est cette obsession qui me pousse toujours avec violence vers le même type d'homme blond, muet, mais intense? Je cherche cet alter ego de ma jeunesse, l'inversion parfaite de mon identité. Au milieu de ce vide insipide de gens bien, ambitieux et talentueux, je promène mon vague à l'âme dans les sous-sols de ces maisons élégantes sans trop me préoccuper des dommages causés. Lorsque Denise nous trouve ensemble enlacés, je me promets de ne plus la trahir. Denise… Peter… Il me faut choisir. Parfois, tard le soir, Peter me ramène chez moi dans sa Volkswagen délabrée sans que nous échangions un mot. Jusqu'à la prochaine soirée. Chez les Bonnière, je rencontre Pierre Perrault avec qui il collabore pour la série *Au pays de Neufve-France*, ce sont des moments riches. J'apprends, j'écoute surtout. Pierre Perrault est un bel homme aux allures de bûcheron, pour qui l'opinion des femmes ne compte guère, mais je suis curieuse de son travail. Claude Bonnière est la parfaite maîtresse de maison, elle sait recevoir, adore les intrigues, et fait divinement la cuisine. Comme nous sommes voisins, je passe beaucoup de temps chez eux. J'y rencontre une nouvelle amie, Jacqueline, une Française, qui devient ma seule confidente. La vie est un peu plus excitante. Ce sont mes premiers pas dans la culture québécoise et anglophone. André s'intéresse peu au milieu du cinéma, il fréquente à cette époque une sorte de secte du bien: les bahaïs. On ne fume pas, on ne boit pas, on aime les autres! Avec la leader du groupe, Mary, il passe beaucoup de temps à pratiquer la religion bahaï. J'ai su plus tard que ces rencontres amicales étaient loin d'être platoniques. Je m'intéresse à la carrière de René Bonnière comme cinéaste. Jacqueline est jeune, belle, et c'est un peu de l'air de Paris qu'elle m'apporte dans ce désert glacé. Les mois passent plus fournis, de dîners, de visites, d'amitié. Nathalie grandit, elle est parfaitement bilingue. Jacqueline habite de l'autre côté du pont, à Hull, la ville francophone. On se retrouve en ville, elle aussi blonde et mince que je suis sombre et noire, on se complète. C'est la mode des cheveux longs et des jupes courtes. À l'automne je fais des feux de foyer et je maquille ma fille pour l'Halloween, charmante coutume. Côté fric, on s'arrange, André se débrouille comme il peut dans la vente, et avec son ami Albert on se retrouve les fins de semaine dans l'horrible chalet. J'ai commencé un semblant de roman, pour exorciser le lac glauque de Saint-Pierre-de-Wakefield.

Peter et Denise participent à la série *RCMP*, Peter comme cinéaste et moi comme figurante, dans les studios de Crawley Films. J'apprends et parfois je traîne Nathalie sur le plateau où je croque des morceaux de vitres sous l'œil effaré de ma fille : « N'aie pas peur, ce n'est que du sucre. » Je suis toujours à l'aise dans la fiction. D'un côté, la vie réelle, la famille et, de l'autre, la vie parallèle, l'imaginaire. Mon amitié avec Denise s'est accrue d'autant plus qu'ils vont rentrer en Angleterre pour quatre ans. Peter a des projets de films et l'Angleterre lui manque. Denise est ravie. Cette vie nouvelle avec sa fille et ce mari dont elle est folle amoureuse l'emballe. Le dernier week-end avant leur départ, Peter et Denise m'invitent à leur chalet à Chelsea. Ils vont me manquer terriblement. À cette occasion, je fais la connaissance de Paul Almond, cinéaste qui revient d'Angleterre. Il me parle de ses projets de cinéma, je lui parle de mes romans. Peter rôde autour de nous, me frôlant au passage. Je suis venue seule, André ayant décliné l'invitation. Cette dernière soirée est chargée d'électricité, le départ et le changement de vie bouleversent le couple. Il fait doux, le chalet, confortable, est situé au bord du lac, l'ambiance est parfaite. J'occupe un lit de camp au rez-de-chaussée. Brusquement, en pleine nuit, je sens un corps nu qui se glisse contre le mien et une main qui se pose sur ma bouche. Peter chuchote :

— *It's now or never...*

J'ai sur moi la même chemise de nuit en crêpe de Chine rose que je portais avec Jacques à Versailles. Je saute du lit, cours jusqu'au lac, prête à me jeter dedans. Peter me rejoint. Je ne sais plus où aller. Cette course ridicule s'achève au chalet. Je suis sans voix mais terriblement allumée par ce type que je ne reverrai sans doute jamais. Je veux cet homme depuis des mois, voire des années. Malgré notre attirance réciproque et nos flirts à répétition, je lui ai toujours résisté au nom de mon amitié pour Denise. Ce soir, lorsqu'il me prend dans ses bras en m'embrassant, même si je n'ai qu'une envie, m'abandonner, je me reprends. Par lâcheté et non par loyauté. Tout simplement parce que je veux rester dans cette demande si forte, le désir inassouvi. Ce renoncement est à la fois joyeux et terrible. C'est le désir muet de cet homme qui a consolé durant des années ma tristesse. Me voir dans ses yeux apaisait mes doutes. Aujourd'hui, ils sont morts tous les deux et je les ai aimés profondément. La vie est étrange et romanesque, plus près de la fiction que de la réalité.

La mort des autres exerce sur moi une étrange fascination. En hommage à Kaki, j'entreprends d'écrire un article sur le suicide qui paraîtra dans le *Maclean's* français en 1964. Mon travail de recherche s'étale sur six mois et me conduit à Montréal où je loue une modeste chambre rue Mackay pour douze dollars par semaine. J'écoute Françoise Hardy, et je lis les lettres des suicidés. Pour me plonger physiquement dans la tragédie de ces êtres désespérés, je m'enferme dans une chambre d'hôtel de Ville Saint-Laurent où une femme s'est enlevé la vie.

André m'accompagne pour louer la chambre. J'essaie d'imaginer sa détresse en lisant le récit de ses derniers moments consignés dans le rapport de police. Je suis enceinte et le bébé grandit dans mon ventre, entouré de drames, de morts. Pendant ma première grossesse, il y a dix ans, je faisais, à Paris, l'éloge de la beauté ; cette fois-ci, je passe mes journées à la morgue. Cet enfant que je porte, et dont j'ignore si ce sera une fille ou un garçon, me trouble. André, lorsqu'il me rend visite à Montréal, en parle au masculin. Il m'enveloppe de son amour qui m'inquiète, je ne suis pas habituée à ses effusions. Depuis que je suis enceinte, il démontre une attention, des sentiments qui arrivent trop tard. Il veut avoir une vraie famille, mais nous sommes déchirés. Montréal m'attire. Ottawa lui plaît. Après des mois de solitude montréalaise, je rentre à Ottawa. Nathalie passe l'été chez des amies de son âge. En septembre, André m'entraîne au bord du lac Saint-Pierre-de-Wakefield, dans cet horrible chalet, pour une fin de semaine qui me semble durer une éternité. Nous avons loué la maison et c'est le seul endroit où se réfugier. Toute seule, sans voisin à proximité, je suis terrorisée. Pas un rayon de soleil sur cette étendue noire et lisse, alors je me réfugie dans ma minable chambre aux murs de carton, où une ampoule nue pend du plafond. Mes terreurs nocturnes grandissent, sans compter que je souffre d'une rage de dents qui me paralyse. Pourquoi tout est-il si difficile? Pourquoi suis-je toujours en état d'abandon? Ma tristesse est une colère rentrée. Je suis inquiète. Enceinte de six mois, s'il y avait des complications, je ne saurais où aller. Pas d'autobus, une simple route de terre et personne à la ronde. Pourquoi fait-il ça? Je passe la nuit à pleurer, à souffrir, mais, au lever du jour, alors qu'il monte l'escalier, je ne dis rien.

L'ENFANT DE L'HIVER

L'hiver fait rage. Le ciel est d'un bleu glacial et le vent mordant.
Boris naît à Ottawa, à midi pile, le 9 décembre 1963. Dans ma
chambre privée, cette naissance me vaut de l'attention comme
j'en aurais tant souhaité pour celle de ma Nathalie. Je suis la
mère porteuse du cadeau inestimable qu'une femme se doit de
faire à son mari, lui donner un fils. Boris, c'est l'enfant d'un
mari comblé qui attend ce fils depuis le premier jour. J'ai droit
au confort, à l'affection, j'ai une certaine valeur, mais ma joie
est fragile. Les temps ont changé, mais je n'oublie pas les difficultés matérielles d'autrefois. À trente-deux ans, je mets au
monde un enfant légitime qui démarre bien dans la vie. Boris a
un père, une mère, une sœur et une maison. Ce qui nous sépare,
André et moi, c'est que nous n'évoluons pas dans la même
direction. J'ai un mauvais pressentiment, je ne suis pas sûre que
cette mascarade de bonheur va durer. J'ai peur pour lui et j'ai
peur de moi. Ce mariage bancal est voué à l'échec, j'en suis la
première responsable; je veux cette famille à tout prix mais c'est
un modèle que je ne connais pas. Mon mari a changé de travail,
il est maintenant directeur de l'Institut canadien du film, un
véritable revirement. Pendant qu'il voyage, moi je reste clouée
dans cette toundra maléfique qui me glace les os avec deux
enfants auxquels je dois dissimuler ma paranoïa. La nuit, j'ai si
peur que je suis incapable de dormir. À force de lire sur l'Amérique, je me projette dans des violences inouïes. J'essaie d'écrire
pour combler le vide, et chaque jour je demande en silence à
mon fils, Boris: «Laisse-moi deux heures de répit, tais-toi, ne
pleure pas, tais-toi.» Et je referme la porte de sa chambre. Je
pense à ma chambre de bonne à Paris, je revois le petit panier

où Nathalie dormait avec son bonnet de laine. Nathalie a dix ans, elle va bientôt faire sa première communion. J'ai mal. Ces enfants qui sont les miens, je les aime avec maladresse. Je veux tout pour eux, surtout ne pas reproduire ce que j'ai vécu, mais en vain. Je sors rarement de ce bungalow sinistre. Parfois, je m'aventure jusqu'au centre commercial avec mon fils. Je suis une mère qui rêve d'autre chose et le lieu insignifiant où je vis me désole. Lorsque je commence à travailler pour la télé, une voisine s'offre pour garder Boris. C'est un enfant facile, tout frisé, qui semble trouver la vie simple. La station CJOH, où je suis embauchée comme maquilleuse, est tout près de la maison. Entre les séances de maquillage, il y a de longues heures d'attente ; heureusement, les personnes avec qui je travaille, des anglophones que je comprends à peine, sont sympathiques.

Au ciné-club, on passe *Le désert rouge* d'Antonioni, son premier film couleur. Ce film, qui sent le soufre, me trouble profondément. Je m'identifie à Giuliana (Monica Vitti), cette jeune femme perdue dans une ville industrielle. Sa tristesse et son désarroi me rejoignent. Le désert rouge, c'est l'incapacité de vivre dans ces lieux dégradés par la pollution et la laideur. Dans un brouillard digne d'Angelopoulos, Giuliana tourne comme un papillon fou, cherchant en vain une issue, ne communiquant plus avec personne. Et là, autour de nous, il n'y a que des bavards, réconfortés par la tragédie qui s'est déroulée sous nos yeux. Je trouve ma vie médiocre, je me demande si je sais encore aimer. J'ai trente-trois ans, un petit garçon tout neuf, une grande fille, un mari, mais j'éprouve un mal de vivre accablant. Je ne sens pas le bonheur. Dans la lumière crue du hall d'entrée, je suis mélancolique, je n'ai pas envie de parler, j'attends que mon mari donne le signal du départ. Deux jeunes gens que le film a visiblement troublés restent plantés devant moi. Je regarde le blond, le plus grand, il incarne cette beauté qui m'affole avec son look californien, ses yeux bleus. Il sourit, j'ai envie d'aller vers lui, il est lumineux et j'ai si froid. Le temps passe. La salle s'est vidée mais la tragédie de cette femme souffrante flotte dans l'air. Je sais que ce qui nous rejoint, le jeune homme blond et moi, c'est le personnage de Monica Vitti, et cette particularité si propre à Antonioni de nous faire ressentir physiquement le silence, les détails, la vie autour de nous. Je m'accroche à cet inconnu qui attendra que je sorte pour me tenir la porte et effleurer ma main. Ce désir muet m'emporte. Je sais très bien que l'image de ce passant d'un soir s'effacera avec le temps. À ce stade de ma vie, dans cette ville terne, la moindre lueur de plaisir s'engouffre dans ma tête fragile, mon corps le réclame. Trop de choses tristes ont terni mon espoir. Cette recherche sur le suicide, la naissance de Boris, la vie quotidienne, le livre que je suis en train d'écrire… Je ne crains pas de souffrir, je suis toujours là, trimballant le petit banc de mon enfance, le cœur brisé, à attendre un sourire, un regard, un corps pour me sauver. Je retourne plusieurs fois au ciné-club mais le jeune homme blond a disparu, peut-être n'existe-t-il même pas. Je passe mes journées à l'Université d'Ottawa pour une recherche sur Louis Riel, commandée par Radio-Canada. L'histoire de ce métis est passionnante, je dérive facilement vers de nouveaux émerveillements. En descendant l'escalier, je tombe face à face avec le garçon aux yeux bleus, celui que j'avais cru perdu. Il me croise en montant et brusquement fait marche arrière.

– C'est vous?

Je lui souris, amusée. Il me prend par la main comme si j'allais m'échapper.

– On va prendre un café?

J'ai si peur de perdre cette occasion qu'il faut que je sache tout de lui. Son prénom, ce qu'il fait, d'où il vient… Il m'interrompt, craignant que je disparaisse. Il me tient la main, parle vite, précipitant les questions et les réponses.

– Je pensais ne plus vous revoir.

– Moi aussi. Tu vois, c'est bien.

Le lendemain, je saute dans ses bras et dans son lit. Cette rencontre est liée à la fatalité, on ne la refuse pas quand elle a de si beaux yeux, des hanches minces, des épaules larges et un appétit vigoureux. L'attente a déclenché une nécessité brutale que nous partageons tous les deux. On ne passe pas à côté du hasard, on l'attrape. J'éprouve une vraie fringale de ce type. Est-ce que je peux encore séduire? Il fait l'amour avec une vitalité qui me consume. Lorsque j'arrive chez lui, souvent en fin de matinée, il est en jean, en tee-shirt ou torse nu. J'aime sa façon de bouger, de m'enlacer, toute cette sensualité me trouble. Je ne sais pas vraiment ce qu'il pense de moi ou ressent pour moi. Je vis cette relation comme une parenthèse fictive. Cela ne change rien à mes rapports avec mes enfants ou mon mari, c'est lié au besoin d'évasion du réel.

J'écris et je vais être publiée. Une histoire sombre de lac pourri où le personnage principal est en quête de son identité. Je vis par procuration dans une fiction que je confonds avec ma situation étrange, dans une ville où le mystère est inexistant. Lorsque mon livre paraît, j'invite le jeune homme à mon lancement. Je le présente comme un ami, provoquant la jalousie d'un proche de mon mari.

– Je suppose que vous couchez avec lui ?

– Ça vous regarde ?

– Je pourrais vous dénoncer !

Me dénoncer ? Comme autrefois dans les années noires de la guerre ? Dénoncée comme Juive, ou comme femme infidèle. C'est de l'enfantillage, jamais je n'abandonnerai mon fils et ma fille, c'est impensable. Le jeune homme a vingt ans et des projets dont je ne fais pas partie. Un après-midi, dans ce rez-de-chaussée où nous faisons l'amour, violemment, comme en état de naufrage, je lève les yeux et mon regard se pose sur un morceau de voile rose, trop intime, un vêtement de femme. Une présence insidieuse qui me bouleverse. Il y a donc quelqu'un d'autre. Je le questionne. Pour lui, ce n'est rien, mais ce chiffon me ramène à l'ordre brutalement comme si je sortais enfin d'un rêve, illusoire mais nécessaire.

1966. Boris a trois ans lorsque nous nous installons à Montréal, dans un appartement exigu au sixième étage. Il est si menu que j'ai une peur bleue qu'il passe à travers les barreaux du balcon. Mon mari entre à l'Office national du film, à la distribution. Je m'ennuie. Mon roman, *Le passage*, a été bien accueilli par la critique. Je veux écrire pour fuir cette existence de femme au foyer qui ne me va pas du tout. Les promenades en poussette, très peu pour moi, l'appartement ne m'offre aucun refuge, je suis confinée dans cet espace restreint sans pouvoir y faire ma place. Boris est un petit démon que je ne lâche pas d'un pouce. Je suis une mère très prudente, pas de plongeon dans la piscine, pas de tournevis dans les prises de courant ou d'absorption de shampoing dans la baignoire. Je veille en pensant à ma vie monotone. Après un an d'abrutissement dans ce vilain quatre-pièces, mon mari décide d'acheter une maison.

Je reprends espoir, la maison dans l'ouest de la ville est délabrée, mais je suis séduite. Boris court partout et Nathalie va sagement à l'école, elle est toujours la première de sa classe et lorsqu'elle est seconde, son père fait la moue. Je hausse les épaules. J'admire cette enfant studieuse et secrète. Boris grandit entouré des amies de sa sœur et, moi, je débute comme recherchiste à la télévision. Comme Marguerite Duras, je bois un verre de rouge et parfois je fume une Gauloise, pour me faire croire que ces accessoires ont un ascendant sur l'écriture. Lorsque je plonge dans la lecture du *Marin de Gibraltar*, j'imite les personnages en buvant du Campari soda, une façon d'entrer dans le roman. J'aime la petite maison modeste de la rue Melrose, avec ses boiseries et son style vieillot, propre aux maisons du quartier Notre-Dame-de-Grâce. Une vraie maison avec les chambres en haut, un salon sans meubles mais garni d'un tapis bleu roi mur à mur, une cheminée et ma toile de Modigliani au-dessus du foyer. À l'arrière, un jardin étroit qui donne sur la ruelle. Les branches d'un arbre envahissent les fenêtres de notre chambre. J'aimerais rendre cette première vraie maison chaude et accueillante, je sais reconnaître les possibilités de bonheur dans un lieu en devenir.

En 1966, je découvre la télévision, la solitude des femmes, la dureté de leur vie. Le travail s'impose et j'entre par la porte de service à l'émission *Femme d'aujourd'hui*, animée par Aline Desjardins. J'offre mes services sans trop savoir comment m'y prendre.

– Apportez-moi des idées, déclare mon superviseur.

Des idées sur quoi, sur la vie des femmes ? Je suis, de par ma nature, du côté des souffrants, je veux défendre les drogués, les femmes battues, comprendre les prisonniers. Je rapporte tous les malheurs de la société à la maison et me réconforte aux images rassurantes de la vie de famille ; mon petit Boris qui monte et descend en pyjama le grand escalier, le rituel du bain tous les soirs, les repas qui nous réunissent tous les quatre autour de la table, c'est un baume qui calme mon anxiété. Pourtant, je cherche autre chose, j'aimerais rejoindre les autres dans une aventure commune. Mais mon anticonformisme m'attire souvent les foudres de l'équipe. Je dérange, je suis brusque, directe, mes critiques insupportent mon entourage. La petite fille muette de l'enfance a fait place à une femme intransigeante. Je n'ai ni souplesse ni diplomatie. Ma première entrevue s'improvise un matin, dans une école de réforme, en l'absence de l'animatrice. Je ne sais pas en quoi consistent les entrevues mais j'exprime ce que je ressens : l'enfance malheureuse, ça me connaît. Je n'ai pas de technique, seulement mon vécu et je suis affamée de culture. À l'écran, je veux être belle, mais je ne sais pas sourire et mon regard maladroit fuit la caméra. En 1968, je rencontre pour la première fois Jean-Louis et Nadine Trintignant, dans une chambre du Ritz, pour parler du film de

Nadine, *Mon amour, mon amour*. Marie, qui n'a que quatre ans, y fait sa première apparition. Jean-Louis a offert à Nadine deux douzaines de superbes roses rouges qui illuminent la chambre. À cette occasion, je décide que les entrevues se feront séparément. D'abord Nadine, puis Jean-Louis. Patiemment, il attend que je finisse l'entrevue avec Nadine et se promène dans les couloirs de l'hôtel, avec l'humilité et la générosité du grand acteur qu'il va devenir. Je pose les mêmes questions à l'un et à l'autre pour voir s'ils se connaissent bien comme mari et femme. Entre nous s'établit une connivence qui me réjouit. Je peux m'exprimer comme celle qui n'est pas encore d'ici mais d'un ailleurs qui nous est proche. Nadine a vécu à Nice, près de la rue Cluvier, cette complicité me permet d'établir, avec Jean-Louis et Nadine, un début de familiarité. Je m'attache à eux pour me confirmer que j'existe, parce que les souvenirs en commun m'éloignent de l'exil. J'ignore encore le tournant qu'est en train de prendre ma vie, mais ma curiosité naturelle me pousse vers ce que je connais le mieux : le cinéma et la littérature. Je suis grisée par la télévision. Le Québec s'ouvre sur le monde et je bénéficie de cette ouverture. Je vis au jour le jour une aventure passionnante, toutes les rencontres que je fais dans le cadre de *Femme d'aujourd'hui* sont un apprentissage inespéré pour l'orpheline étiquetée comme idiote à jamais. Dans mon agenda de 1968, j'écris en haut d'une page : « Je cherche des idées pour un reportage. » Entre le Cercle des fermières, Twiggy, Jean Ferrat et Edmonde Charles-Roux, qui remporte le prix Goncourt, je navigue joyeusement. Tout m'intéresse, on touche à tout, tous les sujets sont permis, le viol, la défense des droits des enfants, mais également le bonheur. Au Bouvillon, le resto-bar de la jeunesse estudiantine, je fais une entrevue avec un couple dans la jeune trentaine et mes questions portent sur l'avenir. Comment imaginent-ils la vie dans dix ans ? La jeune femme est fort jolie, très intense, et le garçon plus pragmatique. Elle entretient un rêve sans trop se l'avouer, celui d'écrire. Lorsque *Femme d'aujourd'hui* organise un concours d'écriture, elle remporte le premier prix. Elle s'appelle Suzanne Jacob. À la même époque, je croise Odette Joyeux qui prépare une série sur la danse. Je dois être la seule qui connaît le parcours de cette star française des années 1940. Malgré l'excitation de la nouveauté télévisuelle, l'écriture me manque. J'espère aller à Hollywood un jour, partir *sur la route* comme Jack Kerouac. Ce monde-là me rappelle Saint-Germain. Quand je suis à la maison, je me repose en faisant des expériences culinaires. Il y a l'année des clafoutis, tentatives ratées, mais je m'applique à recommencer, mes enfants soupirent. Il y a la saison des meringues, sans grand succès, mais je triomphe avec les tomates provençales et les fondues bourguignonnes. L'été, dans le petit jardin, ce sont pans-bagnats et fous rires. Les vacances à Rehoboth Beach avec la DS.

En 1968, c'est à San Francisco qu'il faut être. Je pars pour la Californie, dans l'intention d'écrire un roman sur Hollywood. André est inquiet, ce voyage, si loin, toute seule, ne lui inspire pas confiance. Cette liberté que je prends sous le prétexte de l'écriture ne le rassure pas. Quant à mes enfants, Nathalie, qui a quatorze ans, et Boris, qui en a quatre, que savent-ils de ce voyage? Rien. Le départ est fixé au 8 juin à 4 h 40, de la gare Centrale à Montréal, pour arriver à Chicago à 20 h 20, avec dans cette ville toute une journée à attendre la correspondance pour Los Angeles par le *Santa Fe*, le train de nuit qui traverse les États-Unis et qui comprend couchettes, bar et restaurant somptueux. De ma couchette, j'ai une vue panoramique sur le Texas, l'Arkansas. De Los Angeles, je prends un autre train pour San Diego où je rejoins ma fidèle amie Jacqueline et son fils Éric. La villa surplombe la baie de San Diego. À l'extérieur, c'est un foisonnement de bougainvilliers et d'eucalyptus, je retrouve l'odeur de la Côte en pensant au marin de Villefranche qui voulait m'emmener en Californie. On plonge dans la piscine de céramique noire, c'est un délice, je prends l'air, me dore au soleil, puis nous partons, Jacqueline, son fils de six ans et moi, pour Hollywood en autobus. Je comprends très vite que je ne trouverai aucune inspiration dans ce lieu hostile. Pour quarante dollars par semaine, j'habite une chambre infâme sur Hollywood Boulevard, près de La Brea, au Pacifica Motor Hotel, où se cachent de vieux alcooliques, des types louches et des gars qui font des films pornos en 8 mm. À Burbank, aux studios de la Paramount, j'ai rendez-vous avec l'acteur Austin Willis, un ami des Bonnière, sur le plateau n° 7. Pour parvenir à Burbank, de l'autre côté de la montagne, il faut emprunter Mulholland Drive. Juste l'appellation me fait frémir. C'est comme franchir un désert de rocaille, à l'écart de la civilisation. J'ai bien failli ne pas m'y rendre. Oublions taxi ou autobus, Hollywood n'est pas le champion des transports en commun. C'est le frère de Michel Thomas D'Aoste, caméraman de René Bonnière, qui accepte par gentillesse de me transporter dans ce lieu mythique qui enchante David Lynch mais qui me terrorise. Dans tous les films américains, lorsqu'il y a un meurtre, c'est toujours du côté de Mulholland Drive!

Aux studios de Burbank, on me donne un passe *Foreign Press*. Austin Willis m'introduit sur le plateau de *Mannix*, une série très populaire, où Mike Connors, la vedette de l'heure qui gagne douze mille dollars par semaine, m'accueille avec gentillesse. Sept jours par semaine, il est rivé comme un boulon à cette série qui dure depuis une dizaine d'années. Je change de style en pénétrant sur le plateau de *Mission : Impossible* où je me retrouve avec Martin Landau. Je sors de là ébouriffée et, déambulant dans les rues poussiéreuses du studio, sans m'en rendre compte, je franchis une barrière et me retrouve comme une idiote devant la caméra de *Bonanza*. Le réalisateur pique une crise.

– *Who the fuck is this…!*

C'est moi, en minijupe de daim, juchée sur mes élégants souliers de chez Browns, qui me suis trompée de lieu. Deux types à cheval me reconduisent à l'extérieur du plateau. Ça les fait bien marrer et puis j'ai un drôle de genre. Je fais diversion pendant un moment. Un attaché de presse me propose une entrevue avec Vincent Price, je décline l'offre au profit du jeune premier avec qui je déjeune amicalement. C'est un film d'époque, un western et les figurants me demandent quel rôle j'interprète. Je réponds que je suis la fiancée du jeune premier. Pourquoi pas ? Je quitte les studios pour prendre un bus et retourner sur Hollywood Boulevard.

Le lendemain, je pars pour San Francisco en me disant que l'idée que je cherche est quelque part, il s'agit de la trouver. Il faut bâtir le roman sur les lieux, et d'abord créer un personnage, c'est lui qui me permettra d'écrire. Je l'imagine sans difficulté, blond, bronzé, un vrai Californien. Patrick Straram, mon ami de toujours et de partout, m'attend à l'arrêt d'autobus de Sausalito où je débarque, en face du parc. Il m'entraîne au drugstore pour acheter un gallon de vin rouge qu'il mélange avec du ginger ale, c'est dégueulasse. Patrick a l'air d'un Indien, il porte des colliers et se soûle tous les soirs, rien n'a changé, mais c'est vachement agréable de parler français. Il semble heureux de me voir. Mon personnage de roman entre brusquement dans mon champ de vision. Je suis assise sur un banc dans le parc, par terre Patrick cuve son vin. Le jeune Californien m'aborde en me demandant: «Qui es-tu, *behind your greasy glasses*?» Il est blond, les cheveux raides qui tombent dans ses yeux clairs, il porte une veste de marin et un jean.

– Qu'est-ce que tu fous avec le mec bourré?

– J'attends qu'il dessoûle.

Il me tend la main et m'entraîne au No Name Bar. Il s'appelle Peter et compte bien passer l'été à Sausalito. On boit du rhum, en silence, c'est moi qui l'invite. Après le No Name, il dit: «Viens on va chez Zack's écouter les Jefferson Airplane.» Pour moi, le roman commence à cet instant. La terrasse chez Zack's donne sur la baie, on boit des manhattans corsés, le feu prend dans mon corps. J'aime cet endroit, ça groove! Il fait toujours un peu plus chaud à Sausalito, quelques degrés de différence. À la fin de la soirée, Peter m'accompagne en douce au St. Francis. Il entre dans la chambre, se déshabille et me demande:

– Est-ce que je peux prendre une douche?

Cette première nuit le bouleverse. On ne se connaît pas, mais pour moi tout est simple. Il a vingt-quatre ans et moi trente-sept. Ses parents habitent Tampa en Floride et il veut m'emmener au lac Tahoe. Le lendemain, nous visitons les musées, les parcs, San Francisco ne ressemble pas tout à fait à l'Amérique. Nous faisons l'amour avec passion, dans les yeux de Peter je suis belle. Nous retournons à Sausalito manger des écrevisses chez Zack's. La foule est jeune, nous sommes collés l'un contre l'autre. Peter me parle d'amour et j'adore ses mensonges. J'ai perdu Patrick Straram; je sais qu'il habite à la Casa Madrona, c'est un endroit féerique dans les bougainvilliers, malheureusement c'est complet. Le lendemain, nous déjeunons au St. Francis avant que je reparte pour Hollywood. Peter me serre dans ses bras. Il veut que je reste, mais mon travail romanesque n'est pas terminé à Hollywood. Quarante-cinq minutes de vol entre Frisco et Hollywood. Retour au Pacifica Motor Hotel.

Jacqueline est amoureuse, moi aussi, je prends des notes sur tout. Une équipe de Radio-Canada est de passage à Hollywood, on les rencontre au Kontiki, où les zombies, des super-cocktails, nous rendent joyeuses. Toutes les vingt minutes, dans ce décor de forêt équatoriale, la pluie et le tonnerre se déchaînent avec fracas. Je préviens l'équipe qu'il y a un orage épouvantable dehors pour m'apercevoir, après un autre zombie, que c'est la musique d'ambiance du restaurant. Hollywood est une ville de dingues. Au motel, un type me demande si j'ai un *gun*.

– Pour quoi faire?

– Te protéger.

Dans la piscine, trois types de Sault Sainte Marie plongent tout habillés. Jacqueline, son amoureux et moi décidons d'aller à Tijuana, un soir. J'ai oublié mon passeport et je me cache sous une couverture sur la banquette arrière pour passer la frontière. Tijuana, c'est la poubelle de l'Amérique mais les margaritas sont sublimes. On rentre à l'aube, moi toujours dissimulée sous une couverture.

J'ai fait le tour de Hollywood Boulevard, du Streep, et j'ai une envie folle de retourner à Sausalito. Une heure plus tard, je suis assise au No Name Bar en train de boire un 101. Ma recherche de Peter est problématique, je ne connais que son prénom, je ne sais pas où il habite, alors je quête des informations. Je cherche un garçon blond de vingt-quatre ans qui se promène avec un berger allemand ! J'aboutis au Gate Five, à Sausalito, où poussent des centaines de *houseboats*. L'allée des *no-name* est partout. L'anonymat complet. Quelle folle je suis de courir après un fantôme, ou une illusion. Je finis par trouver un vieil homme dans une roulotte qui connaît Peter. Je l'attends. Des heures. Il paraît qu'il peut rester une semaine sans venir sur son *houseboat*. On verra bien. Tout à coup, venant de nulle part, je vois Peter. C'est fantastique. Il court vers moi et c'est la folie. On prend une chambre à l'Alta-Mira pour un soir. J'ai besoin de la réalité pour écrire. Peter fait l'amour comme si c'était la dernière fois. Le lendemain, je déménage sur un *houseboat* au Gate Five. Tous les jours, je m'installe sur le toit, j'écoute sans me lasser Donovan, en me brûlant sous le soleil et le vent du Pacifique. Peter me dit sans cesse :

– *Stay with me*. Je n'ai jamais fait l'amour à quelqu'un comme toi. *It's so warm, so soft, so tender. When I met you in the park behind those greasy glasses, I felt vibrations.*

J'intitule mon manuscrit *The Season of the Witch*, en hommage à Donovan. Je ne peux m'empêcher de rire, de boire du vin et de me laisser porter par la musique des Jefferson Airplane. Je traîne au No Name Bar en buvant un rhum infect, le 101. Je n'ai rien d'une femme rangée, mais j'ai l'excuse : tout ça c'est du pipeau. Peter clame sans arrêt :

– *I love you so much, I am scared to death…*

Je l'écoute sans y croire, cela nourrit mon imaginaire. La vraie vie est ailleurs. Dans les toilettes du No Name Bar, quelqu'un a écrit : *Peace and Love*, j'ajoute *Fuck*. Je ne crois pas aux slogans. Faites l'amour, pas la guerre. Les jeunes font l'amour sans amour, et la guerre est là, déjà. Je n'ai jamais revu Peter. Cette histoire, c'est comme un conte du Pacifique sur une musique de Donovan. À la Casa Madrona, Straram me fait écouter « la vraie bonne musique de Genesis », sa chambre plonge vers le Pacifique, c'est un fourre-tout de ses rêves, curieux et insolite.

J'ai raconté cette histoire dans un roman qui s'appelle *Heureusement qu'il y a les fleurs*.

Pendant que je rêvasse et sonde cette Californie inconnue, mon petit Boris frôle la mort dans un accident. La portière de la DS s'est brusquement ouverte, dans un rond-point achalandé. Mon fils de cinq ans roule sur l'asphalte et se jette sciemment dans le fossé. L'horreur. Je ne l'apprends qu'à mon retour. Chaque fois que je pense à la Californie, je ne peux m'empêcher de frémir d'angoisse, cette vision m'habite. Il aurait pu mourir, alors que je me perdais dans une aventure nébuleuse. C'est insupportable de penser ça, me pardonnera-t-il un jour d'avoir préféré ma fiction et mon image fabriquée? Ce sont mes zones d'ombre, et il y en a de nombreuses que j'avoue. À mon retour de Californie, quelque chose en moi a changé. Même si j'avance toujours à tâtons dans l'écriture et dans le milieu de la télévision, je suis plus audacieuse et me laisse guider par mon intuition. Les mois qui suivent vibrent au rythme du travail. André est toujours à l'ONF pour la distribution, un domaine qui lui convient. À mon retour, nous avons acheté un matelas *king size*, que nous avons posé dans l'alcôve de notre chambre où les branches d'arbre pénètrent par les fenêtres ouvertes, c'est sublime. Je pense à mon roman et relis mes notes. Je me bats contre les idées toutes faites de mon entourage, je fais beaucoup dans le social. Un voyage initiatique en Gaspésie, en plein hiver, c'est splendide et frustrant pour le caméraman qui voudrait tellement filmer ce paysage grandiose en couleur. De Matane à Bonaventure, un beau documentaire sur la vie des femmes en Gaspésie. Les préoccupations de l'époque: légaliser la marijuana, la question des foyers nourriciers et pourquoi les femmes de quarante ans en paraissent vingt-huit! Je vis dans l'instant, toujours préoccupée par l'idée d'un reportage. Je me sers de tout ce qui me fait souffrir, pâlir, pour enquêter sur moi-même. Je déteste l'injustice et je réagis comme à la clinique quand j'avais trois ans et que le Dr Vautier voulait mettre à la porte une infirmière. Je râle souvent et cette réputation me suit, mais j'apprends.

1970. L'hiver dans la maison de la rue Melrose, c'est ma protection contre tous les dangers, les désirs, les incartades. Les enfants grandissent, Boris aura sept ans cette année et Nathalie dix-sept. Les événements d'Octobre obscurcissent ma légèreté. Je vis dans le pressentiment d'un malheur, d'un accident, je ne vais pas très bien. J'ai acheté un sofa couleur bouton d'or en velours que j'ai installé face à la cheminée. Je suis toujours incapable de me projeter dans l'avenir. Boris est tout le temps avec son copain Jean-François. Je viens de terminer le scénario pour le film de Jean Beaudin *Stop*, une histoire de course automobile. Le magazine *Variety* y a consacré une ligne : « *They should have stopped before they started…* » Jeu de mots facile mais juste.

La maison grouille de jeunes gens qu'André prend sous son aile. Jean-Claude Lauzon, son protégé, me regarde de travers et me fait sourire. Melrose est mon refuge, André voyage, son travail l'occupe, il semble heureux à l'ONF. C'est tout de même un beau parcours, peu d'argent, mais le monde autour de nous grouille de vie. J'ai revu Denise et ses enfants, Peter vit à Hollywood, il s'est remarié. Elle fume du pot et moi je bois. Nos chemins s'éloignent par la force des choses.

Mon roman sur la Californie est publié. Il a peu de succès, il reçoit de mauvaises critiques, mais au moins je suis fidèle à ma promesse. Une fiction, même si elle emprunte à la réalité, n'offre pas les couleurs de la vérité. Je n'ai jamais rapporté les phrases de Peter dans la fiction. On demande souvent à l'auteur : qu'y a-t-il de vous dans cette histoire ? Tout et peu de chose.

Mon superviseur m'a offert trois contrats comme réalisatrice pigiste. Je réalise un documentaire sur les foyers d'accueil, l'enfance négligée. Mon caméraman fait des images d'arbres dépouillés et de solitude glacée pour illustrer cette tragédie, cela change des reportages basés sur des entrevues avec des spécialistes. J'aime travailler seule. Grâce à la générosité de Réginald Lussier, le monteur de *Femme d'aujourd'hui*, j'apprends à faire du montage télé. C'est un beau métier. Ça ne dure pas, le syndicat s'en mêle, je n'ai pas le droit d'être nommée réalisatrice. J'aurais dû prévenir le syndicat, la demande de mon superviseur ne suffit pas. Rien ne va, ni le livre ni la télévision, je n'avance pas.

1971. Je descends au City Squire Hotel, à New York, sur Broadway à l'angle de la 51ᵉ Rue. Je suis là pour un reportage sur la drogue, c'est ma force. Je connaissais bien le milieu de la drogue à Paris dans les années 1950 et cela n'a pas beaucoup évolué aux États-Unis en 1971. Mes premiers reportages sur l'univers de la drogue pour la télévision remontent à 1964, j'y avais bénéficié des contacts de mon ami Boris. Plusieurs de mes copains américains de Paris sont de retour à New York et cela facilite ma recherche. Les journées sont folles. On est en pleine tentative de réinsertion des drogués à Harlem. Les thérapies de groupe sur le mode *tough love*, je n'y crois pas. Et la méthadone ne fait que changer le mal de place. Les soirs après le travail, l'équipe technique m'emmène dans les bars et on se détend à grandes lampées de bière et de tequila, joyeux mélange. J'aime bien les équipes techniques, on boit sec et on ne se prend pas au sérieux comme les réalisateurs. Le directeur photo est allemand et il a déniché dans le port de New York un bateau allemand d'où il ramène quelques nouveaux copains, le mal du pays sans doute.

– Viens, me dit-il, j'ai des copains allemands à te présenter, ils sont en transit à New York.

Quand j'entre dans la chambre, avec lui et son assistant, on me présente à trois jeunes apprentis matelots de la marine marchande. Je porte une robe moulante en lamé argent, les cheveux longs noirs et brillants. Un silence gêné s'installe que je romps en lançant :

– À quoi on boit ?

Un jeune garçon blond, beau comme un rêve, grand, musclé, élancé, me dévore des yeux.

Il ressemble à Christopher Walken très jeune. De garde ce soir-là sur le bateau, il doit rentrer à onze heures. Je prends l'ascenseur avec lui et il me supplie d'être le lendemain soir à sept heures dans ma chambre d'hôtel. Dans ma recherche d'identité, je récidive. Un garçon blond, la réplique de tous mes amants, mais il a quelque chose de différent… il est allemand.

C'est une nuit ardente, il a vingt ans, un corps superbe, bronzé, sa médaille caresse avec une douceur suave mes seins éblouis. Son désir est infini, son sexe puissant et imposant est une surprise ainsi que ses mots d'amour en allemand qui me grisent. Je prends conscience que ce jeune Allemand vigoureux, pur Aryen, fait l'amour avec la Juive que j'accepte d'être pour abolir nos différences, non seulement d'âge, mais de race. À cette époque, André ignore encore que je suis juive, comme je ne suis sûre de rien, je préfère nier cette identité. Mais la rencontre avec Arno est révélatrice. Un jour ou l'autre, je devrai affronter ce mal-être, cette ambiguïté qui m'asphyxie.

Cette aventure à New York déclenche la rupture avec mon mari. Il dérobe une carte postale bien innocente qui m'était destinée en voulant faire la preuve de mon infidélité… Je suis insatisfaite dans mon travail, les crises à la maison deviennent insupportables, pour André je ne suis bonne à rien et finirai dans le ruisseau, bref, le discours de Mme Vautier me rattrape. L'année s'écoule dans une sorte de chaos, tout se dégrade.

1972. André décide que durant les vacances d'été, il emmènera les enfants en France et que je quitterai la maison sans rien leur dire. Ils apprendront mon départ à leur retour. Ce sont des mois douloureux et cruels. Le 12 juin 1972, je franchis le seuil de la maison avec un matelas, des caisses de livres, quelques vêtements et cent dollars dans mon compte en banque. Je quitte la maison en laissant six ans de souvenirs, de vie turbulente et j'ai peur. Je loue pour trois mois une pièce rue Cherrier. Je ne possède rien, ni draps, ni meubles, ni ustensiles. Je ne veux pas penser à hier ou à demain, ni au retour des enfants, je m'enferme dans une solitude dingue. Je suis persuadée que cette situation ne vient que de mon incompétence. Si je ne veux pas mourir de chagrin, je dois faire face à ce qui me poursuit et me rattrape toujours. Je ne suis qu'une imposture. Seule, je pourrai enfin l'accepter. Cet été morose me convient, le quartier se vide, la tristesse s'installe. Le mois de juillet est infernal, un mois entier sous la pluie. Je relis *Anna Karénine*. Tout est noir dans ma vie, ma séparation, le travail et l'argent. Le monde du théâtre, du cinéma, des livres me calme. Le merveilleux m'aide à oblitérer le désespoir. On me propose d'être recherchiste pour un film américain, j'accepte sans savoir de quoi il s'agit. Je fonce dans cette aventure de cinéma qui dure neuf mois pour me sauver du délire. Harvey Hart, le réalisateur de ce film, devient mon guide dans cet univers que je connais mal : le plateau de cinéma. C'est un homme d'une grande culture et d'une immense sensibilité. J'admire l'homme, l'ami et le réalisateur. Harvey Hart a réalisé à Hollywood *The Sweet Ride*, un film sur la Californie, le surf, les motards et la violence. Il a aussi participé à la série

Columbo et réalisé un film sur le monde carcéral, *Fortune and Men's Eyes*. Harvey n'aime pas la reconstitution en studio, il a un côté documentariste qui me plaît beaucoup. Sur le scénario, il a indiqué que les tournages doivent se faire en décor naturel. C'est une expérience formidable. Les lieux sont, pour moi, ce qui construit le comportement des êtres. Harvey veut tourner à la morgue ? J'obtiens la permission. Fusillade dans le port ? Permission accordée. Dans un couvent ? J'obtiens encore une fois la permission malgré le soufre qui émane de cette histoire de prostitution, de messes noires et de meurtres. Il me faut persuader les sœurs de l'Hôtel-Dieu de la nécessité de tourner dans ce lieu mais pour y parvenir, je cache une moitié du scénario à la mère supérieure qui doit approuver le tournage. Après des hésitations, on m'accorde l'autorisation de tourner. Comme il faut conjuguer hôpital et couvent, l'Hôtel-Dieu est le lieu idéal. Un soir, Harvey me téléphone et m'annonce de sa voix calme :

– Minou, j'ai besoin d'un penthouse qui donne sur un coin de rue, dans un quartier résidentiel avec une pelouse, où nous allons tourner de nuit la scène du suicide et celles des messes noires. Trouve le lieu et prends des photos.

C'est un casse-tête terrible mais lorsque je lui montre l'immeuble, au coin de l'avenue du Mont-Royal et de Côte-Sainte-Catherine, face à la croix du mont Royal, il est ravi. Pour se moquer de moi, l'équipe technique me demande de faire pivoter la croix du mont Royal ! Je suis prête à tout mais je ne réussis qu'à faire remplacer les ampoules manquantes sur la croix. On apprend vite quand on est au service d'un professionnel. Karen Black et Christopher Plummer sont de très agréables compagnons. Les exigences de la production sont difficiles mais triompher me donne la pêche. Maxime Samuels, la productrice, une femme splendide et redoutable comme on en voit dans les séries américaines, m'apprend qu'en production, tout ce que demande le réalisateur est essentiel. Je veux, j'obtiens. Pour une fille qui n'a pas confiance en elle, je suis gâtée. Je survis et finis le tournage, éreintée mais contente de ne pas avoir flanché en dépit de toutes les difficultés. Harvey

Hart est la première personne à me faire accepter que je suis juive. J'ai toujours considéré mes origines comme une tare, lui comme un bienfait. Après le tournage, il m'invite à passer un moment dans sa famille à Toronto, une famille juive canadienne pratiquante. Je soupçonne que me recevoir chez lui caché une intention. Sans doute espère-t-il que j'accepterai de regarder en face mon identité. Harvey veut que je sorte triomphante de cette découverte. Mais j'ai grandi dans une famille catholique et je suis indifférente à ma propre race. Si j'avais pu suivre Harvey dans sa carrière, j'aurais certainement continué comme assistante...

Après le film, Arno souhaite que je vienne le rejoindre en Allemagne. Je décide de prendre un mois de vacances et de faire ce voyage pour aller au bout de mon questionnement, retrouver mon jeune amant mais surtout renouveler le bouleversement que j'avais éprouvé dans ses bras à New York : cette union si intime d'une femme juive avec un jeune Aryen, faisant l'amour pour narguer le destin. Je débarque à Hambourg en novembre 1972, personne ne m'attend à l'aéroport. Je prends le train jusqu'à Kiel, un vent froid et une pluie torrentielle s'abattent sur moi à la sortie de la gare. Personne et pourtant je suis certaine que la rencontre aura lieu. École de la marine marchande, caserne, police, je mets tout en œuvre pour le retrouver. C'est finalement la police qui le retrace et il arrive au bout d'une heure, pâle et troublé. Dans les longs couloirs qui mènent à ma chambre, à l'hôtel Maritime, il ne prononce pas un mot. J'ignore s'il est heureux de me voir ou si je suis pour lui une hallucination. Nous passons une nuit frénétique, semblable à celle de New York, mais une douleur sourde l'oppresse, un chagrin que je ne saisis pas. Ses étreintes sont furieuses, d'une sensualité désespérée comme si la vie allait finir. J'y mets toute ma tendresse et toute ma joie pour dissiper sa tristesse. Je suis vivante, joyeuse dans ce corps à corps sublime. L'amour avec lui est incommensurable. Ce n'est pas de l'amour mais une volonté violente d'union fragile, intemporelle. Il est si allemand, si blond, si romantique, en se donnant de cette façon, il gomme toutes mes années d'humiliation, mes doutes, je suis enfin acceptée par l'ennemi.

La chambre donne sur la Baltique et le soleil brille au petit matin. Dans mes bras, il pleure et me parle en allemand. Je caresse la médaille qu'il porte autour du cou en souriant. Il quitte la chambre brusquement en me donnant rendez-vous plus tard. Je décide de louer une voiture, une Mercedes, pour traverser l'Allemagne. À un feu rouge, je tourne la tête distraitement et je l'aperçois, là, dans la voiture à ma gauche, avec une jeune fille. Je comprends tout en un éclair. Plus tard, j'apprends qu'il est marié mais qu'il n'a pas osé me le dire… Quel idiot! Je reste à Kiel quatre jours, et je parcours la ville et les environs en Mercedes avant de regagner Paris en train. Dans le wagon-restaurant, un groupe de jeunes gens, qui parlent tous anglais, m'offrent à boire et m'invitent à partager leur compartiment en première. Entre deux verres, je leur demande ce qu'ils font et où ils vont.

– On est musiciens et on va à Düsseldorf, on commence une tournée en Allemagne, tu veux venir avec nous?

– Je rentre à Paris.

Je venais de décliner l'invitation des Pink Floyd… À Paris, pour le restant de mes vacances, je m'installe dans un hôtel du Ve, près de la Contrescarpe, un peu décontenancée. Ma tentative de bonheur avec Arno a échoué, c'est vrai qu'il n'a pas la joie facile. On présente *Harold et Maude*, je trouve ce film rafraîchissant, mais Paris, ne s'attendant pas à me voir, me boude. J'appelle Jacques, je ne sais trop pourquoi, histoire de retrouver une jeunesse oubliée, alors que je viens de quitter ce garçon si beau, si triste. Je suis en manque comme d'habitude. Mes enfants sont rentrés de France et demeurent toujours rue Melrose. Ils vont bien et sont au courant de mon départ; Boris s'ennuie de sa mère et Nathalie comprend. Aussi misérable que je puisse être, je ne retournerai jamais vivre avec lui. Je ne reviens jamais en arrière. Tout comme je ne suis jamais retournée à Nice depuis ce jour de juillet où j'en suis partie; et la plaie ne s'est jamais cicatrisée. Le quartier de la Contrescarpe me reçoit en touriste, je n'aime pas cette sensation, mais je n'ai pas les moyens de m'installer ailleurs qu'à l'hôtel des Grandes Écoles, pour quatre dollars la chambre. Si je veux terminer mes vacances à Paris, je dois me restreindre. Revoir Jacques me recentre sur moi-même : entre la séparation avec André et ma rencontre avortée avec Arno, je cherche quoi au juste ? À un moment ou un autre de l'existence, la plupart des gens nourrissent le fantasme de retrouver leur premier amour dans l'espoir que, plus beaux, ou plus riches, ou plus minces, ils séduiront sans mal ce premier amour perdu. Cela arrive rarement dans la réalité, mais ce fantasme aide à soulager la souffrance provoquée par le rejet. Jacques accepte de me revoir à une condition.

— Est-ce que tu as changé ?

— J'ai quarante ans.

— Je passerai te prendre devant ton hôtel, si je ne te reconnais pas, je ne m'arrêterai pas.

— D'accord !

J'avais gâché notre rencontre en 1959, avec mes problèmes d'appartement, l'avortement en Suisse, je n'étais pas alors disponible pour l'amour qu'il m'offrait. C'était trop tard. Et nous savions tous deux que mon retour au Canada signifiait pour moi un choix définitif : la vie rangée avec ma fille Nathalie. Aujourd'hui, en ce début de décembre 1972, tout fout le camp, ma vie, mes enfants, mon travail, et j'ai depuis quelque temps cette obsession maladive : la recherche de mon identité. Pour notre rendez-vous, j'achète une robe noire très courte, je porte des bottes, un manteau de lynx. Je suis mince, les cheveux lisses, très longs et je me trouve belle. Je veux le séduire, en souvenir de ma jeunesse, me raccrocher à son désir. Il conduit une Peugeot et s'arrête à ma hauteur. Il me dit du regard : monte. Nous passons une journée exceptionnelle qui se termine dans les larmes. Rue Jacob, dans un petit restaurant qui donne sur la rue, Aux Assassins, on se découvre comme à un premier rendez-vous ; on boit du vin, il me regarde comme s'il avait oublié. Je garde mon bonnet de fourrure, je fais très russe. L'homme que j'ai tant aimé, mon premier amour que je ne parviens pas à oublier. J'espère seulement prolonger ce plaisir inattendu qui nous est donné. Je sais qu'il est divorcé, remarié. Pour moi, il m'appartient plus qu'à la jeune femme qu'il vient d'épouser.

— Qu'est-ce que tu fais cet après-midi ? me demande-t-il.

— Rien.

— Tu veux venir avec moi, à cent kilomètres de Paris pour le travail ?

— D'accord.

Je traîne tout l'après-midi dans un joli village en attendant qu'il se libère de ses occupations, cela ressemble à mon voyage à Coutances en 1951, le soleil en plus et le cœur léger. Je trompe l'attente qui n'en finit plus dans un café, avec un calvados. Je cherche la preuve que cet amour d'enfance n'est pas mort et puis surtout, je chasse de mon esprit le malentendu avec Arno. On rentre à Paris et on finit la soirée place de la Contrescarpe, dans un café à boire du cognac. Ma robe neuve est flatteuse, nous sommes bien ensemble, il me regarde avec mélancolie. J'ai la certitude que si j'insiste il passera la nuit avec moi. Il étire le temps.

— Reste avec moi, demandé-je.

— Non, ma femme ne comprendrait pas que je passe la nuit dehors. Pourquoi t'es-tu séparée de ton mari ?

— Tu as bien divorcé toi aussi ? Je veux savoir, durant toutes ces années, est-ce que tu m'as aimée ?

— Bien sûr, j'ai pensé faire ma vie avec toi…

— Tu sais que je suis une enfant abandonnée et juive, de surcroît ?

— Bien sûr, tout le monde le savait.

— C'est à cause de ça ?

— Non, je m'en foutais que tu sois abandonnée et juive, ça n'avait aucune importance, mais tu n'aurais pas été heureuse avec moi, tu m'aurais quitté ou trompé.

— Jamais, je t'aimais tant.

— Trop… Beaucoup trop… Ta passion pour moi ne correspondait pas à la réalité, je suis juste un type ordinaire, tu veux plus, la vie rangée c'est pas pour toi, ce que tu cherches, je n'aurais pu te l'offrir.

Ce soir-là, je suis seule pour finir mon cognac.

En 1976, lors d'un tournage pour Radio-Canada, j'essaie de le contacter. Il me fait dire, par sa sœur, de ne plus jamais chercher à le revoir. Mes intrusions sporadiques lui sont insupportables et dérangent sa vie. Ce voyage à Paris me laisse un goût d'amertume, je traîne dans les cafés cherchant à calmer cette incurable douleur.

Mes enfants acceptent tant bien que mal la séparation. Natha-lie a dix-neuf ans. Plutôt que l'affrontement perpétuel avec son père, elle quitte la rue Melrose. Boris, lui, reste avec André, c'est un bon père, je pense qu'il ne serait pas heureux avec moi. Il vit dans une maison qu'il aime, son père a une bonne situa-tion, des amis, alors que chez moi, je n'ai qu'une pièce où le recevoir, j'ai peu d'argent et un travail précaire. Toutefois, il vient me voir régulièrement et il aime surtout la piscine inté-rieure de l'immeuble où j'habite. Il est si mignon quand il me dit candidement :

– T'es pas fâchée, maman? À part la piscine, il n'y a rien à faire chez toi, je m'ennuie.

Je souris. Il sait qu'il peut tout me dire et que je suis là pour lui. Les conflits, les vengeances, ce n'est pas pour moi. La vie est douloureuse, en quittant la rue Melrose j'ai tout perdu, mais une force dont j'ignore la provenance me pousse à agir. L'issue c'est le travail.

Le 28 janvier 1974, je réalise une entrevue avec un cinéaste qui bouleverse l'auditoire de *Femme d'aujourd'hui* : Alexandre Jodorowsky. Au cœur du malheur, un entrefilet dans un journal me fait l'effet d'une caresse : «*Au sujet de l'émission* Femme d'aujourd'hui, *le 1er mars à 13 h 35, le célèbre réalisateur d'*El Topo, *Alejandro Jodorowsky, déclarait : "L'interview que j'ai accordée à Minou Petrowski de l'émission* Femme d'aujourd'hui *de la télévi-sion de Radio-Canada est la plus importante que j'aie accordée à tous les médias d'information depuis le début de ma carrière."*» Sur la place Jacques-Cartier, cette rencontre avec ce type anti-conformiste me ravit. Miracle de l'imaginaire, Jodorowsky mentionne que je porte un collier vert et pendant un moment, les spectateurs ont l'illusion de me voir dans l'entrevue alors que je n'y apparais pas. Je dois ce petit moment de bonheur à mon réalisateur, Robert Séguin, mystique et perfectionniste.

Cette année-là, je fais mes marques, avec Monique Renaud, mon amie et réalisatrice. Le reportage sur le groupe Harmonium, qui se décline comme un voyage sur la route poétique de la musique, alors que personne ne connaît encore ce groupe, me procure beaucoup de joie. Je découvre le plaisir associé au talent des autres. L'été, l'émission fait relâche. J'en profite pour partir en repérage à Provincetown.

Il fait un temps superbe. Je loue un appartement qui donne sur la baie, avec ma fille et sa copine Silvie. Je lis *Les valseuses* de Bertrand Blier et je me marre. On passe nos journées sur les plages du Massachusetts. C'est une époque légère, sans meurtres ni sida. Tous les soirs, on danse chez Peggy's. Je porte une robe noire de jersey, moulante, sans soutien-gorge et je m'éclate sur la piste de danse avec ma fille et Silvie. Elles sont belles et paraissent si jeunes qu'elles doivent montrer leur carte d'identité à l'entrée. Le portier, un bellâtre aux muscles saillants, sélectionne les clients qu'il laisse entrer. Je l'ai repéré et lui aussi. J'ai droit à des drinks gratuits que je ne refuse pas, je suis bronzée, divorcée et je ne fais pas mon âge, paraît-il. Il est marin le jour et portier la nuit, il aime passionnément la pêche aux homards et l'hiver il surfe en Australie. Après plusieurs remarques flatteuses, il me demande si j'accepterais de dîner avec lui, un soir.

– Pourquoi pas ?

– Méfie-toi, me disent mes belles jeunes filles.

Il s'appelle Robin et n'a aucun sens de l'humour. Après un dîner au soleil couchant, on se promène dans Provincetown jusqu'à la tombée de la nuit. Les hommes le regardent avec dédain. Que fait-il avec cette quadragénaire brune et bronzée ? En général, je me fous du regard des autres, de ce qu'ils pensent. On boit un daiquiri à la terrasse de l'inaccessible Café Blasé où il n'y a jamais une place libre ; Robin, heureusement, est connu et devant lui les tables se libèrent et les portes s'ouvrent. Robin m'entraîne dans les dunes pour une longue promenade sous les étoiles. On aboutit dans un lieu qu'il décrit comme *very peaceful*. J'ai lu trop de romans de Mary Higgins Clark pour être rassurée, j'ignore où nous sommes et quand je lui demande, il chuchote : « Dans le cimetière de Provincetown. » Il me prend par le cou, se met à rire et me dit avec un sourire carnassier :

— Il est temps d'aller chez moi.

Je le suis, le cœur battant. Je me dois d'aller jusqu'au bout. Le marin n'a peut-être pas d'humour mais un corps splendide, fait pour l'amour, ses gestes sont précis, doux, il connaît bien le corps des femmes et semble aussi expert en amour qu'à la pêche aux homards. Il met un disque de Roberta Flack qui joue en boucle. Je le soupçonne de vouloir me dire : « À force de l'entendre, tu penseras à moi. » *Killing me softly...* C'est ce qu'il fait en me présentant son poignard incrusté de pierres... avec lequel il me prépare plusieurs lignes de coke. C'est la première fois que j'en consomme. La sensation est fantastique. Quand le marin me déshabille et me dit en m'embrassant : « *You're so beautiful* », je le crois. C'est un été radieux, libre et plein d'espoir. On enfreint les interdits, on se baigne nues, on danse jusqu'à trois heures du matin, je prends de la dope. Le marin se comporte en homme délicat et je l'appelle *my velvet gentleman*. Les quelques lettres qu'il m'écrit commencent toujours par « *Hi, beautiful* ». Nous reviendrons en vacances à Provincetown, lieu de ralliement. J'y retrouve Jacqueline et son fils Éric. Moments magiques, à écouter Billie Holiday chez Rosie en buvant des black russians, à prendre le petit-déjeuner sous les arbres et à acheter des bijoux impossibles. C'est l'année de *Jaws*, en 1975, Nathalie regarde le film caché sous son imperméable. Provincetown est devenu notre banlieue estivale. J'adore prendre la route de Montréal à cinq heures du matin dans ma petite Toyota blanche, une des premières, et sillonner le Vermont dans le jour qui se lève, traverser Boston et parcourir les derniers milles, une flûte de champagne à la main, pour débarquer à trois heures de l'après-midi sur la plage d'Herring Cove. C'est le temps de l'insouciance. Tant de moments difficiles écartés volontairement. Nice est loin, je vis à l'heure présente.

À force de vivre au jour le jour, les mois passent. Je suis seule et souffrante sans mes enfants. Je fais la connaissance d'un jeune homme charmant aux yeux bleus et aux dents blanches qui vit dans l'est de la ville. Je ne vais pas bien, lui non plus. Je quitte mon appartement situé à l'autre bout de la ville, dans l'ouest, pour le rejoindre dans son logement misérable, histoire de m'éloigner, de me déclasser, de vivre une autre réalité. Mes enfants trouvent l'histoire inquiétante, mais le jeune homme est totalement inoffensif. Deux âmes perdues sur la rue Dorion. Je ne m'installe pas véritablement dans ce taudis mais j'y vis, voulant rompre avec le passé. J'ai l'impression d'imiter l'*Histoire d'Ève*, ce personnage de roman qui vit dans la maison familiale de Westmount et qui, un jour de morosité, plaque son mari malade, ses enfants et descend dans le bas de la ville se refaire une identité.

En rentrant de Provincetown, après des semaines de soleil et de mer, je trouve l'appart dégueulasse. Je m'enfonce dans une nuit profonde. Je suis vaguement attachée à ce jeune homme suicidaire, à qui j'essaie de donner le goût de vivre, alors que je suis moi-même perdue. De l'extérieur, je dois paraître folle et irrécupérable, pourtant, je sais que c'est temporaire. Ce qui me plaît chez ce garçon c'est qu'il ne porte aucun jugement sur moi. Il est bon pour moi. En retour, je tente de le sortir de sa tragédie familiale. Le premier soir, il m'a dit :

– T'es une vieille star retraitée ?

Ça me fait pouffer de rire mais je ne crois pas qu'il dit ça sérieusement. Parfois, ce qui commence entre un homme et une femme n'est qu'une aventure. Cette histoire durera le temps d'apaiser les doutes. Je continue de travailler pour la télévision et, malgré la misère et la tristesse de mon décor quotidien si pourri, je prépare mon voyage pour Winnipeg. Ma commande c'est de trouver un thème qui reflète cette contrée lointaine, en partant du roman de Gabrielle Roy, *Rue Deschambault*. Libre de toute attache, je plonge seule et pars à l'aventure faire ma recherche.

La rue Deschambault ne m'inspire rien de romanesque. À Winnipeg, je loue une voiture et sillonne ce pays plat. Parfois je rentre le soir découragée, sans idée. Et puis un jour, par hasard, je découvre un petit village, Saint-Claude, entièrement français, d'une émigration qui date du début du siècle. J'interroge les gens et c'est fabuleux de remonter dans le passé de ces femmes qui au début du siècle sont venues s'installer près de la rivière Rouge. Ce documentaire sur le Manitoba, que j'ai intitulé *Les dames de la Rouge*, me vaut le prix Judith-Jasmin.

Pendant ce temps, ma fille écrit des textes dans les journaux et partage un appartement avec des copains du cégep. Je suis souvent invitée aux repas des «Amours impossibles», c'est ainsi que l'on a baptisé les soirées de fins de semaine. J'apporte du vin, de la bouffe et je me sens revivre. J'aime ces jeunes gens et, avec Nathalie, je suis des leurs. Pierre Flynn, Raymond Cloutier, Joanne Arseneau, Normande Juneau. Mon mari vit avec une jeune femme et Boris semble heureux. Bien que j'aie l'air d'une originale, en manteau de vison dans la rue Dorion, j'essaie de convaincre le jeune homme d'emprunter le chemin de la normalité, c'est-à-dire d'entrer à Radio-Canada. Il travaille d'abord au courrier, ensuite au sous-sol dans les décors. Il veut être peintre et je ne décourage pas son ardeur malgré ses excentricités, comme de balancer des œufs sur les murs du salon. Mon jeune ami n'est pas Soutine mais il fera un très joli portrait de moi qu'il m'offrira pour mes soixante-dix ans. Je ne suis pas faite pour la misère. Une fin de semaine, après une dispute avec le jeune homme, Yves de son prénom, je prends mes affaires et retourne dans l'ouest de la ville. En moins de vingt-quatre heures, je loue un deux-pièces au onzième étage d'un immeuble qui me rapproche de la rue Melrose. L'endroit est affreux : des murs blancs, le vide autour de moi, tout ça me donne le vertige. Quand je dors, j'ai toujours l'impression de basculer par-dessus bord.

Noël 1974, André m'invite à passer la soirée en famille, pour faire plaisir à Boris. J'hésite, je suis seule et j'ai le cafard. Pour me donner le courage de retourner dans cette petite maison qui me manque, je prends un cognac. En attendant qu'il soit l'heure, je fixe le moniteur de l'entrée qui sélectionne les inconnus. C'est sinistre. La lumière blême, la pauvreté de mes meubles. Le temps de Noël est sacré, période qui adoucit la vie, même si j'ai choisi le difficile chemin de ma liberté. Je prends ma voiture pour franchir les quatre rues qui me séparent de la rue Melrose et un dingue bourré, sans permis de conduire, me rentre dedans à toute allure. La police accourt, les gens autour de moi s'inquiètent de mon état, mais je décide d'aller voir Boris malgré tout. En sonnant à la porte, je m'écroule, assommée par trop de peur, trop de misère, trop de solitude. Je suis dans cette maison que j'aime tant avec tous ces invités qui m'accueillent avec gentillesse, même André. Ce Noël, je tenais tant à le partager avec mon fils et ma fille. Je ne sais même plus pourquoi j'ai quitté mon mari. Incompatibilité, mon insatisfaction permanente… J'aimais cette maison, elle signifiait la sécurité, le refuge. Je me réchauffe à la lueur des bougies, du foyer, j'observe Boris, entouré d'amies, je ne crains rien pour lui. Sachant que je ne reviendrai jamais, je quitte la rue Melrose, en assumant cette nuit traumatique. Mes hésitations n'étaient qu'une poussée de mélancolie dans la chaleur d'une vraie maison.

Le lendemain, je préviens le propriétaire de mon deux-pièces que je partirai le plus tôt possible. Avec mon jeune ami, nous partons pour Provincetown le premier janvier.

L'année 1975, j'obtiens mon divorce. André vend la maison de la rue Melrose et me propose d'acheter un duplex ensemble. Nous nous réconcilions devant ce projet. Je crois au père Noël. Je suis propriétaire d'un lieu qui ressemble aux Arpents verts. Dans ce duplex, tout est délabré. Mais je suis enfin chez moi. Mon jeune ami me suit et s'installe pour quelque temps. Je travaille pour payer le notaire, les taxes, le chauffage, la peinture, l'achat de tapis, de rideaux, bref plus je paie, plus j'ai la sensation qu'être propriétaire, c'est comme le mariage : une formidable imposture.

Je lis *L'éloge de la fuite*. Grâce à une femme sensationnelle, Huguette Laurent, je fais la connaissance d'Henri Laborit. Ce brillant iconoclaste me fascine, et ça tombe bien, entre nous, ça clique. J'ai l'alibi parfait de demander une entrevue pour l'émission *Femme d'aujourd'hui...* Je me sers de mon travail pour comprendre le sens de la vie, je suis en perpétuel état de recherche. Avec Henri Laborit, il y a d'autres rencontres, du champagne, du caviar, des moments fous, chez moi rue Girouard, chez lui à Paris. *La moins que rien* arrive en rusant à accéder à la connaissance et surtout obtient la confiance et l'amitié de ces êtres d'exception qu'elle a le bonheur de croiser. La télévision m'offre tous les prétextes pour approcher les êtres qui me ressemblent et me substituer à eux. J'aime les artistes et je peux choisir. J'ai aussi un petit talent, celui de reconnaître le potentiel des autres.

Dans une boîte à bijoux, j'ai trouvé un bouton à deux trous. Qui me rappelle Esther Lapointe, une fille sauvage et rieuse à la voix rauque et cassée par trop de cigarettes et de mauvais vin. Sa crinière châtain mêlée de blond, sa minceur et sa façon de rire m'ont séduite à la première rencontre. J'ai pris le bouton dans ma main et je l'ai réchauffé comme je voulais le faire avec cette amie perdue dans le temps. Ce bouton n'est pas ordinaire : gros comme un citron, gris comme de la fumée, et lisse, il est fait de marbre, et d'émotion, je ne m'en sépare jamais. Comment le porter sur moi pour traduire l'amitié et l'immense respect que j'avais pour cette artiste ? Derrière ce bouton satiné, une date, 1977, un nom, Esther Lapointe. Une exposition de son œuvre étrange et fulgurante, sa trousse de boutons et aiguilles géants en marbre translucide. D'une beauté tragique. Esther est sculpteure. Je la rencontre à Montréal mais sa vraie demeure, c'est Pietrasanta, près de Carrare, au bord de la mer bleu marine, en Italie, où elle plante avec aplomb ses aiguilles dans le sable. Sur la place d'une petite ville italienne trône un immense bouton fait de granit. On se retrouve à Paris, à Montparnasse, Esther c'est la joie de vivre, on boit du vin chaud, sur la banquette du Select, on se raconte des histoires de vie, sans fard, avec spontanéité. Esther la travailleuse, la bûcheuse va quitter Paris pour Pietrasanta. Elle a su se faire adopter des autres sculpteurs sur la plage. Nous avons un projet ensemble. Descendre à Carrare et filmer pour *Femme d'aujourd'hui* le travail d'Esther. Tant de talent me réjouit, j'établis une relation affectueuse. On se revoit à son mariage, toujours avec la même bonne humeur, et puis un jour de pluie, sur la route en lacets, en allant vers Pietrasanta, sa vie a dérapé. Ses aiguilles de marbre, ses boutons gigantesques, toute sa trousse de couture sublimée par le marbre demeure la gardienne de son infini talent.

Je disais : « Tu sais, Esther, le marbre c'est chaud quand on le tient au creux de la main. Je pense souvent à toi et je ne veux pas qu'on t'oublie, c'est la raison de ta présence dans le générique de ma vie, comme de celle de Kaki, mon amie suicidée de Saint-Germain-des-Prés. Tu es partie trop tôt, mais ton bouton de marbre est sur le meuble de ma chambre et chaque jour de ma nouvelle vie j'ai une pensée tendre pour toi. Belle, très belle folle ! »

Un après-midi d'hiver, en 1978, je crois rêver en entrant au restaurant Le Script. Vittorio Gassman est assis à une table où il finit de déjeuner. Je m'approche de l'acteur en disant :
— Vous êtes bien Vittorio Gassman ?
Il éclate de rire, surpris d'être reconnu.
— En effet, Madame, je tourne *Quintet*, un film de Robert Altman avec Paul Newman.
J'aime profondément cet acteur, surtout dans son rôle de Fausto, le capitaine aveugle de *Parfum de femme*, le film de Dino Risi. Il a aussi tourné avec ce même réalisateur *Il sorpasso* («Le fanfaron») où il partageait la vedette avec Jean-Louis Trintignant. Et puis, comment ne pas penser aux films d'Ettore Scola... C'est la fin de l'après-midi et il n'y a plus que quelques habitués dans le restaurant. Je suis émue, confondue. Il faut qu'il m'accorde une entrevue.
— Je m'appelle Minou Petrowski et je voudrais faire une entrevue avec vous pour la télévision, est-ce possible ?
— Certainement, mais il faut que ce soit une journée où je ne tourne pas.
Je suis folle de joie. À moi maintenant de convaincre un réalisateur que Vittorio Gassman est un immense acteur et que peu de gens savent qu'il est à Montréal. L'entrevue a lieu dans sa chambre d'hôtel. J'espère le revoir. Peu après cette première rencontre, je dîne un soir avec Vittorio, qui me compare à Juliette Mayniel, une actrice avec qui il a vécu dix ans à Paris. Entre le scotch et le plat principal, il m'affronte et me traite comme une gamine :
— Tu es comme Juliette, tu ne sais pas ce que tu veux. Dans tous nos métiers, il faut travailler.

— Pourquoi me comparez-vous à Juliette, si belle…

— Trop sensible. Si tu veux réussir, tu dois prendre ta vie en main.

— Mais je m'en fous de réussir! Je veux être avec vous, c'est tout!

Vittorio me raccompagne au parking, je ne comprends pas vraiment pourquoi.

— Je ne vous plais pas?

— Tu es une enfant. Je travaille demain sur ce film, je dois monter à ma chambre et réfléchir à toi, écrire sur cette soirée.

Pour moi, il n'y a qu'une explication possible: je ne lui plais pas. Ma rencontre avec Vittorio Gassman me décide enfin à faire un voyage en Italie, l'été suivant. Il y a longtemps que ce pays m'intrigue, surtout Positano. En 1953, André avait disparu en Italie deux mois après notre mariage et m'avait envoyé une carte postale de Positano. «Voilà, je suis heureux, je ne pense pas rentrer à Paris. À un de ces jours…» Et puis il y a Vali, l'Australienne de Saint-Germain-des-Prés qui vit maintenant dans la montagne et vend ses tableaux un peu partout. Tout le village la connaît, on a même fait un film sur elle intitulé *Vali, la sorcière de Positano*. Elle grimpe dans la montagne comme une biquette, et vit, prétendent les gens, dans un arbre, mais on ne la voit jamais au village. Avec Yves, le garçon qui partage ma vie, j'ai le goût d'explorer l'Italie et Positano. À Rome, Via Margutta, je trouve une trattoria à l'ombre. Assise contre le mur de pierre, je déguste des sardines grillées. Avant de quitter Montréal, Vittorio Gassman m'a laissé son adresse à Rome.

— Si tu viens en Italie et si je suis là, ça me fera plaisir de te revoir.

C'est ainsi que je débarque à la villa de Vittorio, ma valise à la main. À voir l'affolement de son agent, je comprends que Vittorio a sûrement mentionné mon nom. Il agite les bras dans tous les sens et s'écrie:

— Il est parti, il est parti! en roulant les *rrrr* et avec des yeux exorbités. Il marmonne:

– Il est en Sardaigne avec toute sa famille... pour long-temps!

Je suis morte de rire. Pauvre homme, il a dû croire que je débarquais pour toujours en voyant mes valises. Je m'installe avec Yves à l'hôtel Caravaggio, près de la Piazza di Spagna. Rome, avec sa beauté, son élégance, me convient parfaitement. Les femmes et les hommes sont d'un tel chic que je reste avec Yves des heures entières à la terrasse des cafés. Il apprécie lui aussi et trouve que Rome ne ressemble en rien à la Petite Italie de Montréal.

Un après-midi, alors que je suis assise sur les marches de la Piazza di Spagna, un jeune homme en costume bleu marine m'interpelle.

– Madame Petrowski?

– Oui? fais-je en clignant des yeux.

– Police, me dit-il en me montrant son insigne.

Je suis tellement surprise que je ne réagis pas.

– Qu'est-ce que vous faites à Rome?

– Je suis en vacances, pourquoi? Et puis comment savez-vous mon nom?

– Votre fille s'appelle bien Nathalie?

– Oui mais qu'est-ce que ma fille a à voir avec vous?

– C'est elle qui m'a dit que vous étiez à Rome.

Je ne m'affole pas facilement, mais j'avoue que cette cu-rieuse rencontre avec ce jeune flic en civil me donne froid dans le dos. C'est l'époque des Brigades rouges et de l'enlèvement du ministre Aldo Moro. Or, ma fille fréquente à Montréal un pro-fesseur qui a été plus ou moins proche des Brigades rouges. Il est fiché et j'en déduis que moi aussi.

– Soyez prudente, évitez certains endroits seule... Nous veillons sur vous. Il redescend les marches de la Piazza et s'éloi-gne en souriant et en me faisant un signe de la main.

En juillet, Rome est une ville étouffante, sans air condi-tionné. Je passe des après-midi dans la baignoire en attendant que les magasins ouvrent vers cinq heures. Malgré cette étrange rencontre, je ne change pas mes plans de voyage. Après Rome et Naples, Positano. Je m'installe avec Yves dans un magnifique hôtel qui surplombe la mer du haut de ses cent cinquante marches. La chambre, avec ses meubles anciens, ses draperies de velours ainsi que sa salle de bains de marbre vert, est royale et notre terrasse dissimulée sous les bougainvilliers est une splendeur. Cette chambre de luxe est hors de prix mais je suis avec Yves, toujours aussi généreux avec moi et qui semble enfin avoir chassé ses idées noires. Tous les matins, nous descendons à la plage de galets pour y passer la journée. Un vieux pêcheur offre de nous emmener, dans sa barque, visiter les grottes où on plonge dans une eau si verte qu'elle semble artificielle. Parmi les clients, essentiellement des Italiens, on retrouve beaucoup de Milanais. Je repère un couple, une très jolie femme brune, couverte de bijoux, des yeux furieux, une voix pointue et nasillarde, accompagnée de ses deux fils, blonds comme leur père, et celui-ci, la quarantaine alerte, grand, bronzé, les yeux verts, le regard indiscret. Il se balade de la plage aux cabines, avec insistance. Je me dis qu'il s'ennuie profondément avec sa bonne femme ou alors qu'il cherche à se faire voir. Chaque fois que je vais au comptoir du bar et que je discute avec Andrea, le plagiste, il se trouve près de moi, pour des allumettes ou un verre de limonade. J'adore les faux prétextes, ça se sent de loin et je les encourage. Pendant des journées entières, on se croise en se souriant sans s'adresser la parole. Un jour pourtant, alors qu'il sort de la douche et qu'il vient à ma rencontre, il frôle ostensiblement ma cuisse et j'attrape sa main, la retenant malgré lui. Sa femme se retourne brusquement, comme si ce geste l'avait brûlée. Cette situation trouble me plaît infiniment et fait sourire Yves car elle évolue constamment. Le désir entre nous est palpable sans que rien y paraisse, seule sa femme est aux aguets. Cela distrait Andrea, le plagiste, qui a remarqué le manège entre nous. Je décide de passer aux actes demain. Je profiterai d'un moment d'inattention pour le prendre par la main et l'emmener en haut des cent cinquante marches, le pousser dans ma chambre où l'on fera l'amour à l'insu de tous. Personne sur la plage ne sait où est notre hôtel. Ce même soir, il se promène sur le quai, flanqué de ses deux fils, sans sa femme. Il me dévisage sans sourire. Je porte une robe longue noire ornée de motifs floraux couleur tilleul et vieux rose, les épaules dénudées, les yeux trop fardés. Je savoure ce moment où je sens le pouvoir que j'ai sur le désir de cet homme. Les enfants s'ennuient, veulent des *gelati*. Plus ils s'impatientent, plus l'homme me fixe comme si j'allais disparaître. Il reste figé, avec ses yeux pâles, sa chemise ouverte sur sa poitrine imberbe et bronzée. Je frissonne devant tant d'intensité. Plus tard, je vais avec Yves danser dans la seule discothèque de l'endroit, creusée à même le roc, là où le Tout-Positano se retrouve, y compris Anthony Quinn, sa femme et leur fils. Le lendemain, je descends le long escalier qui mène à la plage et m'allonge sur un matelas, fébrile et heureuse. Andrea se penche vers moi et me demande si je veux aller en bateau. Je fais non de la tête, sans me retourner. Plus tard, lorsque le soleil devient trop brûlant, je cours me jeter à l'eau. C'est ce que je préfère, l'insupportable brûlure puis la fraîcheur de l'eau comme une récompense. Vers midi je retrouve Andrea au bar. C'est la seule personne qui parle français.

— Il n'est pas là, le type de Milan ?

— Il est parti. Ce matin, il est venu seul pour faire une balade en bateau. Je vous l'ai proposé, mais vous dormiez…

— Il est reparti à Milan ?

— Oui, finies les vacances.

Andrea n'ajoute rien. Je suis furieuse contre moi, ma nonchalance et ma fausse certitude. Il était venu seul peut-être pour me dire au revoir, ou pour me prendre dans ses bras, loin de la plage, sur le bateau du vieux pêcheur. Il m'arrive encore de penser à cet été de 1978, au type de Milan. Avec son corps d'homme riche, ses cheveux pâlis par le soleil, ce maillot noir qui moulait son sexe gonflé comme une promesse. Ces rencontres fugitives se sont imprimées si fortement en moi, étaient si nécessaires à mon existence dérisoire, que j'ai projeté les mêmes désirs dans mes rencontres avec les acteurs, les actrices, les cinéastes, en toute légitimité. Je leur volais un peu de leur âme puisque je ne pouvais posséder leur corps. Femme silencieuse, je suis devenue celle qui récolte les mots comme si c'étaient des caresses. Le désir est mon moteur, il a toujours été présent et nécessaire, ce n'est pas seulement séduire, ou plaire, c'est plus vibrer dans le regard de l'autre. Être désirée seulement une heure, cela suffit, c'est l'oxygène de la vie, sinon j'étouffe, je m'éteins. Est-ce que l'homme de Milan me reconnaîtrait aujourd'hui ? Je cherche encore la reconnaissance du regard, et puis les jours, les mois ou les années passent et il faut prendre le risque de manquer les rendez-vous, accepter les absences, les obstacles, les oublis… Mais chaque fois, le désir se faufile à nouveau, un autre acteur, une autre cinéaste, un autre musicien, un autre film. Cela ne me fait pas peur, parce qu'il n'y a pas de fin, le désir est un mouvement perpétuel.

1980. Ailleurs… j'ai envie d'aller me perdre au bord de la mer en ce samedi triste et froid de juillet au Danemark. Avec Rachelle, une collègue de travail, je roule en Volvo pour rejoindre le ferry et passer en Suède. Arrivant trop tard le long de la Baltique, nous cherchons un hôtel. Rachelle et moi couvrons pour la télévision de Radio-Canada la IIe Conférence mondiale sur les femmes, à Copenhague, sous l'égide des Nations unies. C'est un moment historique, nous assistons aux ateliers qui portent sur l'évaluation des progrès accomplis depuis la Ire Conférence en 1975 à Mexico. Dans les couloirs de l'immense salle des Congrès, des milliers de femmes se croisent, discutent, toute la journée. Les gouvernements s'engagent à permettre l'éducation sans distinction de sexe, à offrir aux femmes les mêmes chances d'accéder au pouvoir et à l'emploi, et promettent d'assurer la sécurité et la santé des femmes et des enfants. Ces discours, je les ai entendus mille fois et je n'y crois guère. Alors qu'à l'autre bout de la ville se déroule une conférence parallèle qui accueille les femmes de tous les pays en guerre, qui sont venues, malgré leur pauvreté, pour témoigner de leur vécu. Mais, là-bas, loin des caméras, des journalistes, personne ne les écoute. J'ai tenté de faire comprendre que c'était là qu'il fallait être. La seule place que je revendique est parmi les Ukrainiennes et les Argentines, les mères de la Place de Mai. On me dit que je suis influencée par cette propagande et que je dois m'en tenir à l'Histoire officielle.

Cette fuite ratée vers la Suède pour la fin de semaine n'apaise en rien la colère immense que j'éprouve. Je suis en guerre contre la rectitude. Nous finissons par trouver un coin pour dormir.

L'hôtel est un vieux palace aux rideaux de brocart fripés et aux dorures défraîchies, le dîner dansant est servi à sept heures et notre chambre donne sur la Baltique. Cette nuit-là, je reste assise sur le balcon, frissonnante, les yeux noyés de larmes devant cette mer grise qui me chavire le cœur. Inconfortable sur ma chaise de fer, je me promets de ne pas céder aux convenances. Je choisis le camp subversif, mais je sais que j'ai raison, que le vrai voyage est du côté des protestataires et qu'il faut davantage écouter le récit déchirant de ces femmes plutôt que d'assister à ces réunions de salon inutiles. Les reportages n'ont aucun intérêt, ils déforment le sens de l'Histoire. Je veux extraire la vérité, faire dire ce que personne ne veut entendre. Devant ce ciel plombé, cette mer froide, moi qui me perçois comme une fille du Nord profondément méditerranéenne, je réalise que je n'arrive à convaincre personne. De retour à Copenhague, au Scandinavian Hotel, je prends la décision de quitter la télévision. Être là au moment opportun et être privée de rapporter les revendications essentielles de ces femmes me paraît une fois de plus une imposture. Je ne veux pas changer le monde, je veux montrer la souffrance de ces enfants dérobés à leurs parents, celle des mères dont on a volé les vies, alors qu'on ne parle que de projets de loi, de conneries savantes. Mon séjour à Copenhague s'achève dans une rage profonde. Je sais que je ne gagnerai pas.

Mes rapports avec la télévision battent de l'aile, l'indifférence que je ressens à mon égard me déplaît. J'ai la sensation de n'être jamais acceptée, ni valorisée. Mes cauchemars d'enfant négligée surgissent de nouveau, et je me balade encore avec mon petit banc dans un coin de ma mémoire. Le verdict tombe un après-midi dans mon salon de la rue Girouard par l'entremise du téléphone.

— Je voudrais parler à Mme Petrowski.

— C'est moi, pourquoi ?

— Voilà, je suis l'administrateur de l'émission *Femme d'aujourd'hui*. Vous savez que la télévision doit se rajeunir, évoluer et je voulais vous dire que nous avons apprécié votre travail, mais nous n'avons plus besoin de vos services.

Je suis atterrée. Cette émission est le centre de ma vie. Comment peut-on dire à quelqu'un : nous n'avons plus besoin de vous, dehors... Je ne sais pas vers quoi me tourner, où aller, je suis seule. Il faut absolument que je trouve une idée. Je tâte du journalisme écrit avec une profonde anxiété, je ne crois pas en ma capacité d'écrire, les romans ne sont pas une preuve et surtout je ne suis pas à la hauteur du talent journalistique de ma fille, dont la perception du monde est limpide et le style, décapant. En lâchant l'écriture en 1970, j'ai choisi l'image, mais l'image est plus éphémère que les mots.

C'est une période intermédiaire, je croule sous les dettes, la maison est un gouffre financier, le travail se fait rare, je ne m'en sors pas. 23 juin 1981. « C'est l'hiver à San Francisco », fredonne un chanteur populaire pendant que je me sens perdue à Montréal, à l'aube de mes cinquante ans. Le lit devient le refuge de ma peur grandissante. Je suis embauchée au *Journal de Montréal* comme surnuméraire pour trois semaines. Je fais de petites piges à gauche, à droite, rien de sérieux. Je croyais que le lieu où je vis deviendrait permanent. Hélas, je suis une sempiternelle itinérante, locataire de mon existence. À bout de souffle, je vends le duplex l'année suivante. J'emménage seule dans un bel appartement, rue Harvard. Je suis comme les chats, j'ai plusieurs vies. Celle qui commence a un goût d'aventure, de soleil et de sel mais je l'ignore encore. Pour l'heure, j'ai été engagée dans une station de radio privée dans les Laurentides, CIME FM, où je prépare quatre heures d'antenne, les fins de semaine. Je découvre la radio avec autant d'enthousiasme que de détermination. Je crois à la culture internationale, même si j'appuie les talents d'ici avec ferveur, les cinéastes comme les acteurs. Je veux qu'on me prenne au sérieux dans ma démarche spécialisée en cinéma et en littérature. C'est la place qui me convient. La continuité des rencontres, c'est la seule façon de m'aimer un peu...

De 1931 à 1982, entre mon enfance et ma vie adulte, quelle enjambée fantastique par-dessus l'Atlantique, j'en éprouve un léger vertige. Sans diplôme, je parviens à force de recherche, d'observation et de vécu à m'insérer timidement dans le système. Cette station de radio miniature m'offre une formidable liberté; en revanche, elle ne m'apporte aucun soutien financier. Mais grâce à son antenne, je fais une demande pour assister au Festival de Cannes; en remplissant le formulaire, j'ai la trouille, on ne s'improvise pas professionnelle du jour au lendemain et la demande passe par les officiels. J'ai seize ans de télévision derrière moi, un grand nombre d'entrevues avec des artistes, mais j'ai besoin de l'accord de la radio FM pour cautionner mon travail. Les semaines d'attente sont fébriles, je ne sais pas trop dans quoi je m'embarque, mais ce qui prime c'est revoir la Côte tout en ayant le plaisir d'y entrer par la grande porte.

Je reçois la lettre tant attendue: je suis invitée comme journaliste radiophonique par le Festival du 14 au 26 mai 1982, logée pour une durée de douze jours, le reste, avion et *perdiem* sont à mes frais.

Peu de gens connaissent alors la portée du Festival de Cannes. Je suis folle de joie à l'idée de vivre cette expérience. J'ai en tête de radiographier la Côte d'Azur pour les auditeurs. Mon ami Henri Laborit m'offre mon billet d'avion, en me disant: «Ce n'est tout de même pas une question d'argent qui va contrecarrer ton désir d'aller à Cannes! D'ailleurs, ajoute-t-il, c'est un investissement!»

Je reviens à Nice pour la première fois depuis mon départ en 1952. À l'époque, je voulais oublier cette ville, j'avais cessé de l'aimer. J'aime les villes comme les hommes, avec autant de passion que de détachement.

En 1982, parée de ma nouvelle identité, j'ai hâte de retourner voir et sentir ce que je suis devenue. Avec mon passeport canadien et mon nom de femme mariée, le seul nom de famille que je respecte, je rentre enfin chez moi. Le Festival m'a placée pour quatre jours dans un endroit idyllique: l'Hôtel de Provence. J'ai les larmes aux yeux en pénétrant dans le jardin, je retrouve intacts tous les effluves de mon enfance, glycines, bougainvilliers, géraniums. Il fait un temps magnifique. Tout juste arrivée, je n'ai pas encore eu la chance de voir la mer. Ma chambre, le n° 14, donne sur une terrasse. J'ouvre les portes-fenêtres. C'est un pur bonheur, au fond de mon cœur, je remercie tendrement Henri Laborit. Sur ma table, Gali, la propriétaire, a posé un bouquet de roses trémières, avec un petit mot de bienvenue. J'ai de la chance et je l'apprécie.

À Cannes, j'assiste en tant que journaliste québécoise à l'ouverture protocolaire de ce 35e Festival, retrouvant les palmiers de la Croisette, les lauriers roses. Il fait trente degrés. Sur la Croisette, côté mer, je suis enfin chez moi, tout émue par cette beauté naturelle.

Pour le 35e anniversaire, on nous donne un petit sac de toile, et j'achète de mon côté la première montre du Festival, elle est bleue et indique les jours.

Installé pour la dernière fois au Palais Croisette, le Festival bénéficie d'une affiche de Fellini. Gabriel Garcia Marquez fait partie du jury, je suis éblouie, mon cœur bat, tout cela est nouveau pour moi. Je me réjouis d'autre part de retrouver instantanément le langage de la Côte, cette façon un peu brutale de trouver sa place, et également de pouvoir partager avec mes collègues du Québec l'endroit où j'ai grandi. Et puis il y a cette impression naïve que ma présence à Cannes marque une sorte de revanche. La fille de nulle part, celle qui ne ferait rien dans la vie, victime de moqueries qui ont creusé des cicatrices profondes, est de retour. Si je ne connais rien au déroulement de l'événement, je connais bien le territoire, et les grands hôtels, les plages des gens riches, le star-system n'ont aucun secret pour moi. J'appartiens à cette fabulation, Cannes est mon pays. Alors que la majorité des journalistes autour de moi fulminent, cherchant à comprendre, je me prélasse au Blue Bar comme une habituée de toujours. La joie m'autorise toutes les audaces, personne ne peut me faire mal et les humiliations des attachés de presse me font sourire. Je suis entourée de collègues et je dilue mes vieilles peurs dans le champagne.

« Rendez-vous au Palm Beach, pour un déjeuner en plein air », était-il écrit sur mon invitation. Le Palm Beach, c'est une immense salle de fête, de rencontres et de jeu, tout au bout de la Croisette. Ce midi, un mistral violent se lève sous un ciel nuageux, la mer au loin est démontée. On a dressé sur la terrasse d'immenses buffets pour quinze cents personnes, tous des gens du milieu cinématographique. Le vin et le champagne coulent à flot. Des agneaux entiers sont déchiquetés en peu de temps par des journalistes affamés. Quant à moi, je suis trop grisée par le vent, le vin, la foule et ma carte d'accréditation pour avoir faim. Entre ciel et nuages, je fais la connaissance d'une femme extraordinaire pour la nouvelle venue que je suis, et qui deviendra une amie très chère, Louisette Fargette. En 1982, c'est une grande dame de la presse, infatigable, distinguée et dotée d'une incomparable mémoire. Elle jette un œil à ma carte et me demande :

– C'est vous, Minou ?

– Oui Madame.

– Bon Festival !

Chaque année jusqu'à son départ, de 1982 à 1998, je fais une courte entrevue avec elle, pour le plaisir de m'asseoir dans son bureau. Elle s'informe toujours de ce que je pense, et j'ai la sensation que c'est bien à moi, Minou, qu'elle s'adresse et non à une journaliste du Québec. Son prénom de midinette me fait sourire. Louisette, c'est la diplomatie, l'aisance et la connaissance des autres, mais aussi le pouvoir. Elle me plaît en tant qu'être humain et non par intérêt. Je suis toujours émue lorsqu'elle m'appelle d'un geste de la main ou en lançant mon nom : Minou, du haut des marches devant quatre mille journalistes, c'est une sensation indescriptible. Louisette a adopté spontanément une jeune débutante éperdument heureuse. Dans mes yeux qui brillent, elle peut lire ma dévotion et combien elle me fait du bien ; je suis sûre qu'elle a compris ma passion sincère pour le cinéma. De l'ancien Palais, voisin du Blue Bar, je ne connais qu'une seule année, la première, la plus belle. Après le film du matin, je vais au bureau de presse, apprendre et comprendre. Les journalistes chevronnés ne donnent pas leurs codes d'accès mais le rituel s'installe immédiatement.

Je vis pleinement, j'ai la sensation que s'il ne me reste plus que ces douze jours à vivre, alors je serai comblée. Avec un équipement rudimentaire, j'enregistre les sons, la mer, les accents, je photographie les amis, je veux les preuves de mon passage. Le Festival de Cannes m'a toujours offert la possibilité d'être durant un court moment une personnalité empruntée, de la même façon que l'on pare une star d'une robe du soir avant qu'elle ne monte les marches du Palais. Être accrédité, c'est détenir le vrai passeport de la reconnaissance, en plus j'ai la pastille dorée, celle qui ouvre les portes du Palais. Moi qui ai grandi sous ce ciel bleu pâle, anonyme, brusquement, trente ans plus tard, je foule la Croisette, ma carte de journaliste au cou, je m'affiche avec une joie profonde et la certitude d'avoir transgressé tous les interdits. Dans les rues de Cannes, j'enjambe le temps avec allégresse, je surfe de ma jeunesse à ma vieillesse avec insouciance. Au bar du Majestic je croise Daniel, cet acteur qui débutait dans les années 1950 ; avec son visage de fouine, sa morgue habituelle, il m'aborde d'un air méprisant...

— Qu'est-ce que tu fous ici ?

— Et toi ?

Trente ans nous séparent et il s'adresse à moi comme si notre jeunesse faisait partie du présent.

— Tu es toujours acteur ?

— Je suis acteur et producteur.

Ce Daniel qui m'avait connue jeune fille retrouvait une femme mûre sans sourciller le moins du monde. Il lorgne ma carte de journaliste et pouffe de rire.

— Toi, tu es journaliste ? C'est plutôt marrant.

— Pourquoi ? ai-je demandé.

— Il me semble que tu foutais rien, à Nice, autrefois !

C'était comme revenir à la case départ. Je sors du Majestic et me réfugie à La Potinière en attendant le film de sept heures. J'ai dans la tête les images d'une soirée sordide à Cimiez, une soirée de fête qui a mal tourné. De revoir Daniel après toutes ces années, je me sens triomphante car lui aussi m'avait humiliée et ma position à Cannes est bien la preuve que tout a changé, aujourd'hui je suis son égale alors qu'il m'avait ridiculisée devant ses copains et avait tenté de me violer. En me reconnaissant sans surprise, il gomme les années et me renvoie à cette image de la Victorine, où je m'étais cassé le nez contre une porte close, aux films publicitaires sur la plage de Nice, à mes premières figurations. Dans son regard, il n'y a rien d'amical, a-t-il fait en un clin d'œil un bilan de sa vie ? Que se rappelle-t-il de moi ? La soirée à Cimiez ?

Ce qui me fascine toujours dans l'existence ce sont les destins qui se croisent, les retours en arrière... J'efface ce mauvais goût de rancune en allant voir des films matin et soir. Ça, c'est un vrai bonheur. Le vieux Palais se trouve à trois minutes de l'hôtel ainsi que du café légendaire connu des artistes du monde entier, le Blue Bar, où règnent Georges et Marius, les serveurs. Les déjeuners de presse se déroulent sur la plage, pieds nus dans le sable, avec langoustes, salade norvégienne, rosé du Domaine d'Ott. Comme récréation, c'est divin. Je me sens jeune, belle et riche, et surtout protégée par mes copains, parmi lesquels Franco, avec qui je vais travailler en duo durant presque vingt ans. Il est journaliste au *Journal de Montréal*. Il écrit, moi je questionne. À l'hôtel de Provence, les habitués prennent un verre le soir au jardin, les tourterelles me réveillent à quatre heures du matin, piquent mon croissant dans mon assiette et se comportent en princesses mal élevées. Après quatre jours de bonheur au milieu des magnolias et des bougainvilliers, je quitte ce havre de douceur, ma chambre à l'hôtel de Provence est retenue par Jean Lefebvre, directeur de Téléfilm. Je déménage donc, pour cette fois-ci, au Century, modeste hôtel sans charme au bout de la rue d'Antibes, mais j'ai établi des liens avec les propriétaires de l'hôtel de Provence, Jean-Lou le Niçois et Gali, sa femme, qui est autrichienne. Durant des années, nous programmerons ces rendez-vous annuels. Une chambre à l'hôtel de Provence, ça vaut de l'or et lorsqu'un nouvel arrivant demande :

– Pour l'année prochaine, auriez-vous une place ?

Jean-Lou répond avec son bel accent :

– À moins qu'un de mes journalistes décède, c'est complet.

Cet hôtel est un lieu sublime où, durant les festivals, nous profitons chaque soir de la bonne cuisine de Jean-Lou et du goût parfait de la belle Gali – ses bouquets sont de vraies sculptures de fleurs. Les moments les plus intenses, les plus enivrants, je les ai vécus dans ce décor harmonieux. Le jardin, entretenu avec amour, est à lui seul un personnage qui nous accueille le soir à la lueur des photophores, c'est là qu'on discute des films qui soulèvent passions et controverses, la synchronisation parfaite du plaisir et du savoir. Sous le ciel pur de Cannes, j'observe une de mes idoles, le cinéaste Rainer Werner Fassbinder, caché derrière ses lunettes de soleil, le visage luisant. Il reste des heures appuyé à l'entrée du bar ou accoudé à l'intérieur avec ses copains, mystérieux, absent. Malgré les trente degrés, il porte son ensemble de cuir. Je me dis qu'il doit étouffer par une chaleur pareille, sous cette lumière crue. J'aimerais lui parler mais il m'intimide et une trop grande pudeur me fait reculer. Le Festival de 1982 sera le dernier de Fassbinder ; le géant du cinéma allemand allait mourir la même année.

Après le film de huit heures et demie, on court à la conférence de presse, puis on redescend au Blue Bar.

Nous allons de rencontres saisissantes en bises échangées en vitesse. Je n'ai pas d'argent mais je suis entourée et on ne parle que de cinéma, de nos attentes, *Fitzcarraldo* de Werner Herzog, *La nuit de Varennes* d'Ettore Scola, qui scandalise les Français : comment peut-on parler de la Révolution française quand on est italien ? La Révolution appartient aux Français, qu'on se le dise !

J'ai rendez-vous avec Jean-Louis Barrault, qui tient le rôle de Restif de La Bretonne dans *La nuit de Varennes*. À midi et demi, je suis au Grand Hôtel, en avance comme toujours. J'attends un long moment, puis je commence à m'inquiéter. Je cours au Carlton, bien décidée à faire tous les hôtels pour retrouver l'acteur ou son attaché de presse. Jean-Louis Barrault est là, furieux, il me traite de tous les noms.

— Vous êtes incompétente, vous êtes nulle!

Je me confonds en excuses mais il m'envoie promener. Alors je le supplie d'être indulgent.

— Je vous en prie, donnez-moi une autre chance…

— Je pars ce soir, et puis, non, tant pis, vous m'emmerdez!

— Peut-être, dis-je, mais quand vous me parlez sur ce ton, vous ressemblez drôlement à votre personnage, Restif de La Bretonne, agressif, pas sympa.

— Bon, d'accord… Cinq heures cet après-midi au bar du Carlton.

Je ne me le fais pas dire deux fois. À cinq heures pile, je me pointe au bar, Jean-Louis Barrault est entouré de jeunes femmes toutes très jolies, il est de fort bonne humeur et se prête volontiers à l'entrevue, il a tout oublié de notre altercation du matin. Pour moi, c'est une victoire, je dois me faire aux caprices des vedettes. Lorsque je lui demande :

— Ce sont les jeunes filles autour de vous qui ont chassé votre mauvaise humeur?

Il me répond avec un charme incroyable :

— Vous ne saviez pas? Je suis un petit coquin!

Il est onze heures, c'est un matin idéal pour faire des entrevues. Franco et moi, nous avons rendez-vous avec Jean-Claude Brialy dans une villa somptueuse de l'arrière-pays. Tous les volets sont clos, le jardin qui descend en espalier, couvert de fleurs, est invitant. Dehors, une table de marbre et des chaises nous attendent. Soudain, une porte-fenêtre s'ouvre et un homme, torse nu, une simple serviette de bain autour des hanches, nous accueille avec emphase.

— Les journalistes! Un instant, je m'habille et je suis à vous.

Nous prenons place sous les oliviers. Je prépare le son, Franco ses notes, et notre hôte apparaît, vêtu d'une chemise blanche, d'un pantalon foncé, un haut-de-forme sous le bras, accompagné d'une bouteille de champagne.

— C'est l'heure de trinquer! dit-il.

Pour moi, tout est naturel, cette villa, le champagne, la table en marbre, les oliviers, et un acteur intelligent, Brialy, qui nous parle d'Ettore Scola et de l'accueil mitigé fait par les journalistes au film *La nuit de Varennes*.

– Cannes est parfois cruel pour les cinéastes, dit-il.

Je suis parvenue à réconcilier les deux mondes que j'avais le désir profond de réunir : ma Côte d'Azur et ce pays que j'ai choisi, le Québec. Si seulement le public parvient à aimer ce que je veux lui traduire, alors tout cela ne sera pas vécu en vain. Le soir du palmarès, la Palme d'or est décernée à l'unanimité à *Missing* de Costa-Gavras et à *Yol* d'Yilmaz Güney, film turc dont le réalisateur est sorti clandestinement de prison pour venir présenter son film. Faut le faire. Réfugié politique, Yilmaz Güney s'exile à Paris. Le dernier soir, c'est la somme de toute l'effervescence de ces douze jours, pleins d'émotion, de colère parfois, de gravité aussi. Un dernier tour sur la Croisette, un dernier verre au Blue Bar, ou au Petit Carlton, et la promesse qu'on se fait entre collègues de se revoir l'année prochaine, si tout va bien…

En rentrant à Montréal, je ne suis plus tout à fait la même, j'ai goûté au grandiose, fait des rencontres prestigieuses : Brialy, Skolimowski, réalisateur de *Moonlighting*, les frères Taviani, Jean-Louis Barrault, des noms que je prononce avec bonheur. J'ai fait la connaissance de Jean-Lou et Gali de l'Hôtel de Provence, et je ramène un bon lot de dossiers de presse et des cassettes pleines de jolis bruits.

En attendant, je n'ai pas de travail stable mais j'écris quelques chroniques brèves. Je me sens fébrile, avec cette certitude naïve que je peux partager ma joie d'avoir été là où il fallait être. Élargir l'horizon, ouvrir les esprits, avoir toutes les audaces. Je ne pense qu'à cela. J'ai enfin trouvé un sens à ma vie professionnelle : vivre par procuration dans la fiction des autres, côtoyer les artistes, entrer dans l'écran et aller jusqu'au bout de mon désir. Exister, enfin. Je me fie à mon instinct. Avant Cannes, il y avait le festival de Montréal, que je couvrais régulièrement pour la télé, mais rien n'est comparable à Cannes. Lorsqu'on entre dans le cercle magique des festivals, on se doit de pousser la recherche, plus loin, plus fort ou ailleurs. Francine Laurendeau, journaliste au *Devoir* et réalisatrice à la radio de Radio-Canada, couvre depuis plusieurs années le festival de Berlin. Nous sommes amies et le cinéma nous réunit. Elle, c'est la perfectionniste, moi la brouillonne. Francine m'incite à m'inscrire à ce festival. Le directeur, Moritz de Hadeln, accède à ma demande. Je suis logée pour douze jours, et je bénéficierai de tickets-repas. Il me reste à trouver le billet d'avion. J'emprunte.

1983 marque le retour des vedettes berlinoises qui se sont exilées pour la plupart en Amérique en 1933, lors de la montée du nazisme. Ils sont six, trois femmes, trois hommes. Une seule ne pourra être au rendez-vous, Elisabeth Bergner, pour cause de maladie. Parmi eux, Dolly Haas et Curt Bois sont dans l'avion de la British Airways, Dolly Haas est près de moi, elle m'intrigue avec son vison clair, ses lunettes noires, son chapeau à la Garbo et ce léger parfum de célébrité qu'elle porte dans l'anonymat le plus intime. À quoi pense-t-elle? Que représente ce retour à Berlin dont la mémoire s'inscrit sur des ruines et le partage d'une ville? Lors de son départ en 1933, Dolly Haas et ses compagnons ont pris le train dans une gare située aujourd'hui à l'Est. C'est la première fois qu'elle revient à Berlin depuis cinquante ans, par l'aéroport de Tegel, à l'Ouest! Que reste-t-il des années 1930? Quelques films, une rétrospective organisée par le Festival pour les stars de l'oubli. Curieusement, le dernier film de Dolly Haas s'intitule *I Confess* d'Alfred Hitchcock, avec Montgomery Cliff et Gilles Pelletier, tourné à Québec en 1953. Ce qui pourrait nous rapprocher nous éloigne; visiblement, de par son maintien, Dolly Haas ne veut pas être dérangée. Je suis troublée parce que ce premier voyage n'est pas innocent. Il y a le cinéma, bien sûr, mais Berlin signifie plus pour moi. Il y a eu Kiel, en 1972, avec mon amoureux allemand, et cette fois-ci une confrontation avec l'Allemagne durant douze jours.

À l'arrivée, Moritz de Hadeln, le directeur du Festival, nous attend. Je regarde Dolly disparaître dans une limousine, et je suis dans le cirage. Il bruine, mon hôtel se trouve sur le Kurfürstendamm, près de la gare du Zoo, je pense à Fassbinder et au film bouleversant qui a pour nom *Le droit du plus fort*. À cette héroïne : *Moi, Christiane F., 13 ans, droguée, prostituée.* Toutes ces histoires fortes prennent corps dans le quartier où j'atterris. Les lieux me troublent, je suis perméable au passé. Tout Berlin est chargé de drames. Je connais mal mon rapport inconscient avec l'Allemagne et je dis de Berlin : « Je me souviens d'une ville que je ne connais pas. » Dans la Budapester Strasse, premier repérage, il fait froid. Trouver le centre de presse, où je dois retirer mes tickets-repas, ensuite chercher le Zoo Palast où se déroulent les projections. Retourner à l'hôtel. Ma chambre donne sur la Budapester Strasse et le Zoo, c'est simple, confortable et j'adore la couette de mon lit. J'établis rapidement un parcours que je sillonne avec application chaque jour. Le petit-déjeuner étant compris, je me gave de harengs marinés, de charcuterie, de pain noir et de thé fort. Ensuite, c'est la projection au Zoo Palast à deux pas de l'hôtel et ma place préférée est derrière la rangée du jury. Je suis toujours la première à me faufiler pour entrer au cinéma. Prête. Après la séance de huit heures, je fais un tour au centre de presse, c'est l'occasion de se faire voir et de contacter au Marché du film les représentants de chaque pays. Avec mes tickets, je prends un café, tente d'obtenir des entrevues pour l'après-midi. Je suis là pour cette raison : rapporter de l'inédit. J'ai un coup de téléphone à donner au Canada, une petite chronique de quatre minutes à l'émission de radio *La vie quotidienne*. Ce sont mes premières armes, trouver des images qui feront voyager les auditeurs. Après le visionnement de *Pauline à la plage*, d'Éric Rohmer, je réunis Arielle Dombasle, qui joue Marion, Pascal Greggory, dans le rôle de Pierre, et Féodor Atkine, qui interprète Henri, dans un coin du Marché du film. Nous nous sommes installés pour une entrevue chorale, en fait, il ne manque que Pauline et Rohmer… Très vite la conversation prend le relais du film, Arielle et Pascal s'affrontent gentiment comme dans le film alors que Féodor Atkine a la sagesse de la maturité. C'est un plaisir de les entendre défendre chacun leur personnage… On ne peut pas avoir plus belle analyse d'un film que par ses acteurs. C'est un moment de joie. Sur la place du Kaiser, le ciel devient rose, c'est la fin de la journée. J'aime bien aller au centre de presse. Les gens des pays de l'Est ont double ration, pour les tickets-repas. C'est aussi curieux de voir les visiteurs russes se promener en groupe dans les salles avec leur visa d'une journée et de savoir qu'ils retourneront à Berlin-Est le soir... Lorsque je termine l'entrevue, je rentre à l'hôtel Palace euphorique et je me récompense avec un verre de barak palinka, c'est doux, fort et tonique, dans le bar tapissé de miroirs aux fauteuils de cuir noir. J'aime y faire le point de la journée. Le lendemain, retour au Zoo Palast. Les portes claquent dans le couloir du centre de presse à Berlin en ce mois de février, les courants d'air me glacent. C'est le seul endroit où je vais pouvoir rencontrer un acteur qui m'intrigue, Mathieu Carrière. Avec son écharpe rouge et sa gabardine beige, il sort de l'écran de *Benvenuta*, du réalisateur belge André Delvaux ; il y tient le rôle d'un scénariste qui doit faire parler une femme mystérieuse, Françoise Fabian, à propos de son personnage dans *Benvenuta*, joué par Fanny Ardant.

À cette époque-là, mon but c'est de faire parler l'acteur ou le metteur en scène d'une manière vraie et sensible. Mathieu est un garçon intelligent qui voit très bien où je veux en venir. Et je lui dis :

– C'est impossible que la rencontre ait lieu.

– Pourquoi ? m'interroge-t-il.

– Parce que dans le film vous dites : « On ne peut pas interroger quelqu'un sur sa vie si on ne parle pas de soi. »

– On peut faire semblant... réplique-t-il.

Acteur malgré lui à treize ans, à Lübeck, dans sa propre école, parce que le réalisateur Rolf Thiele veut prendre des écoliers qui vont à la même institution que Thomas Mann, il se retrouve célèbre à seize ans dans *Les désarrois de l'élève Törless*, de Volker Schlöndorff.

– Quand on vous offre à dix-huit ans Paris, le cinéma et la gloire, vous ne dites pas non.

Je lui demande :

– Dans la vie, quelle sorte d'homme êtes-vous ?

– Qui ça peut intéresser?

– Moi, bien sûr.

À la fin de cette rencontre, il me regarde, intrigué.

– Je vois que vous êtes déçue…

Terriblement. Je me trouve nulle. Il fait froid, j'ai mal au cou de tension.

– On retourne la cassette? C'est ça que vous voulez?

Je le regarde dans les yeux.

– Parler de tout, plus de questions, c'est ce que je veux.

Alors on parle de ses rapports avec les femmes, il vient de se marier, mais il ne dédaigne pas les garçons, il vit à New York. On parle de son regard sur l'acteur, de son désir de faire de la mise en scène, de la séduction et, au bout de vingt minutes de folie, de délire, il se lève.

– Viens, on va boire du sliwowitz…

On retourne au bar du Centre à la chaleur, Mathieu est entouré d'amis et moi je suis soûle, heureuse. «N'oublie pas, trois heures du matin au Paris Bar, c'est l'endroit où il faut être…» À trois heures, cher Mathieu, je dors…

Dans la chambre 606 de l'hôtel Palace, en face du Zoo, j'ai hâte d'écouter l'entrevue véritable de Mathieu, celle où l'on découvre l'acteur, l'homme brillant, drôle, généreux et fou. Je mets le magnéto en mode écoute et puis rien, rien que le silence sur la bande. J'ai raté l'enregistrement. Je suis accablée, je dois apprendre à maîtriser la technique, contrôler davantage mes émotions. Une entrevue manquée c'est comme un rendez-vous manqué, il faut admettre que ce qui se passe à l'instant même où l'on croise la personne ne se rattrape pas. C'était magique, et il ne reste que les dix minutes d'entrevue conventionnelle. C'est un peu ce qui détermine ce jour-là, dans ma chambre à Berlin, le désir de poursuivre la rencontre avec Mathieu. Il n'y a pas de prise deux. Mais il y aura un autre endroit, un autre moment. Ce que je cherche à travers les films, les gens, c'est mon histoire personnelle. Je décide de prendre une matinée pour aller à l'Est. Dans un autobus spécial, pour touristes, je quitte Berlin-Ouest vers dix heures du matin. Je traverse Berlin et, lorsqu'on arrive à la frontière, à Checkpoint Charlie, tout le monde descend. C'est une sensation étrange, qui rappelle la guerre. Aux alentours du Mur, les maisons sont vides, noircies par les balles et abandonnées. Après un temps d'attente assez long, on reprend le bus et le long de la Spree défilent les croix blanches de ceux qui sont morts d'avoir tenté de franchir le Mur. J'entre dans un monde inconnu, grave. Dans cette partie de Berlin, la vie est en veilleuse, on parcourt des boulevards déserts, les rares passants ont des allures d'avant-guerre. Les soldats russes montent la garde et nous nous arrêtons dans un café ancien, très haut de plafond. Je paie avec des marks de l'Est une vodka tiède. Sur la Postdamer Platz, en montant l'escalier de fer, on peut voir à l'infini, sous une pellicule de neige fine, par-dessus le Mur, Berlin-Ouest. C'est dans une sorte de recueillement que je prends acte et conscience du drame des Allemands. Berlin porte ses cicatrices sur tous les frontons d'immeubles, alors que le métro passe au-dessus de nos têtes. Le groupe visite le musée, je préfère m'attarder près du canal où l'on a jeté le corps de Rosa Luxemburg. Margarethe von Trotta, avec qui j'ai rendez-vous le lendemain pour *Heller Wahn* («L'amie») fera en 1986 un très beau film, un peu austère, sur Rosa Luxemburg. Lorsque nous repassons la frontière, il fait déjà nuit noire à l'Est, alors que les lumières et les voitures scintillent sur la place du Kaiser, où l'autobus nous dépose. Seule, je m'aventure vers le Dubrovnik, un restaurant yougoslave, complètement sonnée par ce périple. Je donne mes tickets pour un *Currywurst*, un *grüner Salat* et un pichet de vin de Moselle. Je ressens ce voyage comme un pèlerinage nécessaire. Dans le même état d'esprit, j'ai acheté l'affiche du Festival, qui représente la gare sombre et brumeuse, désaffectée, par laquelle les six acteurs berlinois ont quitté l'Allemagne en 1933. Cette affiche a pour nom : *L'exil*.

La rencontre avec Magarethe von Trotta et Volker Schlöndorff, qui parlent tous deux un français impeccable, se fait dans le hall de l'hôtel Palace. Très vite, nous sympathisons. J'aime cette actrice et réalisatrice, je connais son parcours. À cette époque elle vit encore avec Schlöndorff. Ensemble ils ont réalisé

L'honneur perdu de Katharina Blum, Le coup de grâce… Les années de plomb confirment le talent de réalisatrice de Margarethe. C'est un plaisir immense d'échanger avec eux, de les questionner sur le Mur et ses répercussions dans la vie des Allemands. J'essaie de comprendre le thème récurrent de la honte et de la culpabilité chez les cinéastes allemands. Je connais bien ce sentiment. Pour poursuivre la conversation, je déjeune avec Margarethe et durant ces heures passionnantes se développe un lien d'entente qui se renouvellera à chaque tournant de nos vies. La beauté et la simplicité de l'actrice m'émeuvent, j'ose pour la première fois me nommer comme étrangère et juive. Ce que j'apprécie chez Margarethe c'est sa générosité, son écoute, l'intérêt qu'elle porte à la compréhension féminine, j'ai l'impression de la connaître depuis toujours. Je fais provision, pour plus tard, du réconfort que m'apporte cette relation, me sentant très seule dans ma démarche, je n'ai pas encore de véritables antennes et je manque d'assurance…

Que ce soient les films, la ville ou l'organisation du Festival, ce voyage n'est pas innocent, je cherche des sensations oubliées; Berlin me convient, c'est laid et tragique. Je deviens l'étudiante appliquée et consciencieuse que je n'ai jamais été avec une gourmandise féroce. C'est aussi pour m'approcher des artistes, qu'ils acceptent ma ferveur, ma différence. J'en fais trop et je le sais bien, mais c'est plus fort que moi. Quand je réussis à obtenir une confidence, elle est précieuse pour moi, je cherche des amis, une famille, que sais-je? Je ne veux pas être identifiée à un pays, à un groupe, ma carte de visite c'est: Minou. Je vis dans l'urgence. Et je flambe le peu que j'ai et ce que je n'ai pas encore. À l'hôtel Continental, j'attends Ettore Scola pour parler de son film *Le bal*; sans paroles, uniquement construit sur la musique, le film traduit bien la solitude des gens qui n'ont pas besoin de mots et qui communiquent autrement. Combien de fois l'ai-je joué, ce rôle, avec des inconnus. Ettore Scola m'écoute à peine, il lorgne la fille de la télé suisse. Quinze ans plus tard à Montréal, lorsque je le retrouve pour son film *Le dîner*, j'évoque notre première rencontre; alors qu'il me complimente sur mon physique (nous avons le même âge) et que je lui rappelle qu'à Berlin, en 1983, il n'avait d'yeux que pour la brune de la télévision, il rit de bon cœur et m'embrasse tendrement. J'adore ce cinéaste italien, qui dit avec son bel accent: «Je fais toujours le même film.» L'année suivante, je reviendrai à Berlin. Je suis déjà intoxiquée par le besoin du retour.

— Est-ce que vous aimez l'argent, Minou?

— En avoir pour le dépenser, oui, mais aimer l'argent, non, pas vraiment...

— Alors, ne vous étonnez pas qu'il ne vous aime pas!

Cette remarque d'Odette Laure, comédienne de *Daddy Nostalgy*, m'intrigue. Faut-il aimer l'argent pour être à l'aise? Faire ce que l'argent nous demande: le garder précieusement? Être jalouse de lui? L'aimer plus que l'homme? L'enfant? Devenir avare de tous les plaisirs, les désirs, perdre sa générosité comme sa virginité? Devenir dépendante de lui? Être possédée par lui? Si l'argent est un flambeur, je suis folle de lui, si c'est un pingre, un petit, un peureux, un coincé, un maniaque, un dingue, un avare, un calculateur, un manipulateur, je l'exècre... et même s'il semble avoir ma peau souvent et qu'il peut me pousser jusqu'au bout de l'extrême, il ne me cassera pas, car en avoir ou pas, c'est pareil...

Je ne suis pas normale, je ne fais pas comme tout le monde, j'en veux, j'en ai, j'en ai plus, il m'en faut. C'est de la dope, l'argent? Non? Lors de la mort de Mme Vautier, avec mon petit pécule de cent soixante mille francs, je pouvais me mettre à l'abri pour quelques mois, ouvrir un compte d'épargne pour Nathalie, ma fille, non? Non. Je l'ai flambé à Saint-Tropez sans remords.

En avoir ou pas est un film de Laetitia Masson. Je fais part de ma réaction à la jeune cinéaste à propos d'une séquence de son film. Sandrine Kiberlain, dans la même journée perd son boulot et son copain. Que fait-elle? Elle va au supermarché et s'achète une bouteille de champagne... C'est moi, ça. Fêter la détresse...

L'argent, enfant, ne signifie rien pour moi, c'est une abstraction, il y en a, c'est l'essentiel, quand il n'y en aura plus, comme après la vente de la clinique, on verra bien... C'est sur cette formule que j'ai construit mon rapport à l'argent. Je déteste la misère, quand il reste 1,50 $ dans mon compte, j'ai peur, j'angoisse. Pas longtemps. Si un chèque rentre, je ne pense plus à ma peur d'avant, à ma terreur d'hier. Je suis au-dessus de tout cela. Je deviens minuscule quand je n'ai rien, insolente quand j'ai un peu, et furieusement dingue quand j'en ai. C'est pas du mépris, ça? Je n'aime pas les riches, ils vivent entre eux, c'est incestueux, les pauvres aussi. Quand je paie mes factures, je paie pour avoir droit de liberté, je paie mes dettes pour les oublier, et je m'offre le luxe que ma condition ne me permet pas. J'aime le luxe. Ce qui est médiocre ou sage ne me concerne pas. Ma façon d'agir n'est aucunement rationnelle, en fait je dépense toujours au détriment de ma tranquillité. J'essaie, à l'aide de subterfuges, les vêtements par exemple, de tricher et de construire une image de moi qui s'efface sans cesse. J'ai beau être adulte, dans ma tête subsiste le reflet d'une petite fille perdue, seule, sans amour.

1983. Les miracles ont lieu tous les mois de mai à Cannes. Je débarque à l'Hôtel de Provence pour le 36ᵉ Festival. J'ai pris une journée d'avance pour respirer l'air marin et m'imprégner de l'ambiance. Ma chambre 14 est fleurie. Je file au Palais pour échanger mon passe du premier jour contre ma carte d'accréditation rose à la pastille or.

Le Festival a changé d'adresse. Le nouveau Palais ne me plaît pas. Un petit tour à mon restaurant préféré, La Potinière, où je cultive mes habitudes pour toujours obtenir une table après le visionnement de huit heures. Il ne s'agit pas d'être connu, mais reconnu, dans une ville aussi anarchique que Cannes.

Après le visionnement, *La lune dans le caniveau*, ce film tant attendu de Jean-Jacques Beineix, se fait huer. Beineix condamné. Après la conférence de presse, où j'ai dit : « Est-il possible et permis, quand même, d'aimer ce film ? », la productrice, Lyse Fayolle, me demande si je veux faire une entrevue avec Jean-Jacques Beineix. Au quai du Vieux Port, un voilier est en rade. Jean-Jacques m'attend. Je sais bien qu'il est malheureux de toute cette hargne et que je ne suis qu'une bien piètre consolation. Ce n'est pas de moi qu'il attend le verdict. Mais sa déception m'émeut et surtout j'aime le film, je crois en sa puissance onirique. Jean-Jacques est un bagarreur, mais devant tant de haine, il est blessé, j'ai un besoin urgent de lui transmettre mon approbation. De ce jour de défaite sous un soleil brûlant date notre amitié et elle ne s'est jamais interrompue. Je défends Beineix parce qu'il est seul contre tout le monde et qu'il ne cède pas. Ni mièvre ni tiède, il affronte et provoque, sans doute est-il trop avant-gardiste ? En défendant Beineix, c'est encore la petite fille de la clinique que je défends... S'il y a une personne que je garde dans mon cœur, c'est bien Jean-Jacques. Après, il y a *37°2 le matin*, Béatrice Dalle et le succès, beaucoup de bruit, on reconnaît le talent de Jean-Jacques, mais personne ne l'aimera comme moi sans condition. C'est mon ami ; quand je perds mon travail à la radio, il me rend hommage sur les ondes de Radio-Canada au festival d'Abitibi-Témiscamingue. Succès, échec, je m'en fous, je serai toujours là et lui aussi. Il vient à la maison avec Jean-Hugues Anglade, on se retrouve à Paris, chez lui, avec Isabelle Pasco, à Toronto, pour *Roselyne*. Les films de Jean-Jacques sont de magnifiques tableaux, *Roselyne* c'est l'or, *37°2 le matin*, le bleu des ciels de Jean-Jacques, *La lune...*, le rouge du désespoir et *Mortel transfert*, la neige cristalline sur Paris, une voiture jaune immobile dans le décor. Avec Jean-Jacques on s'écrit régulièrement, les vingt ans de *37°2 le matin*, ce sont les nôtres et ça ne changera jamais. C'est affolant la vitesse à laquelle les films passent pour sombrer aussitôt dans l'oubli.

J'enchaîne les entrevues, avec Gian Maria Volonté, des cheveux de neige, un regard fatigué et velouté, dans le hall de l'hôtel, pour *La mort de Mario Ricci* du cinéaste suisse Claude Goretta. J'ai de la chance : Gian Maria Volonté remportera le Prix d'interprétation masculine. *Équateur*, de Gainsbourg avec Francis Huster, fait parler de lui, en bien, en mal, personne ne reste indifférent. Cannes la jolie est devenue Cannes l'agressive, avec sa foule hystérique, un temps ensoleillé bousculé par une pluie torrentielle, rien pour ménager le cœur et l'esprit. Je croise Pierre Perrault, venu présenter dans la section « Un certain regard » *La bête lumineuse*. Il m'accorde quelques moments de réflexion. Il déteste cette meute acariâtre, qui n'a pas apprécié son film à sa juste valeur. Je le laisse partir, l'âme triste. Dans la chambre 14, je reçois un appel de Radio-Canada : une bonne nouvelle. À partir de septembre, je ferai partie d'une émission radiophonique et culturelle. À moi le cinéma ! Ces deux semaines intenses sont à la fois des journées de colère et de joie, journées de froidure et de cafard, de pluie et de blessures mais aussi de triomphes. Étendue sur un matelas, au soleil, les yeux fermés, je rêve déjà à l'année prochaine, sans trahir ni les joies ni les déceptions, heureuse que tout ceci ait existé.

Après un été difficile, je signe mon contrat pour la radio. Enfin, un an de sursis, mais ce qui est un pur bonheur, c'est qu'on me donne la parole pour parler de cinéma. L'émission *Les belles heures* va durer sept ans… Je suis excitée et doublement inquiète, il n'y a personne dans ma vie affective et je n'attends rien.

J'ai rendez-vous avec Sandrine Bonnaire, venue présenter le film de Maurice Pialat *À nos amours*. Sandrine a quinze ans, c'est son premier film et sa première entrevue. Nous avons déniché un petit coin moins bruyant pour nous découvrir, elle est souriante, je l'encourage à se livrer...

    – Est-ce, pour toi Sandrine, le début d'une carrière?

    – Je voulais être coiffeuse, maintenant je sais que je veux faire du cinéma, mais je veux rester simple... Pour moi être actrice c'était impossible parce que je croyais qu'il fallait être belle, sans défaut, mais quand j'ai accompagné ma sœur à une audition pour Pialat c'est moi qu'il a choisie... Ce que je pense du mariage? Je ne me vois pas aimer un homme toute ma vie, le mariage c'est comme la prison. Ce que j'aime? J'adore me faire prendre en photo, j'adore la mode... Ce que je déteste... Faire le ménage!

    Nous pouffons de rire toutes les deux. Ce face à face est délicieux, nous ignorons l'une et l'autre que cette année-là, 1984 à Berlin, sera déterminante pour la carrière de Sandrine. En 2000, j'ai confectionné pour Sandrine un petit album sonore de notre rencontre. Elle était ravie.

    Au Kempiski, je croise Maximilian Schell avant son départ pour l'aéroport. La seule entrevue possible sera dans le taxi en partance pour Tegel. Il pleut ce jour-là. J'ai vu le film de Maximilian Schell, *Marlène*, un film exceptionnel. C'est une longue conversation avec Marlène Dietrich en français, en anglais, en allemand, mais on ne verra jamais Marlène, elle ne veut plus se montrer. Elle boit dès neuf heures du matin et pourtant elle est dans ses confidences d'une lucidité terrifiante. Elle se moque de

Maximilian, lui réclame de l'argent, se plaint de tout, lui dit qu'il est un rêveur, alors qu'il prétend que c'est elle la rêveuse. Sa voix est plus présente que jamais et à chaque mouvement de caméra on croit voir Marlène. Lorsqu'elle apparaît, c'est dans une séquence de film, une ancienne entrevue, un ailleurs. Il pleut, la bande enregistre et le bruit des essuie-glaces rythme la conversation. Maximilian Schell porte un manteau de cachemire noir, une brassée de roses dans les bras et a un petit air de John Cassavetes. C'est grâce à l'intervention de Maria Riva, la fille de Marlène, que ce film existe.

En mai je retourne à Cannes… Il pleut durant tout le Festival, il faut monter au front chaque jour en regardant le ciel qui ne nous épargne pas sa mauvaise humeur. Je suis encore troublée à la pensée du film de Skolimowski *Le succès à tout prix* – titre dangereux pour une création aussi risquée. Skolimowski, qui avait été porté aux nues pour *Moonlighting*, revient à la compétition avec ce film. Cinéaste polonais exilé à Londres, Jerzy Skolimowski a tout misé sur ce film. Non seulement il hypothèque sa maison, mais il dépense l'argent de sa femme, fait travailler son fils comme acteur, gratuitement, pour se retrouver sans le sou à Cannes. J'ai rendez-vous dans sa suite au Carlton, à la fin de l'après-midi ; il me confie son désarroi face à la réception du film. *Le succès à tout prix* est très controversé : pour certains, c'est le chef-d'œuvre de Skolimowski, pour d'autres, un film habile dont le titre racoleur devient une provocation. Je compatis avec ce réalisateur ruiné, couvert de dettes, qui n'a même pas d'argent pour se payer un café. « Si je sors de ma suite, me dit-il, je n'ai pas un sou. » Je suis anéantie. Comment un cinéaste de sa valeur peut-il se retrouver à Cannes dans cette situation ? Adulé en 1982 pour *Moonlighting* et ignoré deux ans plus tard. Ce moment en compagnie de ce réalisateur que j'admire reste gravé dans ma mémoire comme une prise de conscience de la fragilité de la réussite. Skolimowski vaut plus que ce misérable abandon des journalistes tournés vers d'autres stars du jour.

Lorsque je quitte la suite couleur pêche du Carlton, le soleil apparaît.

Il me dit :

– Vous êtes la dernière journaliste, pardonnez-moi, je ne veux plus voir ni parler à personne...

– Qu'allez-vous faire ?

– Je ne sais pas... je crois que je vais marcher sur la Croisette.

On peut être désespéré à Cannes même quand le soleil se pointe. Je passe d'un festival à l'autre, et le cinéma devient mon obsession. Je suis une ombre dans le soleil des autres. Ça me convient.

31 décembre 1984. J'habite toujours dans Notre-Dame-de-Grâce. Mon travail à la radio m'apporte l'essentiel. Je suis seule, je n'ai besoin de rien et je recherche le silence.

Boris, mon fils, veut m'arracher à ma solitude, mon indifférence devant les fêtes de fin d'année l'inquiète. Pour lui faire plaisir, j'accepte son invitation de passer le jour de l'An avec lui et ses amis. Je me fais un maquillage de soir de fête, j'enfile une robe noire et un collier de mélancolie. J'aime la compagnie des jeunes gens, les amis de mon fils viennent souvent à la maison, et puis le rendez-vous est à côté de chez moi. Je viens en observatrice, je prendrai un verre, et comme je ne supporte pas longtemps les gens, je filerai à l'anglaise. Je claque la porte sur 1984 et me retrouve dans une ambiance de jeunesse… Un peu à l'écart. Au moment où je décide de partir, il entre, en retard, inconscient du bouleversement qu'il apporte avec la tempête. Je le connais de vue, c'est un ami de mon fils. Il m'offre un gin tonic, j'accepte. Je ne sais pas très bien à quel moment le regard de Louis, ou plutôt sa main, se pose sur mes hanches mais bientôt, je me retrouve dans ses bras. Je sors d'un coma de deux ans. Pourquoi est-ce que je le suis dans la cuisine, sous le regard inquiet de son entourage? Tout simplement parce qu'il m'a tendu la main. Il a suffi qu'il me regarde comme une femme pour que je m'enflamme… je crois bien que c'est l'histoire de ma vie. Je l'entraîne dans cette tourmente de neige folle, c'est splendide, doux, fou, à l'encontre des convenances, j'enfreins toutes les règles, sous les yeux de mon fils ahuri et des parents consternés. Louis sera mon amant, peu importe. J'entre dans 1985 avec un garçon dans les bras, un superbe partenaire aussi docile qu'indifférent. Il a la beauté du diable, sans le savoir ; il est dangereux, sans le comprendre. Je ne suis probablement qu'une aventure pour lui, mais pour moi, dès le lendemain matin au cœur de la tempête, je sais que je ne peux plus me passer de lui. Cette violence que j'ai connue autrefois avec mon premier amour, elle ressurgit, intacte. Plus que jamais, je suis déterminée à vivre ma passion à mes risques et périls. Aujourd'hui, je sais que j'ai eu raison de me défendre contre ses réticences, ses peurs, et d'insister furieusement envers et contre tous. Louis est l'amour de ma vie telle que je l'avais imaginée. À partir de janvier 1985, il y a la vie avant Louis et celle après Louis. J'ai grandi avec un homme qui m'a appris la rectitude, la douceur et l'estime de soi. Le corps et le cœur en émoi, les sens à l'envers, il est impossible que ce soit une folie d'un soir. Dès le lendemain, j'attends un signe : si je suis bouleversée, il doit l'être aussi ? C'est ainsi que pensent les femmes…

Dans le silence de mon appartement, je tourne en rond, je suis déjà en manque, l'urgence de mon désir est ma perte. Le 4 janvier, j'espère un mot de lui, un geste, je ne sais pas qu'à ce moment-là, chez lui, il est décontenancé. Mon cœur est endolori. Comment traverser le couloir misérable du rejet ? J'étais engourdie, indifférente aux autres et le voilà qui bouscule ma vie. Je n'ai le goût de rien, je me fous du travail, je deviens folle. Je questionne mon fils, qui ne veut rien savoir de mes sentiments pour Louis : « Vos histoires ne me regardent pas. »

Samedi 5 janvier. Il est minuit trente-cinq quand Louis m'appelle. Dire, tout dire, l'angoisse, le désir, l'amour, il y a dans sa voix tous les sourires, tous les bonheurs, il y a le silence et la précarité de la vie chez Louis qui m'émeuvent. Demain, je reprends le travail. On me refuse le voyage à Berlin, j'entre toujours en conflit avec la direction pour des questions d'argent. On m'accorde Montréal-Paris, mais pas Paris-Berlin, quelle bêtise… Et comme je ne suis pas un petit soldat du système, je me heurte à toutes les contradictions. Dans ma tête, j'irai à Berlin. Heureusement, il y a au programme, dans une section officielle du Festival, le film de Léa Pool. J'argumente et je règle ce détail insignifiant le 8 janvier. Mais je n'ai pas de nouvelles de Louis. Je suis sûre qu'il m'a déjà oubliée. Pour ceux qui m'entourent, cette relation relève de l'indécence, on n'en parle même pas, mon fils me boude, ma fille pense que je suis folle.

Lundi 21 janvier, trois heures du matin, il fait vingt sous zéro. J'ai préparé mon entrevue avec Philippe Noiret, une heure en studio, dans une mise en scène inventée : nous voulons faire croire aux auditeurs que nous sommes, Philippe et moi, dans mon salon. J'ai apporté le champagne, les flûtes, les bougies et le cigare. Pendant que Philippe se prête au jeu avec complicité, je ne pense qu'à Louis, je veux le revoir avant Berlin. Tout le monde s'exclame parce que j'ai joué le jeu de la séduction avec Philippe Noiret alors que tout ça n'est qu'un scénario radiophonique. Philippe Noiret m'offre une phrase qui me convient : « Il faut avoir avec les gens des rapports courtois. » Je m'en souviendrai, j'aurai toujours des rapports courtois et élégants avec Louis, jusqu'à la fin. Fin janvier, j'appelle Louis. Au téléphone, tout est clair, simple et facile. Il me dit : « Je vais venir te voir. » Mais il se cache, se replie sur lui-même. Je ne sais rien de lui, de sa vie, et je pars pour Paris dans trois semaines. C'est comme un poison doux et mortel. Je ne peux plus voir un couple s'embrasser sans imaginer ses baisers, ses caresses, tout ce dont je parle à la radio est imprégné de désir, je choisis les chansons qui me rappellent Louis. Il me laisse un message sur mon répondeur que j'écoute mille fois pour entendre le son de sa voix. Je ne dors plus. Début février, je raccompagne Louis chez ses parents. Je lui dis simplement :

– Berlin, ça te dirait ? Vivre douze jours ensemble, voir des films, rencontrer des gens, tout ce milieu du cinéma qui n'est pas si éloigné de la musique, que tu aimes tant !

Il me répond :

– Je n'ai pas de passeport, je n'ai jamais pris l'avion, mais oui, j'aimerais bien venir avec toi. Demain, je ferai le nécessaire.

Je parviens à lui obtenir un billet pour Berlin en deux jours. Jusqu'au soir du départ, le 13 février, ce n'est que courses, fous rires et vertige. Je suis folle de lui mais personne au bureau ne comprend ma démarche. Je suis vivante, cela me suffit.

Dans l'avion pour Paris, Louis est près de moi, tendre, silencieux. Je veux garder une trace de ce voyage. J'enregistre un moment unique. Il fait nuit, c'est tout bleu. « Le commandant Ford et son équipage vous souhaitent un bon voyage. »

– Tu vas sentir l'avion décoller…

– … C'est un peu bizarre, dit-il, tout est nouveau, de toute façon depuis jeudi, je suis parti, j'ai changé depuis jeudi, c'est depuis jeudi.

Ce jeudi 7 février. Une heure moins le quart, je raccompagne Louis chez lui. Soirée étrange entre le scotch et les caresses. J'ai parlé de mon séjour à Berlin : « Et si je t'emmenais ? » Et voilà, nous sommes dans les airs, l'un contre l'autre, avec un micro qui imprime les sons, nos voix pour toujours…

– Est-ce que tu as déjà senti que j'étais bien avec toi ? demande Louis.

– Oui.

– Parce que si tu as déjà senti que j'étais bien avec toi, tu ne le sentiras pas plus, je ne suis pas démonstratif.

– Louis, pour moi le décollage c'est comme faire l'amour.

Ça le fait sourire.

– C'est formidable, mais moi, j'ai pas encore connu ce qu'est véritablement faire l'amour.

– … On flotte, quoi ! Tu te rends compte quand on écoutera ça ! ai-je dit.

– Moi je l'ai, mon univers avec toi, depuis jeudi, ta façon de me parler, j'aime ça, tu me laisses libre de ne pas parler, tu me laisses libre avec les petits tracas, les sentiments... Oh! je te regarde, je te regarde et je suis heureux...

Il y a un sourire dans sa voix. Je lui jure qu'il ne fera pas de crise. Louis est épileptique. Depuis l'adolescence, il est sujet à des crises de façon sporadique. Je ne sais rien de cette maladie chronique, Louis semble l'ignorer. À Paris, en transit, nous descendons à l'hôtel Pas de Calais, rue des Saints-Pères. J'enregistre ses premières réactions, le bonheur d'être ensemble, notre première nuit, dans cette chambre grège, avec ses portes en faux acajou, une chambre décorée sans goût, comme celle des amants de l'hôtel du Nord... avec un vieux dessus-de-lit en coton et son corps nu, puissant, que j'embrasse avec tout l'amour et la passion que je ressens pour lui. Le son du plaisir c'est mon cadeau parisien. Le lendemain nous prenons l'avion pour Berlin. Nous descendons à l'hôtel Palace tout près de l'Europa Center. C'est le quartier du Zoo. J'ai hâte de lui faire découvrir ce quartier qui bat au rythme du Festival, la gare du Zoo, le cinéma du matin au Zoo Palast, le café Möhring où, les soirs de fête, tout le monde du cinéma se retrouve. En l'honneur de Léa Pool, le Canada organise une réception dans ce café singulier très début du siècle. On prétend qu'Hitler à une certaine époque s'y attardait souvent pour déguster son café. Le café Möhring avec ses tables de marbre rose veiné de vert, ses miroirs et ses banquettes de velours, a le charme fané d'un autrefois glorieux, c'est une merveille désuète. Louis est à mes côtés, avec Léa Pool, la productrice Denise Robert, Gabrielle Roher, une amie de Léa qui s'occupe du cinéma allemand. Nous aimons cet endroit qui se transforme en salon de thé pour vieilles dames nostalgiques durant la semaine. J'aime Berlin en février avec ses arbres dénudés, sa neige et son ciel rose de pollution. Je suis heureuse de partager cette aventure avec Louis, c'est fabuleux. Nos soirées se terminent souvent au bar de l'hôtel, un verre d'aquavit à la main, avec nos copains du magazine *Première*, Henri Béhar, Jean-Pierre Lavoignat. Quand nous avons un soir de libre, nous filons à pied au Paris Bar. C'est le rendez-vous des cinéphiles et le patron est français. La nourriture est savoureuse et les vins, délicieux. Louis me surprend. Il est curieux, beau, follement sexy, comme l'était Alain Delon dans sa jeunesse. Par moments, il a des absences qui provoquent mes larmes. Elles sèchent au Dubrovnik où Louis me sourit pour effacer mon chagrin. Je partage avec lui les petits-déjeuners de l'hôtel Palace : nous nous gavons de harengs marinés, de salades de fruits, avant le premier film. Je l'entraîne aussi bien à Berlin-Est, près du Mur, que dans l'envers du décor, au KDV, le magasin le plus *hot* de Berlin. On ramène du sliwowitz, une eau-de-vie de prunes, et une bouteille de pommard, que Louis semble apprécier. Après Berlin, on fait un détour par Paris, Louis découvre Saint-Germain, le café du matin au Mabillon, la douceur de Paris. J'ai l'impression, auprès de Louis, de glisser mes pas dans ma propre jeunesse. Dans notre chambre petite et laide, à l'hôtel Pas de Calais, je regarde Louis dormir, heureuse d'être près de lui et de lui avoir offert ce premier contact avec l'Europe et le cinéma. Il est temps de rentrer.

Au retour, Louis s'installe chez moi. Ce sont des moments chaotiques, brûlants de passion et d'indécision. Il sort le soir, tous les soirs, et rentre parfois au petit matin. J'encaisse, ce n'est pas facile, mais quand on se retrouve, ce qui se passe entre nous n'a pas de nom. Je me sens vivre, habitée par la douceur et la sauvagerie de cet amour. Louis est imprévisible. Entre Berlin et Cannes, les semaines passent vite. On traverse des crises comme de petites parenthèses de malheur. J'apprends à le connaître. Présent par moments, souffrant parfois, inquiet, reculant devant l'amour, avec son allure de prince. Rien n'est simple. Avec lui, ce sont les bourrasques du cœur, constamment. Parfois, il est tendre, amoureux; parfois, il tue tout espoir en moi. Les nuits où il ne rentre pas, je le guette jusqu'au petit matin. Je souffre, j'attends et lorsqu'il arrive, tout est bleu, merveilleux, il efface tous mes chagrins et on fait l'amour. Depuis qu'il vit avec moi, je lui offre la liberté de réfléchir à sa vie, à ses désirs. Louis a peu de désirs, il se contente de la musique, de ses soirées avec ses copains. Je suis réconciliée avec mon fils et ma fille adopte Louis, inévitablement. Personne ne peut lui résister. Il a l'aura d'un être hors du commun. Si nous pouvons tenir jusqu'au mois de mai ensemble, Cannes sera un événement pour nous deux. Ce charme mystérieux, c'est sa personnalité; sa faculté d'adaptation dénote une intelligence naturelle. Je suis si amoureuse que plus rien ne compte.

Mai 1985. Louis est encore dans ma vie, c'est son premier Festival de Cannes. L'événement historique que j'attendais en 1980, à Copenhague, éclate au grand jour par le biais du cinéma, pour mon plus grand bonheur, au Festival de Cannes de 1985 :

le film argentin *L'histoire officielle* de Luis Puenzo fait grand
bruit et Norma Aleandro remporte le Prix de la meilleure
interprétation féminine. Dès la fin de la projection, la conférence de presse à peine terminée, je veux rencontrer à tout prix
la scénariste et dialoguiste Aida Bortnik, celle qui a écrit l'histoire de ces enfants disparus, de ces femmes torturées dont on
a arraché les bébés à la naissance pour les vendre à l'élite bour-
geoise. Les thèmes de ce film douloureux : l'enfance et la trahi-
son. Pour moi, il est vital d'interviewer Aida, pour prendre la
parole en son nom et glisser son histoire sur les ondes de la
radio. Dans un coin du bar du Majestic, une dame s'avance
vers moi en s'appuyant sur une canne. Nous commandons
deux cafés. Il fait un temps radieux et pourtant, sur le visage
d'Aida, une profonde gravité s'installe. Je lui fais part de mes
rencontres à Copenhague et elle me confirme que personne ne
veut entendre ce que les mères de la place de Mai crient jour
après jour comme une lancinante mélopée. Je défends ce film
avec une ardeur passionnée, ranimée par la tragédie dévoilée,
en hommage à toutes les enfances brimées et pour répondre au
silence qu'on m'a imposé en 1980. Louis m'aide avec le son, il
s'installe tranquillement dans cet univers de faux-semblants où
parfois l'émotion pure nous saisit sans crier gare. 1985, c'est l'année de Mishima et celle de ma première rencontre avec Juliette
Binoche pour *Rendez-vous*, de Téchiné. Elle a vingt ans, une
jolie frimousse, les cheveux courts, l'air effaré de tant d'attention à son endroit. Je la retrouve au Grand Hôtel, où elle est
assise comme une jeune étudiante, fatiguée de tout ce bruit
autour d'elle. La révélation de Cannes ?

– Ça m'étonne un peu, il y a une semaine on ne parlait
pas de moi, c'est un peu rapide.

Elle ne sait pas encore qui elle est, ni qui elle deviendra.
Née à Paris, ayant des parents dans le théâtre, elle aurait aimé
être peintre. C'est Dominique Besnehard, casting-directeur,
qui l'oriente vers Godard, puis Doillon. Elle pose son visage de
porcelaine sur la table de marbre en me disant à quel point elle
est fatiguée, désorientée et heureuse.

– Votre nom, c'est vraiment Juliette Binoche?
– Oui, pourquoi?
– Ça sonne drôle, Binoche…
– Ça vous fait rire? Tant mieux!

On se quitte sur cet éclat de rire limpide, juvénile. Nous ne nous sommes jamais revues, mais je conserve l'image de la jeune fille du Grand Hôtel à Cannes, un jour de mai. Les problèmes d'argent me plongent dans l'insécurité. Je ne sais pas si mon travail en vaut la peine… Ce sont des contingences vulgaires que j'écarte du revers de la main. La vie est au présent seulement. J'aime Louis comme mon premier amour.

À Cannes, cette année-là, les fêtes ont lieu au Moulin de Mougins, à douze kilomètres de la ville, dans l'arrière-pays. J'aime les vieilles pierres, la beauté du site. Le Moulin est un restaurant haut de gamme qui fait honneur à la splendeur et la richesse de la région. Sa réputation n'est plus à faire, ni pour l'excellence de sa cuisine ni pour celle de ses vins et de son service. Dehors, ça sent l'eucalyptus, j'aime en froisser une simple feuille dans mes mains. Je resplendis de bonheur comme si c'était une offrande à l'homme que j'aime.

Au menu: *Le Bouquet de homard breton et de tendres légumes en sauce d'agrumes, le Blanc de daurade royale de Méditerranée Belle Mouginoise, arrosé de Blanc de Blanc Ott 1983, et de Brulières de Beychevelle 1982, interrompu par le Granité de vin de pêche aux épices, suivi des Tendres noisettes d'agneau de Sisteron, du Fondant aux aubergines sauce aux feuilles de basilic et de la Petite compote provençale, accompagnés du Champagne Réserve du Moulin 1980.* Pour le dessert je continue avec le champagne, je n'aime pas le sucré. Une entrevue avec le propriétaire du Moulin de Mougins, M. Verger, met un point final à la soirée. Nous sommes à la recherche de saveurs et d'idées pour des reportages sonores. Le long de la rue d'Antibes, à Cannes, les confiseries abondent, présentant en vitrine des capelines provençales qui servent d'écrins à d'immenses bouquets de fruits confits. Petite, j'ai porté ces capelines traditionnelles faisant partie du costume niçois, brodées de mimosas, de marguerites et de violettes, et je me suis bourrée avec délices de clémentines, d'abricots, de melon et de gingembre confits. Aussi ai-je entraîné Louis dans la plus vieille usine de fruits confits pour notre reportage. Louis adore le sucré, moi c'est les couleurs et la texture des fruits. Dans d'immenses cuves en cuivre, les fruits sont piqués un à un, pour que le sucre puisse y pénétrer, et sont plongés ensuite dans un sirop durant de longs mois, séparément. Les cerises, les clémentines, l'angélique, les abricots, les tranches de melon. Pour avoir fréquenté les champs de fleurs à Grasse, tous ces parfums caramélisés me troublent. Notre guide est une Cannoise au charmant accent du Midi. Elle prétend que les plus gros acheteurs de fruits confits sont les émirs arabes. Une capeline pleine vaut plus de trois mille dollars et fait le bonheur des dames.

Une nuit, à l'Hôtel de Provence, vers trois heures du matin, Louis n'est toujours pas rentré. Je suis inquiète, partagée entre la jalousie et la peur d'une crise. Ce soir-là, il n'a osé frapper à la porte de l'hôtel et a dormi dans le jardin alors que j'imaginais mille choses. Le lendemain, il me dit qu'il a enregistré le son des tourterelles. Alors qu'il s'éveille à la vie tout simplement, tout ce qu'il ne soupçonne pas, il le découvre sur la plage, dans les salles de cinéma, dans la nuit fauve de Cannes qui palpite jusqu'au petit matin. Quand il sourit, je ne crains plus rien. Nous prenons une semaine de vacances, le temps s'est mis au beau, je traîne dans les rues d'Antibes à la recherche de petits cadeaux de retour. Louis passe ses journées sur la plage du Festival.

Sous le soleil de ce dimanche de mai, nous sommes attablés à la terrasse de La Potinière. L'air est doux et rien ne laisse présager la crise. En un instant, tout bascule. Louis est pris de convulsions, il tente de se lever, renverse les tables puis s'écroule sur le trottoir, les yeux révulsés. Démunie, en larmes, je ne sais pas quoi faire pour l'aider, je pose sa tête sur mes genoux. Les pompiers et le Samu arrivent en urgence, tout le monde s'agite autour de nous. Tout près de moi, la patronne du restaurant essaie de me rassurer, les garçons redressent les tables. J'ai mal pour lui et j'ai honte du regard de la clientèle. Le personnel de La Potinière comprend mon désarroi.

– Calmez-vous, Madame, ne vous inquiétez pas.

Je pleure, je m'excuse, je ne sais plus où j'en suis. Je passe la nuit à l'hôpital de Cannes, puis nous rentrons à Paris. Après la crise, dont il ne garde aucun souvenir, Louis ressent une immense fatigue. Il ne retrouve ses esprits que deux jours plus tard, à Montréal. Si les crises oblitèrent sa mémoire, moi je meurs de peur, de chagrin, d'impuissance.

Dans l'avion, je le serre contre moi. Je suis prête à me battre pour qu'il ait une existence normale. Je n'accepte pas de vivre en perpétuel état d'incertitude, ne peux m'y résoudre. Quand ? Où ? Qu'est-ce qui déclenche ces crises ? Pourquoi ? Comment les éviter ? Cette malédiction contre laquelle personne ne se révolte, je la vaincrai. Je le surveillerai, l'aiderai, lui ferai prendre des médicaments. Ces crises qui surgissent sans raison me font penser à la lettre de mon enfance qui a empoisonné pour toujours ma vie. Chaque fois qu'un défi se dresse devant moi, je prends les devants. Cette fois-ci encore. Je tiens à ce qu'il affronte sa réalité et non se résigne à une moitié de vie normale. Je veux qu'il prenne goût au confort, les hôtels quatre étoiles, la classe affaires en avion, le meilleur champagne, les beaux vêtements. J'en oublie l'anniversaire de Boris, lui causant un chagrin d'enfant. Louis n'en demande pas tant. Il s'en fout, il ne s'aime pas. Avec patience, j'attends l'éveil de ce garçon qui retient toute mon attention. Je ne me trompe pas dans l'évaluation des êtres. Je ne veux pas le changer, je veux, même si le pari est inquiétant, qu'il vibre et s'épanouisse à la vie. Le regard des autres sur notre couple m'indiffère totalement. Si on sait s'imposer, les autres acceptent. Il faut seulement une détermination violente, que j'ai. Je me bats contre mon enfance arrachée, contre mon mariage bâclé, contre les institutions, contre tout ce qui n'est pas celui que j'aime à la folie. Et je n'ai aucune peur de cette folie, elle correspond à ma douleur de petite fille.

Lorsque Louis me regarde, il y a tant d'amour dans ses yeux verts, mais aussi une indicible tristesse. Il ne cherche rien, ne fait pas de projets alors que moi, je veux lui insuffler le goût de vivre.

Depuis Cannes, Louis décore l'appartement, il pose un papier peint que nous avons choisi ensemble, ce sera notre chambre russe, motifs gris sur fond vieux rose, avec un lit géant pour s'aimer confortablement. J'ai un insatiable besoin de son corps, d'enfouir au creux de ses bras mes blessures d'autrefois. Ses caresses me font chavirer et quand il s'enfonce en moi, je voudrais qu'il n'en sorte plus jamais. Son corps, je le connais par cœur, cette odeur fraîche d'eau de Cologne, la douceur sous mes lèvres de son sexe mille fois embrassé, aimé, vénéré. Jamais je n'ai fait l'amour avec autant de simplicité, mon désir ne tarit pas, la jouissance se renouvelle, inépuisable. J'aimerais qu'il aime l'amour autant que moi. Vivre avec Louis, c'est le fantasme enfin réalisé de mon enfance trouble. Je sais qu'il sera mon dernier amour.

Hier soir, nous avons été au Lux jusqu'à quatre heures du matin. Côte à côte, au bar, juchés sur des tabourets, il se penche vers moi.

– Je crois que je suis amoureux...

Les vacances approchent. En souvenir de l'été 1974, on se dirige vers Provincetown, Boris, Louis et moi. Nous avons loué un loft sur le front de mer, avec une mezzanine, c'est géant. On déjeune sur la terrasse, face à la mer. Les garçons ont des bicyclettes pour se défoncer sur la piste cyclable qui va jusqu'à la mer. On dit que faire de la bicyclette ça ne s'oublie pas, c'est pas vrai. Je me hisse péniblement sur un vélo trop grand et j'abandonne. Je rejoins Boris et Louis avec mes pans-bagnats que j'ai préparés à la maison. La recette est simple : couper une baguette croûtée, l'enduire d'huile d'olive, déposer des tranches de tomates, des petits radis, des olives noires de Nice, des rondelles d'oignon, des anchois pour les plus audacieux, sel et poivre, et le tour est joué. Accompagné de vin rosé très frais, c'est un délice. Déguster le tout dans l'eau. Tout n'est pas comme autrefois, la musique a changé, l'air est différent, Peggy's, la discothèque où l'on s'éclatait, Nathalie, son amie Silvie et moi, a disparu. Le café Blasé a changé de clientèle, mais sert toujours des daiquiris. Les jours de paresse, on déjeune chez Poor Richards, et l'on finit sur les terrasses les soirées qui s'étirent jusque dans la nuit.

La vie est si forte et si fragile à la fois. Les mois s'enchaînent entre la crainte, les problèmes d'argent et le plaisir. Au retour, je reprends mon travail à la radio, et je déménage avec Louis dans une suite du Méridien pour la durée du Festival des films du monde. L'émission *Les belles heures* est diffusée en direct du café Fleury de l'hôtel Méridien. C'est le début d'une longue collaboration, riche et précieuse. Comme je n'ai pas le titre d'animatrice, je coanime avec Normand Séguin ; on rigole toujours plus avec un type qu'avec une fille, enfin, parfois. Louis se baigne dans la piscine de l'hôtel, et je le retrouve au Parisien, le cinéma attitré du Festival. Pendant douze jours, Montréal devient un petit Cannes. Attablés avec des cafés, Normand et moi attendons nos invités. Pas d'inquiétude à avoir, ils sont sur place. Luc Besson, Nicole Garcia et Christophe Lambert arrivent ensemble, les cheveux mouillés. « De deux choses l'une, ou bien vous arrivez de la piscine, ou vous avez passé la nuit ensemble ? » Ils se marrent, je les connais bien. C'est une époque joyeuse, on présente *Subway* et *Le quatrième pouvoir*. Le soir, Louis m'accompagne au café Fleury. Les journées sont pleines de rencontres, de joie et de gravité. Gabrielle Roher arrive de Munich, on s'embrasse, j'aime cette convivialité même si ce n'est qu'un faux-semblant. Après l'émission, on prend un verre au bar avec l'équipe technique de l'émission. Henri Béhar, le journaliste-vedette de Cannes et du journal *Le Monde*, s'exclame : « Bloody Mary pour tout le monde. » La prochaine étape sera Toronto, avec Louis. En octobre, nous fêtons notre anniversaire, nous sommes Balance tous les deux. Je scelle notre amour par l'achat de notre premier enfant : un nounours nommé Octobre, tout blanc avec une petite cravate rouge.

Joyeux anniversaire, Minou.

De tous les plaisirs que tu m'as fait découvrir, c'est le plaisir de vivre avec toi qui est le plus grand. Le plaisir de parler avec toi, de manger avec toi, de dormir avec toi, de m'éveiller avec toi, c'est mon plaisir de vivre.

Je t'aime.

Février. J'ai réservé nos billets pour Berlin. Trois places fumeurs ; nous partons mercredi, Nathalie, Louis et moi, pour le Festival. Je suis amoureuse. Notre chambre à l'hôtel Palace nous attend. Nous reprenons nos habitudes dans ce Berlin frileux avec les reportages en direct et les projections en rafales. Louis découvre les Thermes attenants à l'hôtel. Le Tout-Berlin chicos va aux Thermes, c'est un immense complexe aquatique avec piscine intérieure et extérieure, bains de vapeur où un moniteur habile fouette l'air avec des branches d'eucalyptus ou des serviettes imbibées de sliwowitz, plus des bains d'eau glacée et un sauna, mixte et obligatoirement à poil ; c'est particulier. Les Allemands sont moins prudes que nous.

Berlin est toujours plongé dans cette tension entre l'Est et l'Ouest. L'écrivain Peter Schneider, que j'interviewe, m'affirme que «jamais le Mur ne disparaîtra». Dois-je le croire ?

Sur Alexanderplatz, de l'autre côté de la frontière, dans un restaurant anachronique, je bois un sliwowitz noyé dans une eau plate, en me demandant comment rendre la gravité des choses… Le soir, on réserve au Paris Bar. Nous attendons que Madonna et Sean Penn quittent leur table pour nous installer.

Entre février et mai, Louis et moi faisons le pont. Il faut retenir la chambre pour Cannes, payer les billets d'avion, prévoir une semaine à Paris. Entre-temps, nous vivons collés l'un sur l'autre. Petits-déjeuners intimes le samedi matin qui se prolongent jusque dans l'après-midi. Quand on sort c'est pour fêter à L'Express. Parfois, on prend la route pour le Nord et on passe la fin de semaine dans les bois de bouleaux au bord du lac.

Je vis ma période russe et Louis lit Tchekhov. Je l'aime plus que tout.

Le mois de mai revient et le rituel prend toute la place. Faire les bagages, ne rien oublier. Boris nous conduit à Mirabel, je lui laisse ma voiture durant la période du Festival. À Cannes, nos journées se déroulent à toute allure : les films du matin, les conférences de presse, l'enregistrement et les entrevues, puis le montage à Radio France et la diffusion en direct. Par une magnifique journée, Jean-Jacques Beineix nous emmène sur son voilier jusqu'aux îles de Lérins. Comme je dois être en studio à six heures à Radio France, je signale à Jean-Jacques, à contrecœur, en fin d'après-midi, qu'il est temps de rentrer. C'est alors qu'il m'annonce, avec un air catastrophé :

– Désolé mais il n'y a pas de vent, ça n'avance plus…

Au bord de la panique, je le supplie de ramer, de faire quelque chose ! Je suis ponctuelle de nature et manquer ce rendez-vous est pour moi une faute professionnelle grave. Heureusement, ce n'est qu'une blague. Il met le moteur en marche et nous ramène à bon port tout en se moquant gentiment de mon affolement !

Le temps est au beau, le bateau de Polanski est en rade à Cannes, où son film *Pirates* est présenté hors compétition. Ce n'est pas le seul, à l'arrière-plan, au large, des bateaux de guerre sont immobiles, l'inquiétude gronde. À l'entrée du Palais, on nous fouille des centaines de fois par jour, la sécurité est sur ses gardes et la plupart des journalistes râlent en permanence. Invitation tardive au restaurant La Mirabelle, dans le Suquet, c'est François Macerola, le directeur de Téléfilm Canada, qui invite. Nous traversons la place vers le port, Franco, Louis et moi, lorsque j'aperçois deux grands types à l'allure louche qui accélèrent dans notre direction. Louis porte le TC 5000, notre magnéto, en bandoulière. J'ai peur pour lui. Je connais bien les bandes de voyous qui rôdent autour des journalistes insouciants, chaque année des visiteurs se font voler ou poignarder. Je fais signe à un taxi, qui s'arrête : « S'il vous plaît, tournez autour de la place, je n'aime pas les types qui nous suivent. »

Ricanements de mes copains, mais ils cèdent à mes craintes. Nous parvenons à La Mirabelle, j'ai le cœur en morceaux. Le restau est une voûte amicale, qui me calme. Un verre de champagne pour chasser la peur, cette peur qui court le long de la Croisette et qui s'insinue partout, malgré le soleil. Le foie gras à la salade de mesclun a raison de mon angoisse.

Le retour à la maison est un bonheur. Faisant le bilan du Festival, nous sommes contents. En dehors du travail, Louis et moi sommes casaniers. Alors qu'il s'échappe à la piscine, j'écoute mes entrevues. Je n'en suis jamais satisfaite. Louis est un être secret, tendre, qui cherche à me protéger. Par la douceur de ses gestes, il tente d'apaiser mon désarroi. Je doute continuellement de ma capacité à transmettre l'énergie, le talent des autres. Je suis toujours à bout de souffle. Rien n'a raison de mes angoisses, ni les montages et les entrevues réussis ni le calme bénéfique de Louis.

En 1987, le film d'ouverture à Cannes s'intitule : *Un homme amoureux*. Je tiens à rencontrer sa réalisatrice, Diane Kurys, qui loge au Majestic comme tous les participants de la sélection officielle. Rabrouée par l'attachée de presse, je n'en suis pas moins déterminée à obtenir une entrevue. Nous ne sommes pas des inconnues l'une pour l'autre et je tiens à lui faire part de ma vision du film, d'autant plus que les critiques ne sont nullement élogieuses. Vouloir quand on n'a aucun pouvoir est non seulement dérisoire, mais présomptueux. Je trouve le numéro de sa chambre et, comme plusieurs journalistes se sont décommandés, je tente ma chance en frappant à sa porte. Elle ouvre : « Non, pas maintenant » et referme la porte. Je décide d'attendre. Une personne sort, je me pointe : « Non, pas maintenant. » J'attends en sachant que je perds ma journée, que je vais finir par me faire jeter... J'ai le temps de connaître par cœur les fleurs du tapis, le va-et-vient des domestiques qui jettent un regard méprisant à la quêteuse d'entrevue. Finalement, au bout de trois heures, Diane Kurys sort :

– Comment, vous êtes encore là ? J'ai pas le temps.

Je la suis.

– Diane, on s'est rencontrées plusieurs fois...

– Non, fait-elle exaspérée, c'est pas possible.

Je la regarde, elle se tourne vers moi.

– Bon, d'accord, on prend l'apéritif à la piscine, ça vous va ?

Je suis légère, triomphante. On se faufile vers les matelas au bord de la piscine et Diane commande deux dry martinis. Elle jette un regard navré sur les journaux. Je les prends et je dis :

– J'aimerais que vous me parliez de ce rapport entre l'acteur, le rôle et l'amour!

C'est le sujet du film.

– J'avais envie de raconter une histoire d'amour et je me suis demandé dans quel milieu j'allais la situer. J'ai pensé tout de suite à faire l'histoire d'un acteur, Peter Coyotte, d'un acteur célèbre qui tomberait amoureux. On sait jamais quand ils sont vrais, les acteurs, ils mentent tout le temps... l'histoire d'une double vie, c'est contemporain, non? Pourquoi on part ensemble, pourquoi on part pas... J'ai pensé à un acteur qui devrait jouer le rôle de Cesare Pavese, les trois derniers jours avant son suicide. Pavese est peu connu en Amérique, on oublie que ce grand écrivain a traduit William Faulkner. Et tourner cette histoire de vie dans un film. Le film dans le film, c'est l'histoire d'un écrivain qui va se tuer et qui est un homme amoureux. Sur un plateau de tournage on a besoin d'aimer, c'est comme la nécessité de s'incarner, on est porté par le film, alors que notre vie personnelle est mise entre parenthèses...

– Ça, vous le rendez bien. L'amour a l'air nécessaire, fragile, précaire.

– Vous avez très bien résumé et ça s'est inscrit naturellement dans le film. Il y a de la passion partout, dans la nourriture... le temps est compté. C'est vrai qu'il y a un côté glamour, des images jolies: on vit dans un monde comme ça et le milieu des gens riches qui viennent faire un tournage à Rome, c'est les villas, le luxe et c'est très beau, moi ça me fait rêver et j'ai pas honte de ça.

– Moi non plus, Diane, je n'ai pas honte, j'ai besoin de ce luxe.

– Durant ce tournage en Italie, j'ai appris que je n'étais pas très proche des acteurs, que je me méfiais des acteurs, que je ne voulais pas me laisser envahir par eux, que j'aimais mieux la compagnie des techniciens, j'étais plus proche de l'équipe. J'ai appris qu'ils étaient fragiles, les acteurs, plus fragiles que je ne l'imaginais, j'ai appris que j'aimais profondément écrire, que j'avais une fascination pour les écrivains et que j'étais fascinée par le suicide, que cela me préoccupait. J'ai appris que je pouvais aimer encore, j'ai appris comment tourner dans un studio à Cinecittà, le prix du bois, le prix des clous! Ce qui est dur c'est que mon film, *Un homme amoureux*, sort pendant une crise profonde du cinéma… On est en tête, mais c'est comme si on sortait le film durant des funérailles. C'est dur! Je ne voudrais pas attendre quatre ans pour commencer un autre projet.

J'ai attendu douze ans pour retrouver Diane Kurys. Lors de son passage à Montréal en 1999 pour *Les amants du siècle*, nous nous sommes retrouvées avec un immense plaisir. J'adore la minutie et l'intelligence sensible de Diane Kurys. Elle m'a offert un très beau livre illustré sur Sand et Musset, *Les enfants du siècle* :

Pour Minou Petrowski, en souvenir de ce 14 décembre 1999. J'aime votre force, votre honnêteté, votre passion. Moi aussi je vous aime, Minou,
À la prochaine fois,
Dans l'autre siècle…

Je t'attends, Diane, pour toujours. J'ai revu *Un homme amoureux*. Le film n'a pas une ride, il a le parfum mélancolique de l'amour qui me trouble encore, vingt ans plus tard.

Locarno, 1987. Même la lune est cinéphile, annonce l'affiche du Festival. C'est mon ami, le cinéaste Claude Miller, rencontré la première fois en 1983, qui me recommande d'assister à ce festival.

– Va aux îles Borromées, tu verras ça ressemble au Vieux-Nice.

L'acteur Jacques Penot m'encourage à faire ce voyage. Invitée avec Louis, je découvre le Tessin, la Suisse italienne.

Nous habitons au Al Pozzo, un hôtel-restaurant qui donne sur le lac Majeur, dans un semi-appartement ; le lit est dur et je fais la gueule car je voulais être au Grand Hôtel, dont la superbe architecture du dix-neuvième siècle embellit la colline de Locarno. C'est là que logent les stars. Louis s'en fout, la chambre lui convient, le restau l'amuse et nous buvons tous les soirs, avant mon téléphone pour Montréal, un Cinar, apéritif local à base d'artichaut. Il fait trente-cinq degrés, une humidité étouffante. Vers six heures, face au soleil, au lac brumeux et à la montagne magique, la vue est surprenante. À côté de chez nous, à L'Albergo, il y a sur le balcon un immense pot de magnolias et de géraniums. Toute la Via Verbano est flanquée de platanes. Les films sont moyens mais le Festival est réputé pour ses rétrospectives. Cette année, on rend hommage à l'acteur Lou Castel et j'entraîne Louis revoir *Les poings dans les poches* que Marco Bellocchio a tourné en 1965. Dans ce décor de rêve, il est difficile de se concentrer sur le cinéma, tout dans ce lieu attire le regard. À Cannes, on fonce, ici on flâne, c'est un festival à dimension humaine, sans bousculades, le rythme est différent, l'accueil simple et amical. Le temps est capricieux et cette chaleur chargée d'humidité prédispose à la nonchalance.

Au bord de la piscine du Grand Hôtel, je fais une entrevue avec Freddy Buache, directeur de la cinémathèque de Lausanne. Je trempe mes pieds dans l'eau et Louis contrôle le son. Après plusieurs rendez-vous manqués, nous rencontrons Bruno Ganz, acteur génial qui est ici pour *Les ailes du désir*. Bruno Ganz ne donne pas d'entrevue, mais Locarno est un lieu privilégié, c'est la Suisse, son pays ; il accepte. Dans un coin du salon du Grand Hôtel, il se présente fébrile, s'excusant du retard. C'est un homme courtois, entièrement dédié à son art, le théâtre, et aussi le cinéma, mais pas n'importe lequel. Sa voix est douce et son regard rappelle le personnage du film de Tanner *Dans la ville blanche*. Bruno Ganz me fait l'impression d'un homme solitaire et douloureux, qui accepte l'échange, rassuré que nous soyons du Québec. Il se détend. Je garde de ce moment un souvenir physique entre la douleur silencieuse et le plaisir. Wim Wenders vient présenter sur la grande place de Locarno *Les ailes du désir* dans lequel ma petite Lorraine, Solveig Dommartin, est à l'apogée de son succès et de son amour pour Wim. Nous retrouvons Daniel Schmidt, cinéaste suisse-allemand qui nous entraîne dans la vallée Maggia où de petits lacs glacés se fraient un passage entre les falaises. Nous sommes à deux mille mètres d'altitude, l'eau turquoise est transparente, et Daniel Schmidt escalade les rochers brûlants comme un cabri, emmenant Louis qui est ravi. C'est un moment unique. La vallée Maggia est réputée pour ressourcer les âmes fortes. Je regarde Louis vivre, à la fois heureuse et inquiète de voir trop de jolies femmes autour de lui, trop de belles Italiennes, jeunes, qui le convoitent, surtout une certaine Silvia, belle comme Anne Parillaud. L'affiche du Festival est son œuvre. Elle ne lâche pas Louis du regard et s'imagine que je ne sens ni ne vois rien. Je ne peux rien contre cela. Je suis jalouse et vigilante, j'observe, je sais très bien comment on séduit quelqu'un, même accompagné. Les soirées sont somptueuses. Au château Visconti, palais en plein air éclairé par des torches, on boit du champagne, le poisson est exquis et la nuit douce. Pendant ce temps, sur la grande place, cinq mille personnes regardent sur un écran géant le film magistral de Wenders. Nous regagnons notre chambre par la Via Verbano, qui longe le lac Majeur, il est trois heures du matin et il fait encore trente degrés. Le lendemain, nous consacrons notre temps libre à la traversée vers les îles Borromées. Après quatre heures de bateau, nous débarquons en Italie, à Isola Madre, la plus grande des îles, la plus spectaculaire. Nous visitons en silence cette île d'une beauté stupéfiante d'harmonie ; brusquement, Louis me quitte pour découvrir seul ce lieu retiré. Nous savons tous les deux que jamais nous ne reviendrons, que le temps est trop fugace pour que nous puissions nous adapter à la magnificence de ce lieu qui continuera à exister sans nous. Cette sensation du « plus jamais » nous terrasse. Le jardin de l'Isola Madre est l'un des plus anciens d'Italie. On ne peut que se taire devant tant de diversité et de perfection. C'est un mélange d'odeurs et de couleurs. Oranges, citrons, pamplemousses parviennent à y pousser, vingt espèces d'eucalyptus embaument les allées, les camélias éclatent à chaque détour, mais l'arbre le plus surprenant se trouve sur la place, un cyprès du Cachemire, majestueux, avec ses grosses branches ascendantes. C'est le plus vieux cyprès d'Europe. Nous nous assoyons sur un banc, heureux d'être là, à ce moment précis, au milieu du lac, presque seuls comme des prisonniers ensorcelés. J'ai la sensation très nette que jamais je n'oublierai cette expérience. Je regarde Louis et constate qu'il pleure. Pourquoi pleure-t-il ? À cause de Silvia qui, sournoisement, s'est immiscée entre nous ? L'année suivante, à Berlin, elle lui dérobera avec grâce son adresse. Ai-je été trahie ? ou Louis pleurait-il de ne pas avoir été avec Silvia ? Je n'ai pas de réponse mais j'ai trouvé deux ans plus tard une lettre de Silvia à Louis. Colère et chagrin. Pour répondre à mon désespoir, Louis m'a écrit cette lettre qui, encore aujourd'hui, met un baume sur ma douleur :

J'ai compris, Minou, je t'ai blessée. Mon comportement insouciant ne reflète en rien l'amour que j'ai pour toi. Je ne t'ai pas trichée ou trompée. C'est difficile d'aimer vraiment, entièrement, comme tu le fais, pour quelqu'un qui apprend tout juste à marcher. Je t'aime, tu fais partie de moi.

Je sais cela.

En rentrant à Montréal, dégât dans ma valise, la bouteille de Cinar s'est cassée, mon blouson de cuir sent l'artichaut et l'alcool, toute ma documentation est humide, imprégnée avec force de notre passage à Locarno. On retrouve Wim Wenders au Festival du Nouveau Cinéma de Montréal, où Louis travaille comme présentateur, faisant ce travail avec beaucoup d'assurance. Je passe l'après-midi avec Solveig Dommartin, à grignoter des sushis. Il me reste les photos du lac Majeur, de la vallée Maggia et des amis autour de la piscine du Grand Hôtel. Cette façon de vivre dans des environnements si variés me plonge parfois dans l'angoisse, tant de décors somptueux, sublimes, et de rencontres si intenses… Est-ce ainsi que les hommes et les femmes veulent vivre ? Nous reprenons le rythme de la vie quotidienne. André, le réalisateur de l'émission, m'a prêté une machine portative pour faire du montage. On coupe, on colle, on glisse subtilement une musique, et l'entrevue s'anime. Si on sourit à la première écoute, à la deuxième ou la troisième, c'est que la phrase est bonne. Louis est plus habile que moi, mais j'adore cette façon créative de faire parler intelligemment mes invités. Beineix et Jean-Hugues Anglade sont passés à la maison. Jean-Hugues est amoureux d'une ballerine et il voudrait un nounours comme Octobre. Je lui offre ce petit cadeau, pour le voir sourire. C'est rare. En fin d'année, nous achetons un autre nounours. Il s'appelle Farfadet, en mémoire des petites histoires des livres cartonnés que m'offrait Mme Julienne. À Noël, on fait la fête avec Boris et Nathalie.

Louis m'écrit une carte :

La scène se passe il y a quelques années. La petite fille qui rêve dans le jardin fleuri, c'est toi. Bien sûr, j'étais encore loin. Mais aujourd'hui, le bonheur de vivre à tes côtés me remplit d'espoir. Mon vœu le plus cher en ce Noël 1987 est de te rendre heureuse, aussi libre et insouciante que cette petite fille. Je veux vivre encore plein de Noëls avec toi. Je t'aime si fort.

Louis

Moi aussi, je souhaite faire reculer l'angoisse toujours présente. Tu me fais du bien. Je suis toujours la petite fille qui n'en finit pas d'avoir peur.

Paris, 30 mai 1988. Au Club 13, les studios de Claude Lelouch, j'ai rendez-vous avec Michel et Rosalinde Deville pour *La lectrice*. C'est un véritable plaisir de rencontrer ce cinéaste que j'aime tant ainsi que sa femme, sa complice. Michel Deville est un doux dingue. À l'écran, il a toutes les audaces, de *Péril en la demeure* à *Nuit d'été en ville*. Notre bref passage à Paris est marqué par notre visite au théâtre de l'Odéon où Andrei Konchalovsky monte *La mouette* avec Juliette Binoche. Macha Méril s'adresse à Louis en russe, persuadée qu'il est Sacha, le fils d'Andrei! Lorsque les acteurs travaillent, je n'aime pas les déranger. Andrei Konchalovsky nous accorde un moment de plaisir.

– C'est vrai, dit-il à Louis, que tu ressembles à Sacha, mon fils!

Le lendemain matin, attablés au bistrot du boulevard Saint-Germain, du même côté que Sonia Rykiel, Louis et moi on se chauffe au soleil de mai, tandis que passe devant nous en joggant Andrei Konchalovsky. Il nous fait signe de la main et crie « Salut Sacha » à Louis qui sourit. Nous sommes descendus à l'hôtel des Saints-Pères. Je suis à Paris dans l'espoir d'une rencontre avec Arletty. Lorsque je lui parle au téléphone, elle refuse sèchement toute entrevue et je me dis que si je ne parviens pas à la faire céder, c'est foutu pour moi. Louis m'encourage mais j'ai une mauvaise grippe et le moral dans les talons. Arletty me demande:

– Quel est votre nom?

– Minou.

– C'est pas un nom…

Malgré son ton bourru, j'ai piqué sa curiosité. Nous discutons un peu et finalement, elle accepte, mais au moment de raccrocher, je réalise que je n'ai pas son adresse. Il y a un sourire dans sa voix :

— Minou, c'est pas un nom, répète-t-elle.

Et voilà, le rendez-vous est pris pour le lendemain. J'ai besoin d'un verre, je tremble en voyant défiler dans ma tête tous les films, les pièces de théâtre, en pensant à la légende qui entoure cette immense actrice. Je sais que je suis insupportable, Louis me réconforte, il est là auprès de moi. Je dois réussir. En entrant dans cet immeuble du XIVe arrondissement, j'essaie de réchauffer mes mains qui sont glacées. Une vieille dame nous ouvre la porte. Arletty attend dans son salon, impeccable dans son tailleur blanc, le regard voilé par des lunettes noires. J'ai apporté une bouteille de champagne, un Cristal Roederer. Louis place la bouteille dans un minuscule frigidaire. Il me faut apprivoiser cette femme fière et digne. Je me sens gauche. Ma force, c'est que je ne triche pas, mais je ne peux croiser son regard, Arletty est aveugle depuis 1962. D'un sourire, Louis m'invite à foncer. Je me dois d'être à la hauteur. Très vite, je me sens proche de cette magnifique actrice qui vient de fêter ses quatre-vingt-dix ans. Arletty, c'est la lucidité et l'esprit coquin de Paris. Cette femme a un discours qui me plaît, parce qu'elle dit ce qu'elle pense, peu importe les conséquences, parce que c'est une rebelle. Elle a la gouaille et la distinction des petites femmes de Paris. Dans ses rôles, elle ne joue pas, elle est. Si je l'aime tant c'est que je lui ressemble. Lorsque dans un extrait des *Enfants du paradis*, on lui pose ces questions, c'est de moi qu'il s'agit :

— Comment vous appelez-vous ?

— Moi, je ne m'appelle jamais, je suis toujours là, j'ai pas besoin de m'appeler ! et les autres m'appellent Garance, si ça peut vous intéresser.

— C'est pas un nom, ça !

— C'est un nom de fleur, mais mon vrai nom, mon nom de jeune fille, c'est Claire.

— Claire comment ?

– Claire comme le jour, Claire comme de l'eau de roche!

– Votre nom de famille, vous entendez?

– Ma mère s'appelait Reine, madame Reine, de la famille, elle en avait pas, enfant trouvée comme on dit.

– On est gentil, aimable, on met la nappe, mets-toi à table on t'en tiendra compte.

– Laissez-moi, ne me touchez pas!

– Des égards peut-être. Allez, suffit comme ça, on l'emballe.

– On l'emballe, hé là attention, fragile, objet d'art, du tact s'il vous plaît, de la délicatesse.

– Vous ne savez sans doute pas à qui vous avez affaire!

Ce ton, je me le suis approprié souvent, j'ai dit ces phrases légendaires, pour me défendre. Et quand Juliette Gréco chante la chanson de Garance, celle du film, *Je suis faite pour plaire et n'y puis rien changer*, cela me convient.

L'an 1898, Léonie Julia Maria Batia, du sexe féminin, née le 15 mai courant, à trois heures du matin au domicile de ses père et mère à Courbevoie, n° 33. L'année de sa naissance sera une grande année pour les vins. C'est décidé, dit-elle, je ne me marierai jamais, je n'aurai pas d'enfant. Ni veuve de guerre, ni mère de soldats. En 1916, son père meurt.

– Je blindais mon cœur, dira-t-elle.

– Arletty, j'avais tellement envie de vous rencontrer.

– Ah c'est gentil, dit-elle, vous savez, moi, les questions, si j'ai pas envie d'y répondre, j'y réponds pas. Il y a une femme qui a fait un portrait de moi, elle s'appelle Françoise Giroud et elle a dit: «Au fond, Arletty, elle se fout de tout.» C'est vrai.

Assise en face d'Arletty, tout près de Louis, j'écoute:

– J'étais faite pour faire trente-six métiers, j'avais un peu la vanité pour dire: j'ai été un peu actrice, j'ai vendu des tomates, j'ai été un peu mannequin, j'ai fait des études de sténodactylo, j'ai été dans les ministères… j'avais la curiosité, voilà. Moi, il faut que j'admire, j'ai admiré mes camarades.

– Vous ne vous êtes jamais préoccupée de ce que les autres pensaient de vous?

– Je m'en tape complètement. Je ne refuse pas les conseils. Mais je me tape de la mauvaise opinion qu'on peut avoir de moi, je m'en tape complètement.

Et moi donc… Arletty résume parfaitement ce que je ressens, je me cherche en elle, ou plutôt je me trouve.

– J'ai la curiosité, dit-elle. Avec l'invention de l'auto, les voitures sont sur le trottoir, il n'y a plus de tapin…

– C'est triste!

Ah, le rire d'Arletty… Pour cette seconde de mélodie, j'ai gagné. Une jeune fille qui rit aux éclats!

– Il y a les PB et les PM, les porte-bonheur et les porte-malheur. Moi j'ai toujours vécu porte ouverte, alors il faut prendre des risques, mais c'est moins dangereux de se retrouver en face d'un mec qu'on connaît qu'en face d'un rat, un mec on peut toujours s'arranger, mais un rat c'est fortiche… J'allais voir les films muets, mais je n'aurais jamais voulu jouer dans ces films, les acteurs disaient n'importe quoi, n'importe quoi! Des conneries. Un jour, les réalisateurs ont fait venir cent sourds-muets, pour voir ce qu'ils disaient: eh ben, c'était des cochonneries. Ah non, j'aurais jamais voulu jouer dans ça! N'importe quoi. Moi, j'ai eu la chance de dire des textes extraordinaires, avec Prévert, Jeanson, ça c'était des dialogues. L'argent? c'est pour le foutre en l'air, moi je fais partie des tordus qui ne pensaient pas à l'avenir. Une femme, quand elle a de l'argent, qu'est-ce qu'elle fait? Elle le donne! Alors moi j'ai pas du tout pensé à me garer, à l'avenir, et puis dans la vie, j'étais un peu paresseuse, je serais bien restée à rien foutre.

Plus j'écoute Arletty, plus je vois Louis se marrer, je sais ce qu'il pense: «Cette femme, Minou, parle de toi.» Et c'est ça qui est le plus époustouflant dans les rencontres, la superposition des personnalités, comme si on pouvait être le carbone de l'autre.

– Arletty, j'étais au théâtre Édouard VII lorsque vous interprétiez Blanche Dubois, dans *Un tramway nommé Désir*.

– Ah oui?

– Vous étiez sublime dans vos costumes de Saint Laurent, pas comme l'interprétait Vivien Leigh dans le film, elle avait l'air d'une folle, avec des oripeaux et complètement hystérique, j'ai pas aimé.

– Ah bon!

– Vous, c'était la classe, la France qui débarque à La Nouvelle-Orléans!

– Je sortais de la salle de bains dans un déshabillé d'Yves Saint Laurent et, à la fin, lorsque l'ambulance vient me chercher, je porte un diadème (c'est moi qui ai proposé ça au metteur en scène, Raymond Rouleau) et un tailleur de chez Balmain. Le théâtre c'était ma passion, et puis c'est la discipline, si vous êtes pas là à neuf heures quand le rideau se lève, on vous fout à la porte. On m'a pas élevée, c'est moi qui me suis élevée toute seule... Dites, quand vous passerez l'entrevue, vous mettrez des airs de Paris? Comme celui que j'aime tant... «Ciel de Paris, oh ciel le plus léger du monde, ciel de Paris avec une émotion profonde...»

C'est aussi avec cette émotion profonde qu'Arletty me caresse doucement les cheveux, et prononce, avec respect cette fois-ci:

– Minou et Louis, vous habitez ensemble?

– Oui.

– C'est bien, Minou et Louis. C'est ça.

Est-ce qu'on se reverra? Non. Nous quittons le petit appartement, je flotte sans vraiment être contente de moi. Après chaque entrevue, je vis l'enfer. Je me rends à l'évidence, c'est maintenant que le travail commence. Construire cette écriture radiophonique que j'apprends chaque jour. Louis me calme, m'aide, m'apporte ses conseils pour faire en sorte que cette rencontre devienne un petit diamant de simplicité et de bonheur. Je doute et je m'use dans mes batailles entre le fric et la reconnaissance. Je suis constamment impatiente. Pour se récompenser, on s'installe aux Deux Magots, section fumeurs, Louis commande: la cuvée spéciale Deux Magots.

On rentre à Montréal chargés de cassettes, de réflexions, de sons de Paris. J'achète le dernier fourre-tout noir de Sonia Rykiel, notre voisine de l'hôtel des Saints-Pères.

À Noël, Louis m'écrit une lettre, j'adore ses mots.

Pour un premier amour, j'ai vraiment été gâté par le petit Jésus. Et le petit Jésus, c'est toi SABATCHKA. Quatre ans déjà. Mais j'en veux encore huit, seize… pour te rendre un peu du bonheur que tu m'as donné. Je t'aime.

Louis

Mon amour fragile, je n'ose y croire. Nous sommes toutes pareilles, nous les femmes, nous gardons les lettres, les cadeaux, les preuves et malgré tout, le doute et l'inquiétude s'insinuent à la moindre occasion.

Parfois, je parle à Louis de mon enfance : « Un jour, je te promets, nous irons en Italie, mais nous irons d'abord à Nice, et tu verras où j'ai grandi. »

En 1989, je décide, durant le Festival de Cannes, de prendre une matinée pour aller à Nice. Je choisis un matin où l'on projette un film américain déjà vu à Montréal. J'ai congé de culpabilité et on prend le train, Louis et moi. De la gare de Nice, on emprunte l'avenue Thiers jusqu'au boulevard Gambetta, on tourne à gauche et on arrive sur le boulevard Tzarewitch. En remontant ce boulevard mille fois arpenté, je suis inquiète et Louis me rassure, ce que nous allons faire ensemble c'est beaucoup pour moi et un peu pour lui. Il est dans ma vie la personne la plus précieuse, comment ne pas lui offrir un petit fragment de mon enfance, lui qui connaît tout de moi? Au 21, boulevard Tzarewitch, se dresse toujours cette clinique mutilée qui fut le décor de ma jeunesse. On entre, tout est laid et médiocre, la salle d'attente, des chaises de moleskine rouge sur fond de murs blanc sale trahissent l'indigence des lieux. Dans cette salle vide, je m'assois un moment. Sur un des murs, une vieille photo encadrée de ce que fut la clinique autrefois. Cette photo est ma dernière pièce d'identité, je la veux. Je l'ai demandée, j'ai imploré les propriétaires de me la vendre. Pas question. Louis n'abdique pas. Il ouvre mon immense sac, que je traîne depuis Cannes, et me demande:

— Tu es prête?

Je grelotte, j'ai les mains moites. On fonce, et en un instant, Louis décroche le cadre, enfourne la photo dans mon sac qu'il referme d'un mouvement. On fuit comme des voleurs et, sur le boulevard Tzarewitch, on court comme des fous jusqu'à la rue Saint-Philippe. Louis siffle un taxi qui nous dépose à la gare.

Le train en provenance de Vintimille entre en gare de Nice. On saute dans le train, heureux, essoufflés, sans remords, moi, apaisée, et Louis, réjoui de m'offrir un cadeau fabuleux. On balance l'encadrement et je rapporte la photo de la clinique à l'hôtel. Journée mémorable. En regardant la clinique si austère, je me rends compte que la devanture n'est rien à côté de ce qui a été vécu à l'intérieur. Cette photo ne parlera jamais, mais elle doit rester dans ma mémoire. Louis est comme les enfants devant une photo de leurs parents lorsqu'ils étaient jeunes, je suis arrivée si tard dans sa vie, la représentation de la clinique revêt pour lui un caractère unique, qui scelle notre intimité. Louis est à la plage du Festival avec notre ami Pascal. Cette année, on a évité un coin de la Croisette, où s'opère la démolition de l'hôtel Gonet et de la Reine, vieil hôtel, au profit de ce qui deviendra le Noga Hilton. Un dernier coup d'œil aux lauriers roses, aux magnolias. Demain, nous serons à Montréal.

Dès notre retour Louis s'attelle au montage sur le Nagra de Radio-Canada. Tranquillement il obtient des petits contrats, alors que je suis à la recherche de musiques de films, d'ambiance, qui collent à l'émotion et aux propos des entrevues. On prépare ensemble une heure audio sur Cannes, entre les entrevues, le bruit de la mer, notre incursion dans les îles de Lérins que l'on ponctue de chants grégoriens. C'est beau, troublant, car à l'écoute, les images nous reviennent aussi présentes, nous avons la chance de vivre deux fois ce que l'on a vécu ensemble. Lorsqu'un couple travaille dans le même milieu, il s'enrichit et devient complémentaire. C'est ce que j'ai toujours souhaité, imaginé. Vivre au même rythme, avoir ses affinités électives. J'ai fait encadrer la photo de la clinique, en noir sur blanc serti de bois doré. Elle trône dans la chambre russe. J'ai rapatrié mon enfance. Louis s'est fait une place au Festival du Nouveau Cinéma, il obtient de plus en plus de contrats, un homme a besoin de travailler et Louis aime se sentir utile. Souvent il nous arrive de rêver : « Si tu avais vingt ans de moins, me dit-il, on se marierait. » J'éclate de rire, avant de répondre : « Avec toi, oui. »

Berlin, février 1990, moment historique. Le Mur est tombé en novembre dernier mais la porte de Brandebourg résiste. Cette année-là, le Festival se déroule autant dans la rue que sur les écrans. Louis grimpe sur un échafaud pour capter le son du démantèlement de ce mur qui tombe à ses pieds. Les morceaux de l'Est ne doivent pas être touchés, mais Louis s'entend avec un soldat allemand et nous rapportons cette pièce historique à l'hôtel. Nous vivons des moments forts qui consolident nos liens amoureux. J'apprends avec Louis une manière de vivre plus posée et une réflexion plus pragmatique. Moi, je suis toujours exaltée, Louis est plus pondéré, mais son jugement sur la réalité est étonnamment sûr. Il m'aide à me contrôler, me calme, m'irrite parfois, mais rien n'est banal avec lui.

Un jour, à Montréal, je reçois la lettre d'une femme qui s'appelle Armelle et qui a grandi avec moi à la clinique. Je me rappelle très bien la petite Annamite, jolie et fine, dont la mère vivait dans une chambre de bonne et faisait partie du personnel de la clinique ; Armelle, dont la voix enfantine me tourmentait par ces phrases malignes : « Bâtarde, juive, ta mère c'est une putain. » Tout comme je me rappelle mon silence en réponse à ces injures. Elle vit dans le sud de la France et, ayant appris par je ne sais quelle voie mystérieuse que je vais à Cannes, elle demande à me rencontrer. J'accepte, curieuse mais aussi sur mes gardes. Je l'invite à l'hôtel de Provence. Je retrouve une vieille dame desséchée comme une figue, mais toujours aussi geignarde. De me revoir lui fait faire un bond en arrière, avec moi elle retrouve ses jeunes années. Elle aurait pu devenir une fort jolie danseuse. Sa hardiesse désespérait sa mère, qui travaillait humblement et se trouvait privilégiée de pouvoir garder sa fille avec elle, elle qui n'avait pas de mari, une vie de pauvre, de désespoir, avec cette petite garce qui promettait. Nous étions sans doute dans le même état de colère, à l'époque, mais elle savait des choses sur mes origines que j'ignorais et elle en profitait, essayant de séduire le docteur Vautier, se faufilant dans les couloirs de la clinique comme si elle était chez elle. Sa présence m'était nécessaire mais j'étais son souffre-douleur qu'elle manipulait allègrement.

La première journée, à Cannes, elle commence à se plaindre, elle est cardiaque mais conduit jusqu'à Nice comme une dingue. Une fois complétée la visite de notre ancien quartier, avec ses souvenirs, qui ne correspondent nullement aux miens, nous sommes de retour à Cannes. Dans le jardin de l'hôtel de Provence, sous l'œil de mes amis Jean-Lou et Gali, elle pérore. Sa fausseté m'horripile. Après les asperges blanches, les langoustes, le champagne, et sachant qu'elle rentre chez elle le soir même, je me dis que c'est le moment ou jamais et, sur un ton faussement amical, je me lance :

— Armelle, je tiens à te dire, en souvenir de notre enfance, que tu es la plus belle salope que j'aie connue et que tu as empoisonné mon enfance, en me traitant de sale Juive, de bâtarde, etc...

— !!! J'étais une môme, c'était pour rire, je ne savais même pas ce que cela voulait dire !

— Eh bien, ma chère, je suis heureuse de pouvoir te dire en face que tu m'as fait chier durant cette bucolique enfance que tu tournes à ton avantage ; j'aurais pu être heureuse, joyeuse, mais à cause de ta méchanceté, je n'éprouve que de la colère et du dégoût.

— Mais je t'aimais comme une sœur ! Oh, mon cœur, c'est horrible ce que tu dis !

— Tu t'en foutais bien de l'enfant que j'étais, tu semais la peur par petites doses pour que ça fasse plus mal. Je me fous de ce que tu penses de moi, je ne garde aucun bon souvenir de toi. Tu as contaminé mon existence et la seule chose que je souhaite, c'est que tu sortes de ma vie pour toujours…

Elle se lève en titubant, me jouant la comédie de la cardiaque qui défaille. Je n'en crois rien.

À mon retour de Cannes, je trouve une lettre abominable que je déchire et jette à la poubelle en me disant : «Voilà une bonne chose de faite.» J'ai eu la chance de venger la petite fille négligée qui est en moi, c'est ma première victoire.

L'année en cours marque la fin de l'émission *Les belles heures*, dans l'équipe, nous sommes inquiets. J'ai soumis un projet de magazine : cinéma et littérature, avec la couverture des festivals. Je vis dans l'angoisse et je suis pénible à la maison. Louis me remonte le moral, il travaille sporadiquement pour une émission d'affaires publiques à la radio, il s'adapte facilement et s'intègre dans l'équipe. J'ai parlé plusieurs fois de Louis à mon patron, de mon désir de bâtir une émission avec Louis comme réalisateur et moi comme animatrice. Mon patron, Jean-Pierre Paiement, que j'apprécie et avec lequel j'ai parfois des démêlés, craint les chicanes de couple. Dommage !

– Et quand vous ne serez plus ensemble, qu'est-ce qui se passera ?

Qu'est-ce que ça veut dire ? Que les couples illégitimes ne peuvent pas travailler ensemble parce que l'amour ne dure pas, que la rupture créera des remous dans la fonction ? C'est grotesque. Je ne suis pas cette femme dont il parle, j'ai de la dignité comme dirait Arletty. Je ne sais que lui répondre. « Je sais me tenir. » Il m'arrive de penser à la vie sans Louis. Tout ce que je lui demande c'est de faire les choses avec élégance. Nous éprouvons le même besoin d'harmonie. Je suis si fatiguée de me battre pour gagner mon combat à la radio que je me sens vieille. Louis est libre. Chaque fin de saison, je suis en sursis, et les années s'accumulent sans me rassurer. Lorsqu'il fait beau, Louis m'emmène dans le Nord, au lac dans les Laurentides. C'est un endroit fabuleux, sans grand confort mais nous sommes seuls. On se baigne dans le lac, Louis m'a attaché une ceinture comme pour les petits et je peux nager sans avoir peur. On fait l'amour l'après-midi et, le soir, on allume les lampes à pétrole, on dîne dehors sous le ciel étoilé, cela me rappelle Malzeville, en Lorraine, chez les parents d'André. Un ciel paisible, juste le bruissement des bouleaux. Je n'aime pas la campagne, mais j'aime faire l'amour à la campagne.

On termine la saison des *Belles heures* sans savoir ce que sera l'automne. Louis m'accompagne au Musée des beaux-arts, on fait l'émission en direct sur l'expo consacrée à Picasso, je n'aime pas les musées, ni les foules qui se pressent devant les tableaux. L'œuvre de Picasso, c'est à Vallauris que je l'ai découverte. J'ai fréquenté les peintres comme les acteurs : Jean Clerté, qui m'avait hébergée à Saint-Germain, devenu célèbre par la suite ; Manet Katz, qui m'a invitée chez lui pour me montrer ses toiles, un Juif ukrainien de soixante-cinq ans à l'époque, j'aurais préféré Chagall. La seule exposition que j'ai voulu voir, c'est la rétrospective des œuvres de Chagall, au Grand Palais, à Paris, en 1959. J'étais avec un ami et nous avons passé trois heures de bonheur assis sous une immense toile qui se balançait au-dessus de nos têtes. Il y a eu ma période de la Grande Chaumière avec Roberto Sollers, un Espagnol blond qui habitait l'atelier de Soutine. Lui aussi est devenu célèbre. Un café au Select un jour de brouillard avec Nicolas de Staël, il me plaisait parce qu'il était beau et russe. J'aime la tristesse des peintres et leur silence. Leur extravagance aussi, comme celle d'Yves Klein, un Niçois, qui voulait m'emmener à Paris à cheval. Un tableau acheté à Michel Morin, grand peintre mal célébré. Beineix, mais c'est une autre histoire.

Je prends Louis par la main, l'émission est finie, j'ai été très moyenne à la radio, nous partons sans dire au revoir. En rentrant, Louis se jette sur le lit, je le rejoins, épuisée, et doucement, encore plus doucement, nous avons fait l'amour à quatre heures de l'après-midi. Peut-être à cause de Picasso.

La nouvelle est confirmée, Christiane Charette et moi animerons une émission sur le cinéma et la littérature à l'automne. La direction a donné une conférence de presse pour annoncer l'émission, c'est Louis qui a trouvé le titre. On fait des photos, je suis impatiente et fière de l'attention qu'on nous porte. Tous les samedis après-midi, rendez-vous sur les ondes de Radio-Canada.

Demain, Louis commence comme perchiste dans le film de Michel Langlois.

Aujourd'hui, notre réalisateur nous a conviées au studio, Christiane et moi, afin de nous faire savoir qu'il quittait l'émission *Double expresso*. Il quitte la société pour cause de décès futur. Atteint du sida, il nous fait ses adieux pour les quelques mois qui lui restent à vivre. Nous sommes bouleversées et muettes, devant cet homme jeune et beau qui se prépare courageusement à mourir. Le silence et les larmes sont de rigueur.

Après la naissance de son fils Louis, Nathalie publie son deuxième roman : *Maman last call*. C'est beau et touchant. Devant le talent et l'opiniâtreté de ma fille, je suis admirative. J'ai remplacé l'écriture par l'écriture radiophonique, dont le côté éphémère m'angoisse ; pour retrouver l'écriture, il faudrait que j'accepte de me taire. Et pour vivre, j'ai besoin de la radio. Louis alterne entre les affaires publiques et les films, il s'absente et il me manque. Nous arrivons à terme, Louis prend de plus en plus sa vie en main, c'est ce que je souhaite depuis le début de notre aventure amoureuse. *Double expresso* se déplace pour le Salon du Livre à Québec, c'est l'occasion de beaucoup de fous rires, d'instaurer ma complicité avec Christiane, son naturel et son audace me séduisent. On s'habille en noir, on ne fume pas, on n'aime pas le café, mais, toutes les deux on adore le champagne. Ça crée des liens.

Vendredi 11 octobre 1991. J'ai soixante ans aujourd'hui. Je lis *Madame Bovary* et je me reconnais dans le personnage d'Emma face à l'argent et à l'affectivité. Je m'identifie à son comportement. Compulsive et insatisfaite, je n'ai pas l'esprit à la fête. Nathalie nous a invités, Louis et moi, en toute simplicité avec Boris. C'est bien, je suis fragile en ce moment. J'enfile un tee-shirt noir avec l'inscription «Attention fragile… Objet d'art». Je ne me maquille pas et le noir est le look de circonstance. Quand nous arrivons chez Nathalie, rue Jeanne-Mance, c'est la surprise. Tous ceux que j'aime, à qui j'ose à peine le dire, sont là: Nathalie, Boris, Michel, Bébé Louis (le fils de Nathalie), Jean-Claude Lauzon, mon ami rebelle, Franco, Josianne, mon ex-mari, sa femme, Nicolas, Pierre et André Melançon, Christiane et mon équipe de *Double expresso*. Des cadeaux comme je n'en espérais pas. Un samovar de la part de Boris, une serviette en cuir de Louis, des boucles d'oreilles sublimes, un fax, du parfum, des chocolats, et moi, avec mon look *destroy*, je me trouve moche, avide de tendresse. Entre les mains, une carte que je lis et relis.

C'est un vrai bonheur de passer un autre anniversaire avec toi. Mais surtout de vivre ensemble, jour après jour, festival après festival. Je t'aime et te suivrai partout comme tu m'as soutenu toutes ces années.

Louis

Les années à venir sont chargées d'angoisse, d'appréhension et de joie. Louis est présent dans mon travail: généreusement, il fabrique de petits bijoux de montages avec mes entrevues. Lorsqu'il refait le *Journal de Cannes*, il gomme l'inutile, coupe à une fraction de seconde près et j'écoute, ravie.

Il a un talent naturel, et commence à s'imposer dans son travail d'assistant. Cannes 1992 fut particulièrement émouvant, par la présentation de *Léolo* en compétition officielle. Jean-Claude Lauzon, qui s'était fait remarquer pour *Un zoo la nuit* à la Quinzaine des réalisateurs, revient dans la classe des grands. Lorsque je croise Pierre Bourgault sur la Croisette, il est aux anges, c'est son premier film comme acteur et le voilà *guest star* au Grey d'Albion, où il s'empresse de partager avec moi une corbeille de fruits et une bouteille de champagne, offertes par la direction du Festival. Ginette Reno est aussi présente, mais celui avec qui j'ai rendez-vous, à 8 h 30, dans le port sur un superbe voilier, c'est Jean-Claude Lauzon. Il est terrorisé. Je le rassure, j'ai vu la projection la veille, c'est vraiment un film coup-de-poing, qui ressemble tant à Jean-Claude. De la provocation à la tendresse infinie. On boit un espresso et j'essaie de le calmer : « C'est fait, ton film est là, tu vas monter les marches, putain, Jean-Claude, calme-toi. Profite, on est à Cannes, il fait un temps magnifique, c'est un grand moment. » Je donnerais tout pour qu'il soit heureux. Ce sale gosse qui se foutait de ma gueule quand il avait seize ans, mais dont j'ai découvert, dès ses premières œuvres, le talent, l'originalité et l'audace, je l'ai toujours encouragé ; en ce matin frais et lisse, je crois en lui, si je savais comment le calmer. Au milieu de l'euphorie générale, mes problèmes d'argent minent mes efforts. Je suis écartelée entre les désirs et les devoirs. Je m'épuise à tenir tête à la vie. Les impôts me tombent dessus cotisation après cotisation, sans aucune explication. Je vis dans la peur, la solution est la faillite. Louis m'accompagne dans cette épreuve. La honte d'être « une faillie » ne me touche pas. Je sais que cette affaire de cotisation est un malentendu. L'année 1992 est pénible. Je n'ai plus de dettes, mais la vie m'échappe. Louis s'éloigne insidieusement. Il s'affirme, a de nouveaux amis sur les plateaux où il travaille comme perchiste. Il voyage encore avec moi, mais les contrats de films nous séparent. À Cannes cette fois-ci, Louis devient secret, les femmes sont autour de lui. J'ai de la peine. Je quitte la plage un midi et marche sur la Croisette en pleurant, je me cogne contre Roy Dupuis, qui sourit. Le soleil tape et je pleure bêtement devant lui. Il me prend par les épaules en disant :

– Ça va ?

– J'ai la grippe,

– Tu es sûre que ce n'est pas une grippe d'amour ?

J'éclate de rire et me jette dans ses bras. On va prendre un verre, je récupère. Roger Frappier m'invite à déjeuner au Majestic, sa gentillesse et sa discrétion me touchent. Mon chagrin est immense. Ce n'est pas le moment de s'abandonner, je cours après Depardieu, qui remet ses rendez-vous d'heure en heure. J'ai senti dès la première rencontre, avec Gérard, une reconnaissance, un lien mystérieux. Nous avons une amie commune, Agathe Godard, journaliste à *Paris Match*. En parlant d'elle, il me parlait de lui. En évoquant ma copine Agathe, je lui parlais de moi. Nous sommes des voyous de génération différente. Mais la vraie communication avec Gérard a eu lieu de nombreuses fois, il se passe quelque chose de plus à chaque fois. Il accepte toujours le rendez-vous avec quelque chose de traqué et de gentil dans le regard, mais on l'attend d'interminables heures dans des couloirs défraîchis. On ne dit pas vous à Depardieu quand on fait partie de sa famille. Dans un coin de son cœur, trop gros, trop rempli de succès, d'argent et de gloire, y a-t-il encore de la place pour la simplicité ? Pourquoi pas ? Il n'a jamais oublié qu'il avait débuté comme plagiste à Cannes ! C'est pas une vraie résilience ? De plagiste à Cyrano de Bergerac, ou à Vatel, quel parcours !

Je ne vais que vers les gens – acteurs, cinéastes, directeurs photo ou musiciens – que je désire car le désir me permet de passer outre à ma timidité.

Le jour de l'anniversaire de Boris, le 9 décembre 1992, au palais de justice, je suis exonérée de tout blâme par le juge pour ma faillite. Je téléphone à Louis et nous fêtons au champagne. Louis travaille au *Montréal Express*, il prend de l'expérience et de l'assurance. J'ai pris la décision de ne pas renouveler mon bail. Lorsque la propriétaire m'a demandé pourquoi, j'ai répondu que Louis et moi, on se séparait en juillet 1993. La rupture c'est comme un billet d'avion, il faut faire ses réservations à l'avance.

Berlin 1993. Dans la chambre 449 de l'hôtel Palace, je vais commencer ce festival en sachant que, pour Louis, c'est le dernier. À cette heure calme, il est aux thermes. Le Festival change et les journalistes québécois sont absents. L'Europe n'est pas à la mode. Mon hôtel prend des allures de palace avec les transformations.

Le 10 février 1993, nous allons, Louis et moi, sur la tombe de Marlène Dietrich, il fait humide et froid à Schöneberg dans le petit cimetière de bouleaux. Nous cherchons l'allée 34, la tombe de Marlène est minuscule, couverte de branches de sapin, avec quelques roses jaunes et un petit bouquet isolé sur lequel figure une inscription : « Je ne t'oublierai jamais. » Dans une autre allée repose sa mère, Josephine von Losh. L'endroit est si paisible et discret que je souhaiterais retenir le moment. La preuve de notre passage : une photo. C'est émouvant, je pense à ma mère dont je ne sais rien. Devant la tombe, je prie pour les deux. Ce soir-là, pour gommer mon chagrin, nous dînons au Paris Bar. Ce que je fête est en somme la fin d'une vie et la fin d'un amour.

Maria Riva, la fille de Marlène, vient d'écrire une biographie sulfureuse. Maria raconte sa vie, celle de sa mère et moi j'imagine la mienne un peu, cette Sophia dont je ne sais pas grand-chose mais qui m'a oubliée quelque part en France parce que les enfants c'était pas son truc. La rencontre avec Maria est une révélation. Ce n'est pas seulement à cause de Marlène, mythe et légende, mais nous sommes comme deux femmes abandonnées.

Cette entrevue compte parmi les plus étranges que j'aie faites. Je me suis identifiée à Maria, sa mère, ma mère, même combat. Maria Riva, c'est l'enfant solitaire qui vit totalement dans la fiction. À Hollywood, elle ne va pas à l'école, pour elle, il n'y a que Dietrich, et quand elle me dit: «Je n'avais pas une mère pour me prendre dans ses bras», cet aveu si personnel me trouble. À ce moment-là, je ne sais encore rien sur mes parents, je vais devoir attendre des années, cherchant à travers la vie des autres ce que je porte en moi comme un malaise...

Si je me sépare de Louis au mois de juillet, c'est par discrétion. Cette histoire d'amour je veux la protéger jusqu'à la fin. Un autre lieu devient une autre vie. Sans nostalgie. Changer de décor afin de fuir la folie des souvenirs. Je souffre déjà, le savoir me calme. En attendant nous partons pour Cannes le 10 mai. *Double expresso*, mon émission, ne revient pas à l'automne. Double chagrin. Pour Louis c'est son dernier Cannes. L'année de *La leçon de piano*. C'est l'événement de ce Festival.

«Je suis un collectionneur de regards perdus...» dit Erland Josephson à Harvey Keitel dans *Le regard d'Ulysse*. J'ai toujours eu un rapport amical et respectueux avec ce cinéaste grec, Théo Angelopoulos depuis *Le voyage des comédiens*. Nous avons fait route ensemble. J'aime la lenteur, les silences chez Angelopoulos. La Grèce pluvieuse, humide, froide et salie par la neige. J'aime ces ciels bas, les océans gris, les flaques d'eau dans les rues vides, les personnages de rencontre. La notion du temps et de l'espace dans les rapports humains. On ne se connaît pas, mais parce qu'on ne se connaît pas, demain n'existe pas. Je suis à l'aise dans ces moments forts de désespoir ou de solitude, où deux êtres se retrouvent dans une étreinte parce qu'ils se reconnaissent. Pas de préambule, l'un parle une langue, l'autre pas, mais lorsque Harvey Keitel prend dans ses bras Maïa Morgenstern on voudrait être aimé comme ça... Une seule fois. Dans le film de Jane Campion, Harvey Keitel est d'une sensualité à fleur de peau avec Holly Hunter lorsqu'il glisse un doigt dans la maille de son bas. Moi aussi je suis à fleur de peau, ma séparation prochaine d'avec Louis me terrifie. À la sortie de la projection, un journaliste de la télé française me demande :

– Comment trouvez-vous Harvey Keitel ?

– Sublime ! c'est la Palme d'or, pour lui aussi j'espère. Émotions contradictoires entre la joie et la souffrance.

Louis et moi avons vécu en autarcie, je ne peux imaginer l'avenir. Seule, à Paris, Cannes ou Toronto. Seule, les fins de semaine. Les petits matins et les soirs de mélancolie. Seule pour les fêtes. J'ai mal. Je me console avec les histoires d'amour des autres. J'achète des vêtements pour dissimuler ma peur, pour lutter contre mon chagrin. Je me lance à corps perdu dans le travail, un projet d'émission pour l'été. À mon retour à Montréal, on a mis à ma disposition une table de montage. Je vais pouvoir travailler sur mes entrevues. Je poursuis les festivals, et les voyages à Paris sont des haltes nécessaires. La vie sans Louis est douloureuse. Il habite près de chez moi. Parfois, il passe la nuit à la maison dans la grande chambre. Je sens qu'il n'a plus de désir pour moi et je m'abstiens de toute tentative d'approche. Je me réfugie dans les livres, les films, l'actualité me bouscule et m'évite de souffrir. J'essaie de faire coïncider le Festival de Cannes avec des arrêts à Paris. Max Gallo est un de mes rendez-vous coutumiers. J'aime le romancier, l'historien. Plus personnellement, l'homme, le Niçois de mon enfance, celui qui un matin de guerre se trouvait à mes côtés. Deux cadavres se détachent sur le ciel bleu de Nice. Deux jeunes hommes se balancent au bout d'une corde, en plein jour, pendus à des lampadaires, devant une foule muette. Ce jeune garçon qui habite non loin du lieu de l'exposition barbare s'appelle Max Gallo. Comment oublier ? Cet épisode de la guerre, nous l'évoquons avec Max Gallo, que je suis attentivement depuis une vingtaine d'années. Depuis la baie des Anges. Parce qu'il a grandi à Nice et qu'il suit chaque jour, durant la période scolaire, un itinéraire particulier. De la rue de la République en passant par la promenade des Anglais au pas de course, il remonte le boulevard Gambetta, puis le boulevard Tzarewitch pour aboutir au lycée du parc Impérial. Chaque jour, il passe devant la clinique Santa

Maria, ignorant sans doute tout comme moi qu'il deviendra un historien, un écrivain célèbre et un membre du gouvernement. Deux destins se sont croisés ce 7 juillet 1944, sans le savoir, pour se rejoindre dans les romans et l'histoire. Max Gallo parle de la guerre, de son père résistant, de ce qu'il a vécu à Nice et qui a fait de lui l'homme qu'il est devenu. Dans la plupart de ses romans, Nice occupe une très grande place. Nice ville cosmopolite, l'est où il habite, à l'opposé de mon quartier à moi, son côté italien, mon côté russe, entre nous la promenade des Anglais. Nice de la vieille ville, ouvrière, Nice ville de luxe avec les villas dans la colline, le parc Impérial, l'église russe qui marque le passage à la communauté russe à laquelle, quoi que je fasse, j'appartiens. Durant mes insomnies coutumières, je lis *La machinerie humaine*, pendant que Max Gallo, dans ses insomnies habituelles, écrit ses romans. Place du Panthéon demeure un grand écrivain avec qui j'ai partagé non seulement les livres, mais notre ville, nos destins parallèles et la vision inoubliable du 7 juillet 1944. En le quittant pour une autre entrevue je demande un taxi. Attente dans le couloir de l'appartement, dehors il pleut. Je ne pense pas que l'on puisse se revoir. Le taxi arrive : « Si le chauffeur vous demande votre nom, dites que vous êtes ma femme, Madame Max Gallo. » Il rit. Le temps de courir sous la pluie : « Vous êtes Madame ? — Je suis madame Max Gallo », dis-je en claquant la porte.

Ma séparation d'avec Louis n'a jamais altéré mon désir physique des hommes. Ils me manquent mais je suis trop sélective pour imaginer une relation amoureuse. Tout ça, c'est terminé. Mais le désir brut d'un homme est fort, très présent, et c'est à travers mes rencontres que j'ai pu m'émerveiller à nouveau, sans aucune gêne ni culpabilité.

Lorsque j'ai vu Luc Thuillier accompagner Jeanne Moreau sur la plage dans *La vieille qui marchait dans la mer*, j'ai eu envie de rencontrer ce jeune acteur. J'aime l'audace des dialogues entre Michel Serrault et Jeanne Moreau, et puis ce jeune type qui arrive dans le décor, viril, charmant, un peu truqueur. Lors d'un voyage à Paris, je demande une entrevue. Il me donne rendez-vous chez lui, à Montmartre, où il habite une pièce rudimentaire, à peine meublée, avec un matelas dans une alcôve.

– On peut faire l'entrevue ici ou ailleurs?

Il est charmant, il me plaît. Je fais ma vieille qui marche dans Paris, et nous allons Au hasard, un bistrot pour jeunes artistes tenu par un type qui a déjà vécu à Montréal. Dans ce bistrot, au 12, rue de Ravignant, je lutte contre une laryngite terrible qui distorsionne ma voix durant l'entrevue.

– À quelle époque auriez-vous aimé vivre? ai-je demandé.

– Les années cinquante. À Paris.

– J'ai déjà eu faim durant ces années, ai-je répliqué, mais le pire c'est le sommeil.

– Vous ne pouviez pas dormir?

– Non, je n'avais pas d'endroit où dormir, à cette époque.

– Si vous ne savez pas où dormir, venez chez moi.

Il rit.

– Redites-le…

– Venez à la maison et vous dormirez avec moi.

Je souhaitais pour Luc, un garçon timide et arrogant à la fois, une belle carrière dans le cinéma. Il avait quand même fait face à Jeanne Moreau… Mais c'est un être volontaire, pas vraiment prêt pour les compromis. Je l'ai retrouvé à l'écran dans de petits rôles. Je pense à lui souvent, ce petit bistrot à Montmartre existe-t-il encore? Il y a tant de ruelles et d'allées étranges dans ma vie réelle et ces vies que je me suis construites avec ces rencontres forcées, désirées, arrachées aux autres. Dans les bras des hommes, j'ai cherché à exister, dans le regard des gens, j'ai voulu devenir l'autre.

«Seigneur, pensais-je aujourd'hui, ne me faites pas renoncer au plaisir et au désir, et toi, splendide jeune homme, qu'es-tu devenu au hasard de la vie? Ce soir j'accepterais avec joie ton invitation.» C'était en 1995. Depuis, par mon copain Dominique Besnehard, ancien agent d'artistes devenu producteur, j'ai parlé à Luc. Il semblait en forme. Je n'ai plus que des voix, des photos ou des souvenirs de ces moments où la fulgurance existait.

Quand la vie est derrière soi, c'est avec une sensualité retrouvée que l'on évoque ces moments plus grands que nature, effaçant le froid, la laryngite, abolissant les interdits, on se dit qu'on peut toujours rêver.

Durant ce séjour à Paris en 1995, je m'offre le luxe, chose rare, de sortir de la ville pour me rendre dans la vallée de Chevreuse, plus exactement à Aufargis, rencontrer Jean Rochefort. La première entrevue est toujours stimulante. J'aime l'acteur, je ne connais pas l'homme, mais il y a trop d'élégance et d'intelligence dans son jeu pour que je sois craintive. Toujours en avance à mes rendez-vous, je longe le jardin attenant à la propriété et dans un hall blanc très chic mais dépouillé, Jean Rochefort m'accueille: blazer marine, pantalon clair, le sourire engageant. J'entre dans un salon très zen et lumineux; me faisant signe de m'asseoir, il dit: «Vous boirez bien quelque chose?» J'adore qu'on m'offre à boire, je trouve la démarche généreuse… J'ai le souvenir d'un après-midi chez Françoise

Giroud sans même l'offre d'un unique verre d'eau. C'est une façon de garder ses distances.

– Il est deux heures, dit-il, thé, café?

Je ne bronche pas.

– Whisky?

J'aime son audace. Pourquoi pas!

– Comme cela, ajoute-t-il, si nous n'avons rien à nous dire, nous pourrons toujours boire!

D'entrée de jeu, le type me plaît. Courtois, ironique et rieur, j'ai l'impression qu'il va me donner la réplique avec beaucoup d'humour. Le whisky sur la table basse, bien installés dans nos fauteuils respectifs, je déballe le matériel technique, fausse note dans ce décor au luxe discret. Après avoir déposé mon magnétophone sur la table de verre, je cherche désespérément mon micro, jusqu'au fin fond du sac. L'horreur. «Que vous arrive-t-il chère amie?» dit-il, pressentant mon malaise.

J'avoue:

– J'ai oublié mon micro à Paris.

– Alors, que fait-on?

Je réfléchis. Nous sommes à cent kilomètres de Paris, pas question de retourner à l'hôtel, ni de remettre le rendez-vous. Je propose.

– Dans ce magnétophone il y a un micro incorporé, c'est pas fameux comme son, mais voilà, je vais m'approcher de vous et je vais vous le tenir!

– Ah très bien, vous allez me le tenir pendant toute l'entrevue, à bout de bras, c'est vraiment charmant.

J'éclate de rire. Un petit coup de whisky et on y va.

– En fait je suis né à Paris par hasard, car je suis breton. Ma grand-mère, femme très pieuse, avait décidé d'emmener ma mère à Paris afin de préparer ma naissance en faisant cinq églises à pied, ce qui déclencha le travail et je suis arrivé une semaine plus tôt à Paris. Mais j'ai grandi en Bretagne. J'étais un élève médiocre… Avec mon père qui travaillait dans le pétrole, nous changions de ville tout le temps, ce qui était pendant ma scolarité d'une douleur intense, parce que je faisais des études assez médiocres, mais j'avais un grand sens de l'amitié et quitter mes amis au bout d'un an était une douleur intense. J'ai fait les grandes villes, Lyon, Rouen, Marseille, Nantes, j'en étais malheureux. Depuis, j'ai le déplacement difficile! De plus, le premier film important que j'ai fait était un film russe. Ma chère amie, en 1959, je suis parti avec un contrat de huit semaines pour la lointaine Russie et, ô douleur, j'ai atterri à Paris onze mois après. Le film avait des retards, on ne me lâchait pas, et on a mis onze mois à tourner cette sottise. C'est en 1959 que j'ai épousé en Russie une Polonaise. Il y avait de ma part un côté chevalier de l'utopie, j'ai vécu un moment réel que j'ai voulu mettre dans la fiction, j'avais l'impression que je l'arrachais des griffes du diable! Je m'en voulais d'avoir fait ce film, je m'ennuyais à mourir dans ce pays: en épousant cette jeune femme et en l'amenant chez nous, j'en sauvais au moins une... Je suis rentré de Moscou marié, nous sommes restés ensemble vingt ans et nous avons eu deux grands enfants, trente-deux ans et trente-trois ans. Le cinéma était au début une activité secondaire parce que j'étais attiré surtout par le théâtre. Mes parents ont été très surpris de cette vocation, il était inconcevable de faire du cinéma. Je voulais rassurer mes parents, j'étais cinéphile mais ça ne me concernait pas. J'ai été pris par la passion du cinéma plus tard.

– À quel moment?

– J'avais la quarantaine, j'étais dans la force de l'âge et j'ai fait le film de Bertrand Tavernier, *L'horloger de Saint-Paul*, et là j'ai pris un réel plaisir de création, avec mon ami Noiret. Et après j'ai fait *Que la fête commence*, avec Noiret et Marielle.

– Le trio infernal... Mais dans *L'horloger de Saint-Paul*, vous étiez l'inspecteur...

– Bravo, vous n'avez pas de micro, mais vous avez une culture cinématographique! J'ai toujours vécu en dehors de Paris, et je continue avec joie parce que j'aime beaucoup la planète et ce que la planète sécrète: animaux, fleurs, plantes, silence, bruit d'oiseaux... que vous auriez pu enregistrer si vous aviez eu un micro! Pour les Canadiens, cet endroit n'est qu'une petite parcelle, un jardinet de banlieue, diraient les Canadiens, parce qu'il y a de si vastes étendues chez vous. J'ai presque deux professions, je mets en scène, ou je joue, et je nourris depuis quarante ans une passion pour l'élevage des chevaux. Je cherchais pour mon équilibre personnel un métier, ou plutôt une autre activité plus sérieuse, plus terre à terre, n'être qu'un comédien n'était pas suffisant. Je suis assez conventionnel et je m'en sers pour faire rire, j'étais heureux d'être aussi quelqu'un d'autre.

– Quand vous étiez un jeune garçon, est-ce que vous étiez coureur?

– Coureur auprès des dames? Pas du tout, j'ignorais tout des femmes, je pensais que les femmes étaient des êtres éthérés, d'un autre monde. Je tombais amoureux avec une violence effroyable dans mes passions.

– Autrement dit, il fallait vous séduire pour que vous soyez séduit?

– J'ai toujours été attiré par une catégorie de femmes dont la beauté n'est pas évidente, c'est ce que j'aime chez les femmes... J'aime les femmes dont la séduction n'est pas facilement détectable. Il y a eu une époque où je buvais beaucoup de whisky parce que j'étais sûr de retrouver le même goût où que j'aille, ça me sécurisait, quand j'arrivais au fin fond de l'Afrique, ma première activité c'était de retrouver avec émotion ma trousse de toilette (quand je me raconte, il me semble que je suis un être médiocre!) et le soir, mon whisky. J'ai arrêté le whisky depuis une quinzaine d'années. Quand il y a un projet de travail, il faut déjeuner avec les gens, et j'ai ça en horreur. Et quand on me raconte pour la énième fois le scénario, dans un restaurant, et que je sais pertinemment que ça ne me plaît pas et que le producteur ou le metteur en scène me dit: «Alors, qu'est-ce que tu prends, une salade de tomates...? C'est l'histoire d'une jeune fille...» immédiatement, j'arrêtais et je disais: «Un double, avec de la glace!» Là, j'avalais mon whisky, je me détendais, et ça devenait une habitude, je n'étais plus capable d'écouter des gens pendant une heure et demie qui me racontaient n'importe quoi. J'ai horreur qu'on me raconte l'histoire. J'ai besoin de garde-fous et de rituels, pour ne pas tomber dans des excès. Imaginons que j'aie pour le désespoir et l'alcoolisme une propension énorme et que je devienne une totale épave, mon humour ne fonctionnerait plus.

– Vieillir ?

– Je ne vous dirai pas que ça me plonge dans un enthousiasme délirant, ça passe trop vite, il faut essayer de jouir de tous les instants, vivre le plus intelligemment, le plus drôlatiquement, le plus sexuellement, le plus sensuellement possible... qu'importe, mais vivre...

Quelques mois plus tard, étant à Cannes pour le Festival, je croise Jean Rochefort après la projection du film *Ridicule* à un déjeuner de presse où je n'étais pas conviée. Le voilà qui se lève et devant Fanny Ardant, Bernard Giraudeau, Charles Berling, il s'exclame : «Voici une femme qui est capable de faire de superbes entrevues sans micro !» Aujourd'hui, c'est avec mon écriture que je tiens à vous remercier pour le plaisir de votre savoir-vivre.

Ensuite, je déménage dans un appartement rue Marcil, un sept et demie spacieux, un lieu sombre mais sans passé, ce dont j'ai besoin. Louis n'est jamais très loin et la vie passe comme si nous étions des compagnons pour la vie. Je sens aujourd'hui l'ultime nécessité de finir ma route seule.

Il m'arrive de fuguer vers un acteur avec qui j'ai partagé à la fois les larmes et le sourire : François Cluzet. Je ne l'avais jamais rencontré, mais je connaissais bien son travail d'acteur. Il ne m'attirait pas physiquement, je sentais tout ce qu'il y avait en lui de force et de douleur, je me suis dit : il faut l'apprivoiser, mais c'est lui qui m'a reconnue instinctivement. On s'est croisés dans l'avion pour aller en Abitibi. Il était accompagné d'une jeune femme blonde, également comédienne, mais peu connue : Sandrine Kiberlain. Elle nous laissa au moment de l'entrevue. François Cluzet était attentif, bienveillant. Je soupçonnais que c'était un être sombre, tourmenté, peu souriant, mais il avait une voix claire et douce, il s'est livré généreusement. En le quittant, je savais que ce moment était rare, la complicité établie. Il me laissa pour d'autres entrevues et Sandrine revint dans la pièce.

– Ça s'est bien passé ? demanda-t-elle.

– Formidable !

Alors que je rembobinais mon entrevue, comme toujours, j'ai vérifié le son. Il n'y avait rien, le silence, le vide. Rien n'était imprimé sur la bande sonore. Sombrant dans une angoisse démesurée, j'ai éclaté en sanglots devant cette jeune inconnue qui m'a prise dans ses bras pour me réconforter. J'avais honte de ma maladresse, de mon incompétence. La sensation horrible d'avoir fait une transfusion de sang mais d'avoir raté la veine. À chaque fois, je suis anéantie. C'est la faute la plus grave : perdre l'âme de l'autre.

— Ce n'est pas grave, disait Sandrine. François reprendra l'entrevue.

— Non. Ce ne sera jamais plus pareil.

Je voulais fuir, je tremblais, mais pour aller où ? Nous étions en Abitibi.

Ce fut une sale journée. Lorsque je retrouvai François Cluzet, il me sourit et me dit :

— Faut pas t'en faire comme ça, on prendra le temps qu'il faut. Tout va bien.

Du vous matinal, nous étions passés au tutoiement. François s'exprima avec lenteur en me tenant la main.

— Toi, tu es sensible à la voix de l'autre, tu marches au non-dit. Ce qui t'intéresse aussi, c'est le cœur qui bat et le souffle. Il y a des gens qui culpabilisent de leur douleur et c'est ce que tu as fait et il ne faut pas. Qu'est-ce qui compte le plus ? Que tu diffuses ton entrevue ? Mais ce qui compte, c'est que je te parle à toi et à personne d'autre.

C'est ce qu'il fit. Il s'adressa à moi et nous avons avancé ensemble, il a redonné une grâce et une profondeur à cette rencontre. On a parlé de nous, de la jalousie, du film *L'enfer* avec Emmanuelle Béart, d'*Une affaire de femme*, avec Huppert, de son besoin d'alcool, de ses dépressions, de mes peurs et des *Apprentis*, de Pierre Salvadori, avec Guillaume Depardieu et Marie Trintignant. Le dîner fut joyeux, le chagrin oublié, et la tendresse demeure.

« Une fois suffit, m'a dit un jour Madeleine Chapsal, on ne peut pas continuer à voir les gens à moins d'avoir quelque chose de nouveau à se dire. » C'est bien mon cas, j'ai fait en sorte de continuer la conversation autour de la sortie d'un livre. Chaque passage à Paris me ramène dans le bel appartement beige et blanc, avec la petite cuisine en mezzanine, où Madeleine m'offre un espresso, trop serré à mon goût. Nos conversations tournent autour des livres, de la vie, de sa conception de l'écriture.

– Vous avez rencontré, dis-je, des personnalités exceptionnelles, en éprouvant comme moi la nécessité de faire plus ample connaissance ?

– Oui, avec la radio, qui est un outil fabuleux de communication, me répond-elle. À la radio, vous sentez quand vous êtes dans le vrai. Lorsque j'ai divorcé à trente-cinq ans, je suis entrée dans une immense solitude et j'ai dû réduire mon niveau de vie. Lorsque j'étais désemparée, sans aucune estime de moi, on m'a dit : « Écris à ta façon. » C'est dans l'écriture que je trouvais ma place, plus que dans les rencontres…

Dans le fond, j'allais régulièrement chez Madeleine pour entendre ce que je ressentais profondément en moi, sa réflexion se conjuguait avec la mienne, j'étais l'enfant non désirée, rejetée, elle, la femme quittée, trahie. Je ne venais pas lui raconter mon histoire mais me frotter à nos similitudes. Il n'y avait pas l'écrivain d'un côté, la journaliste de l'autre. Auprès de toutes les femmes et de tous les hommes que je rencontre, je tente de construire, à travers un puzzle complexe, ma propre identité. C'est pour cela que la radio est devenue une quête infinie, je m'apprends. Pour éviter de me donner un bureau, Radio-Canada me prête une table de montage, une Studer, et je travaille comme une pianiste solo, couper, écouter, mixer. J'adore faire du montage, chez moi, entre mes doutes et mes angoisses et la détermination de faire de l'autre le portrait le plus sincère et le plus émouvant. Durant l'hiver, je prépare ces histoires comme on écrit un roman, dans le silence. Le plaisir de couper à la fraction de seconde près, d'enchaîner un extrait de film ou une musique, c'est sensationnel, cela intensifie la secousse du cœur. Dans ces moments de grâce, j'ai l'impression de transformer la vie banale en harmonie, je me sens vivre, je compose des instants qui me séduisent. Je fais de la dentelle, je garde les silences, ceux de Jacques Gamblin qui frôlent le danger, le rire d'Arletty, qui ne s'écrit pas mais qui s'écoute, car la voix, c'est vivant. Avec *Les ailes du désir*, je crée une heure de plaisir. Après le succès du film de Wim Wenders, je voulais le faire revivre par l'intermédiaire de Bruno Ganz, l'ange, ma rencontre avec Marion la trapéziste, incarnée par Solveig Dommartin, avec son accent traînant de la Lorraine, et des extraits du film pour évoquer la présence de Peter Falk. À cette époque-là, je n'avais pas encore rencontré Henri Alekan, le directeur photo, un homme prodigieux qui m'accueillit chez lui à Boulogne, en face du Parc des Princes. Un prince de l'imaginaire qui a donné son nom au cirque Alekan dans *Les ailes du désir*. Wenders rendait ainsi hommage au génial directeur photo. C'est Henri qui avait fait la photographie de *La belle et la bête* de Jean Cocteau, les bras qui sortent du mur et tiennent les chandeliers… quelle émotion !

Dans ces moments de composition, il me semble que je ne suis pas tout à fait inutile, que cet espace que l'on me prête est ma raison d'être, je ne vis plus que tournée vers les autres, pour transmettre ce bonheur que j'ai mis humblement au monde. Avec la radio, j'ai trouvé un sens, l'émotion pure créée par la parole, si proche de l'écriture. Le son fait partie de ma vie, celui de la rue, des bars, de la mer, ne vieillit pas. Paris sous la pluie, la réception de l'Hôtel des Saints-Pères ou la rumeur de la Croisette, le son conserve, intact, le souvenir des gens rencontrés au cours de l'année. À mes retours de voyage, je possède le monde, heureuse de commencer ce travail de déchiffrage et de polir les imperfections.

Éblouie par *L'amant* de Jean-Jacques Annaud, il me faut convaincre l'attachée de presse que cette petite boîte sans apparat qui enregistre m'autorise à faire une entrevue avec le réalisateur. Tout ce qu'il m'a fallu d'intrigues pour faire une heure sur *L'amant*, c'est de l'alpinisme! Heureusement Jean-Jacques connaît mon style et il m'accorde, en défiant son attachée de presse, du temps et la bande sonore du film. Quelle victoire! Je monte cette heure avec délices, en pensant à Duras. Une toute petite jeune fille, avec une robe de soie et un canotier, se tient à la rambarde d'un bateau, sur la musique de Gabriel Yared.

Mon amie Diane Létourneau, cinéaste à l'ONF, me propose de participer à un projet de film documentaire sur la vieillesse active. Ces vieux qui bravent le temps en faisant du sport, ce qui n'est pas mon cas, mais l'idée de vieille délinquante me séduit. Je suis en train de préparer mes voyages à Cannes et Paris. Je monte mes entrevues sous le regard de la caméra et j'inclus des moments de bonheur sur la Croisette. J'aime le regard de Diane, curieux, ironique avec sa petite frimousse de blonde qui plisse les yeux tout le temps en un rire inachevé, elle me plaît. On lui doit *Les servantes du bon Dieu*, *Une guerre oubliée*. Bien que l'ONF ait perdu sa splendeur d'autrefois, ses cinéastes ont bonne réputation. Le film s'appelle *La caresse d'une ride*. Je ne suis pas complètement satisfaite, les vieux qui s'aiment et se marient à quatre-vingts ans, très peu pour moi, les audaces de Diane sont un peu caricaturales, la satisfaction béate des retraités m'incommode dans ce film. Je ne me vois pas en haut d'une pente de ski, prête à m'élancer dans l'immensité neigeuse et poudreuse, avec ce contentement ravi. Je suis une solitaire qui s'affronte chaque jour devant le miroir pour ne pas se perdre de vue. Le temps qui passe m'assassine un peu plus chaque jour. Je suis comme Geneviève Dormann, la romancière à la voix rauque qui déteste autant que moi les garanties, les garde-fous. Sa parole me calme car elle coïncide avec la philosophie contrariée de mon existence.

« Il faut jeter par la fenêtre ce qui reste d'argent pour que ça te revienne ! » Moi aussi je vis sans assurance, en frôlant le danger constamment. Ma participation au film suggère à Diane une suite sur la recherche d'identité. Pour la cinéaste, je suis une énigme. Diane a fait des études en psychiatrie, mon histoire l'intéresse. Comment un être se construit-il de son lieu de naissance jusqu'à la fin de sa vie? Elle pense à faire un docudrame à partir de mon expérience de vie, de femme, d'exilée. Le film s'appellera *Le diamant noir*, en mémoire d'une promesse non tenue. Mon père promet à Mme Vautier, la propriétaire de la clinique, que si elle me garde durant un an, il lui rapportera d'Afrique du Sud un diamant noir sans grande valeur si ce n'est sa rareté.

Suis-je prête à apprendre vraiment qui je suis? Au début de nos conversations, je me prête au jeu des confidences sans savoir dans quoi je m'embarque, l'image que j'ai de moi est floue, le point de départ est la lettre écrite par Mme Julienne, la secrétaire du Dr Vautier, témoignant de la présence de mes parents biologiques Sophia Kozlowski et David Futternick le 12 octobre 1931. À partir de cet élément de preuve et des quelques indices que je possède, l'enquête sur mes origines commence. L'idée du film se précise: Diane Létourneau, cinéaste rattachée au studio Culture et Expérimentation, dépose son rapport d'étude sur son prochain film *Le diamant noir* en mars 1996. Le producteur André Gladu inscrit le projet de Diane à l'étape B (recherche et scénarisation).

Le diamant noir raconte mon aventure de femme, journaliste et critique de cinéma qui part à la recherche de ses parents. Le scénario de ma propre vie. Peu importent les résultats et les conséquences, j'assume complètement les risques de cette aventure. Diane et moi passons un pacte. La recherche se fera à mon insu et en toute confidentialité. J'accepte cette démarche qui me paraît surréaliste. À ce moment de ma vie, de quoi ai-je peur? De découvrir les mensonges, l'imposture de ces étrangers que sont mes parents. La douleur est ancienne mais toujours vivace. Ma mère Sophia a vingt-deux ans à ma naissance, c'est une ballerine dont la première question après l'accouchement est: «Est-ce que mon corps est déformé?» Mon père est amoureux de cette femme hautaine, plus jeune que lui. De son côté il est marié, c'est un diamantaire qui voyage constamment de New York à Paris en passant par Johannesburg, Milan et Anvers. En tant qu'étrangers, ils ne peuvent pas reconnaître l'enfant née à Nice sous X et automatiquement française. Ma mère rejette l'enfant illégitime et retourne à Anvers. Les premiers mois d'attente sont décevants, tantôt je suis une juive polonaise, tantôt russe. La recherche est orientée vers les États-Unis. Lorsque Diane obtient les premiers résultats, c'est du côté de mon père. Cette partie de ma famille qui a pris racine en Amérique me déplaît. Sur ma mère, le noir silence. Lorsque je découvre que j'ai des neveux à New York, à Détroit et à Trinidad, je suis anéantie. Comble du désespoir, ils communiquent avec moi pour m'inviter à la Bat Mitzva de leur fille avec Nathalie et Boris. Quelle horreur! Mes enfants sont morts de rire et veulent rencontrer ces cousins d'Amérique en imaginant que ma famille ressemble à Rabbi Jacob! J'explique aux recherchistes que ma curiosité concerne plus ma mère que mon père. Je ne veux pas de cette famille subite qui m'oblige à me définir comme juive. Ce que j'ai occulté toute ma vie. Mes neveux ont changé de nom, ils s'appellent Turner, à la place de Futternik. Ils n'ont qu'une image peu reluisante de mon père, ils le décrivent comme un joyeux luron, un rigolo, un coureur qui flambe son argent à chacun de ses voyages et revient la mine basse à la maison pour faire vivre sa femme, Clara, et leurs deux enfants, Louis et Rachel, Louis étant leur père. Non seulement je suis juive, mais j'ai un demi-frère et une demi-sœur. Je suis en plein délire. Personne n'a entendu parler de ma mère, Sophia. Je n'existe de cette façon qu'à moitié.

Dans cette famille d'avocats réputés et riches, c'est Buzz qui sans le vouloir me met sur une piste. Au téléphone, il me fait part d'une lettre adressée à Louis Futternick, mon demi-frère, à la mort de son père David. Cette lettre, qui est en sa possession depuis 1936, il me l'offre comme souvenir. Ce n'est pas simple de faire face à une réalité qui n'est construite que sur des papiers officiels, sans véritable humanité. La lettre, écrite en anglais, vient du Foreign Service of the United States of America et fait état du décès de David Futternick à Anvers, à la clinique du Centenaire, en avril 1936. Mort d'une infection aux reins à l'âge de cinquante-deux ans, selon cette lettre, alors qu'une autre rumeur plane dans la famille : mon père aurait été assassiné dans le métro de Paris. Je suis décontenancée, n'éprouvant aucune émotion. Un nom cependant accroche mon regard. Deux personnes ont accompagné David Futternick jusqu'à sa mort, des amis de la famille : Léon Kozlowski et sa sœur. Qui est la sœur ? Pourquoi n'est-elle pas nommée ? C'est la première fois que le nom des Kozlowski confirme le lien entre les deux familles. C'est un choc, le premier, le vrai, aussi terrifiant que passionnant. Si la sœur de Léon est Sophia, ma mère existe, ce n'est donc pas un produit de mon imagination. Que fait-elle auprès de mon père mourant ? Elle qui a fui Nice en emportant son secret. En 1936, elle a vingt-sept ans. Diane et moi, nous poursuivons notre enquête en confiant nos informations à une jeune généalogiste, Chantal Mougel, qui couvre toute la Belgique, le Luxembourg et une partie des Pays-Bas. À cette même époque, je contacte un autre membre de la famille des Turner, qui a rompu les liens familiaux. Ira Schlander, qui connaît la vie tumultueuse de son grand-père, me fait parvenir la photo d'un jeune homme sage en complet. Un blond avec des petites lunettes. Pour moi, c'est un étranger engoncé dans son costume d'époque. Je l'accroche au mur de ma chambre. Je n'éprouve strictement rien, ni lorsque la généalogiste me fait parvenir la photo de la tombe où il est enterré à Putte, aux Pays-Bas, puisqu'il n'y a pas de cimetière juif à Anvers. L'inscription, en écriture hébraïque, est illisible. Ce que je retiens de ces informations : les deux familles se connaissent. Elles viennent toutes deux de Russie, et se croisent à Anvers. Sophia ne veut pas de l'enfant de David et pourtant, si la sœur de Léon est ma mère, elle est à son chevet quand il meurt. Il est flagrant que personne de ces deux familles n'est au courant de mon existence. Je suis une erreur, effacée par l'oubli et le secret.

Le 50ᵉ anniversaire du Festival me ramène à Cannes. Le jardin de l'Hôtel de Provence est en pleine floraison, ma chambre 14 embaume l'odeur des roses, et la première coupe de champagne souligne mon arrivée. Jean-Lou et Gali ont toute mon affection. Ce voyage diffère des autres. L'équipe de tournage de Diane Létourneau doit me rejoindre la dernière fin de semaine. Cannes n'est-il pas le lieu idéal et spectaculaire pour filmer mon travail de critique de cinéma ? En attendant, je reprends le chemin des petits matins clairs à travers Cannes jusqu'au Palais, avec le crochet habituel chez la boulangère où j'achète *Nice Matin* et une brioche, le détour sur la Croisette où régulièrement on me demande : « Pardon Madame, vous n'auriez pas une invitation en plus ? » Petit sourire contrit et attente devant les marches du Palais sur le tapis rouge. Je retrouve les collègues de Suisse, du Luxembourg, de Paris et du Québec. Avec ma carte d'accréditation rose et la pastille or autour du cou, je grimpe comme un cabri pour obtenir la meilleure place en plein milieu de la salle, dans la rangée la plus large, offerte le soir aux invités de marque. J'aime ce moment de recueillement presque mystique : « Mesdames, Messieurs, veuillez gagner vos places, la séance commence. » La magie est présente encore et toujours. J'ai la sensation d'être enfin à ma place. Le Festival de 1997 tangue entre la violence à l'écran et l'humeur maussade du temps : pluie, rafales de mistral déstabilisent les émotions. Je craque pour *L.A. confidentiel,* ou *The Ice Storm* de Ang Lee ; c'est l'année d'Atom Egoyan avec *De beaux lendemains.*

Je ne suis pas sûre de ces lendemains, la Sécurité est partout, on craint les attentats. Fouille et surveillance constante. Ma fille Nathalie me rejoint après le visionnement de *Ma vie en rose*, elle a les larmes aux yeux. Jolie histoire d'un petit garçon qui ne veut pas être un garçon. Je croise Gary Oldman à un cocktail et lui fais part de mon enthousiasme pour son film noir : *Ne pas avaler.* La violence est partout, sur les écrans, dans la rue. Un road movie, à l'accent espagnol et russe, attire notre attention : *Western.* Révélation du film, un acteur : Sergi Lopez. Samedi 17 mai, l'équipe du film arrive. Titre de travail : *Le diamant noir.*

La caméra de Diane me suit dans la rue d'Antibes, les touristes se retournent sur notre passage. Je jette un coup d'œil aux vitrines de chaussures, aux mille gadgets de Cannes que je ne peux m'empêcher d'acheter, la montre du cinquantième, une serviette de bain, un coupe-vent. Ce sont les marques de mon passage, ma seule trace réelle. Le film débute dans le décor photogénique du jardin de l'Hôtel de Provence, où je me réfugie pour faire le bilan du cinquantième. Cannes est indispensable car c'est la jonction de mon travail et de ma raison d'être. J'ai repoussé les limites de l'impossible puisque je parle à la caméra de ce qui m'habite, de cette enquête sur mes origines. Dernière prise, le palmarès dans le salon de l'hôtel, le dernier soir, lorsque les jeux sont faits. Palmes d'or oubliées déjà pour *L'anguille* et *Le goût de la cerise*. Palme d'or du 50e pour *Le destin* et l'ensemble de l'œuvre de Youssef Chahine ; je suis heureuse pour ce cinéaste que je vais croiser en rentrant à Paris à l'hôtel des Saints-Pères. Grand prix du jury à Atom Egoyan pour *De beaux lendemains*. Ce qui fut n'est plus. Déjà, c'est le démantèlement de la Croisette, mon casier au Palais est vide et le soleil se pointe enfin sur la plage du Festival. À l'Hôtel de Provence, je réserve ma chambre pour l'année prochaine, désir oblige.

Retour à Montréal. Le 6 juin 1997, il fait une chaleur torride, j'attends un garçon que j'ai convié chez moi pour une entrevue. Il arrive sur son cheval métallique, avec sa tête de gitan, et déclare : «Il faut que ça valse dans mes veines pour que j'accepte un rôle.» Je trouve que cette phrase lui ressemble. On trinque au Ricard à la vie, mais surtout à la poésie. Il est touchant dans sa simplicité et terriblement séduisant. Je pense qu'il le sait. Il me parle des femmes avec beaucoup de douceur et de maturité pour un garçon en devenir et en révolte. Par la suite, je croise Robin Aubert comme on croise quelqu'un dans la rue qui ne vous a pas vu. Mon petit jeune homme du 6 juin, je le suis de loin, fantôme que je suis devenue. Je ne peux plus communiquer avec les acteurs, les cinéastes, les écrivains, privée du prétexte de la radio. Il fait sa route, d'acteur et de metteur en scène, et il est brillant comme je l'espérais. Je me questionne sur l'avenir de *Paroles de stars*. Toujours en sursis. En attendant j'ai quarante jours de vacances à prendre. Pour quoi faire? Mes vacances sont mes rencontres. Je pense à Robin Aubert et j'ai hâte de monter notre entrevue. J'ai un *kick* sur lui, c'est mon côté incorrigible.

18 novembre 1997, à l'Hôtel des Saints-Pères, je commence par les premiers rendez-vous : Noëlle Châtelet, romancière, et Tonino Benacquista. 24 novembre, ça ne va pas, Max Gallo s'est décommandé. Je marche dans Paris, impatiente. J'ai changé de chambre, je suis dans la 110 au premier. 27 novembre, j'attends la réponse décisive pour le film. Je finis par croire à cette histoire

de vie. En attendant je vais à la rencontre de Caroline Champetier, chef-opérateur de *Ponette*, et sur le plateau d'André Téchiné pour *Alice et Martin*, avec Juliette Binoche. C'est un moment fort, cette fille a l'art de filmer à 360 degrés. Le lendemain, un coup de téléphone du producteur : le film *Le diamant noir* ne se fera pas. Je ne sais pas si je suis déçue, je vis trop dans l'urgence pour me préoccuper des conséquences. J'ai rendez-vous avec Henri Troyat jeudi le 4 décembre, c'est plus important que tout. Je me fais toute une fête de revoir ce merveilleux écrivain qui a bercé de ses histoires russes mon adolescence. Je veux pour ma mère une Russie de cette envergure. Celle d'avant la Révolution, celle de Troyat. Bois de bouleaux, domaines et paysage enneigé. Je connais par cœur les protagonistes de *La lumière des justes*. À notre première rencontre, nous avions évoqué les personnages de Sophie, Nicolas, Nikita, les nombreux rebondissements depuis Paris jusqu'aux décembristes. Cette saga d'Henri Troyat, je l'ai lue et relue autant qu'*Anna Karénine*. Notre différence c'est que Troyat appartient à la Russie blanche en exil après la Révolution. Nous n'appartenons pas à la même Russie. Mais c'est avec bonheur que je descends la rue Bonaparte ce jeudi. La biographie de Juliette Drouet, maîtresse en titre de Victor Hugo, est magique. Henri Troyat la décrit avec un amour et une passion que je partage. Dans cet appartement silencieux et paisible, j'oublie mes tracas, assise sur le canapé de velours vert dans une alcôve très XIXe, je suis à l'unisson. Cet homme immense qui écrit à la main, debout, refusant la modernité des ordinateurs, m'émeut. Il fait soleil lorsque je quitte l'hôtel particulier. Henri Troyat ne sort presque jamais, une petite promenade rue Jacob pour se plonger dans son passé, ou une visite chez les collectionneurs rue Bonaparte.

Je suis retournée souvent au Bonaparte, café de mes amours anciennes… Cinquante ans plus tard, comment dire au jeune serveur : «Donnez-moi une part d'autrefois, un semblant de souvenir avec Belmondo, un petit morceau de tendresse Sacha Distel avec Michel, Rallo aux yeux de velours, qui m'aimait en silence et m'accompagna alors que j'étais enceinte, une nuit de douleur et d'épouvante, dans Saint-Germain où je portais une sonde comme un poignard enfoncé dans le cœur. Nous marchions, sans nous arrêter, « il faut que vous marchiez le plus longtemps possible, proférait l'homme à la sonde, sinon ça ne servira à rien ». Rallo, si doux, si jeune, si troublant dans l'ignorance de sa beauté, était là pour moi, pour me protéger contre la peur, les crampes et le sang. Lui qui n'était pour rien dans cette aventure sordide… »

Le serveur s'est penché vers moi et a dit :

– Un Bonaparte ? qu'est-ce que c'est ? un sandwich ?

– C'est ça, ai-je répondu. Un Bonaparte avec un rhum pour le souvenir…

Début de l'année 1998, mon attention est détournée malgré moi vers cette enquête sur mes origines, j'ai besoin de creuser et de réfléchir. Pourquoi ma mère, Sophia, est-elle venue accoucher à Nice ? Pourquoi Nice et non pas Paris ou Anvers ?

Très en phase avec la réalité, je visionne le film *The Ice Storm*, le froid, les craquements et le vent qui souffle et, soudain, plus d'électricité. Feu de foyer dans la cheminée pour me réchauffer, la température a baissé, je me sers un gin, je suis bien, la coupure d'électricité se prolonge. Je remplis ma bouillotte de ce qu'il reste d'eau chaude par prévoyance. Les bougies c'est drôle une heure, deux heures, pas plus ; un autre gin, et je me glisse sous la couette dans mon lit pour m'apercevoir que ma bouillotte fuit. Le lit est trempé. La température baisse, j'en suis à mon troisième gin et je me couvre de vieilles fourrures auprès d'un foyer qui s'éteint. Les situations de crise déclenchent toujours des comportements étranges. J'essaie de sortir de chez moi, ma voiture est enlisée et je glisse sur les marches du perron. Je commence réellement à avoir peur. Seul le gin est fidèle. L'électronique nous nargue, cadran du réveil, télé. Ma fille et mon gendre viennent à mon secours, je suis déjà en état d'hypothermie. Dans un autre quartier de Montréal, la vie est douce, humaine, je pleure comme lorsque j'étais enfant. Un bain chaud et ma famille autour de moi. « Souviens-toi, citoyenne, de ce 6 janvier 1998 ! » Il m'arrive encore de regarder la vidéocassette de *The Ice Storm*. C'est exactement ça, la détresse brutale, le craquement étrange des branches d'arbres, le dérapage glacial sur les marches.

Auprès de ma famille américaine, j'apprends par bribes que mon père, dès 1928, alors qu'il a la nationalité américaine, abandonne sa famille à New York pour retourner en Europe. Connaissait-il déjà Sophia? D'elle je ne sais toujours rien, le mystère reste intact. Est-elle mariée? J'essaie de l'imaginer en ce mois d'octobre se promenant à Nice. À qui parle-t-elle? Elle est brune, belle peut-être, jeune aussi, sauvage sûrement. Que fait-elle de ses journées? Diane Létourneau continue la recherche sur mes parents, même si le film de l'ONF ne se fera pas. Elle m'en veut de ma résistance. On ne va tout de même pas me fabriquer un personnage que je ne suis pas. C'est vrai que je n'accepte pas d'être juive, si cela paraît étrange aux autres, moi c'est ancré dans ma chair et ça me brûle. Je n'ai jamais avoué à mon mari André que j'étais juive. Longtemps seulement après notre séparation. Son intérêt et la compassion qu'il montra pour la douleur de ce secret me touchèrent profondément. Je crois que j'en veux à Diane de faire cette recherche à mon insu, cela reproduit exactement ce que j'ai vécu enfant. Je me sens rejetée et je fais tout pour casser l'espoir. Il ne faut pas agir dans mon dos. Mars 1998. Il pleut, je lis et relis l'acte de décès de mon père. Ont-ils su à la clinique que mon père était mort à Anvers en 1936? Mme Vautier était-elle au courant? Avec mon instinct de petite fille et quelques indices je me suis construite une histoire vraisemblable mais incomplète. Depuis que je suis séparée de Louis, je plonge avec insistance dans les papiers officiels.

Lorsque David Futternick arrive en Amérique, il a dix-sept ans et vient d'un petit village près de Kiev, Ustingrad. Il va déambuler de 1902 à 1928 entre New York, Anvers et Paris. À sa mort il ne possède que 600 francs, deux chapeaux, trois costumes et une malle vide. Les frais d'enterrement sont payés par la communauté juive d'Anvers. Jusqu'à la fin, les Kozlowski restent à son chevet. Léon et sa sœur! Dans cette histoire les hommes parlent, agissent, les femmes ne sont même pas nommées.

Autour des diamants, le monde est secret, fermé, mystérieux et dangereux. On a vérifié partout, David Futternick n'a jamais été inscrit comme diamantaire, c'est un simple commerçant qui trimbale des diamants dans ses poches et les revend. Je découvre un détail bouleversant : Léon Kozlowski, né à Minsk en 1905, habite en 1936 au 2, Simonstraat, à Anvers. Déporté en septembre 1942 à Auschwitz, il meurt en janvier 1943. Pas de trace de sa sœur, aucune trace de ma mère. J'en suis là. Je reprends contact avec Ira Schandler, il n'a jamais entendu prononcer le nom des Kozlowski par son grand-père David Futternick. À sa mort, mon père à cinquante-deux ans, et Léon, mon oncle, trente et un, ce qui me laisse croire que mon père est un ami de la famille Kozlowski. Mais tout cela n'est qu'hypothèse. Et si Léon est le frère de ma mère, et qu'il est mort à Auschwitz, cela signifie-t-il qu'il est juif ? Si le nom de ma mère est jumelé à celui de Léon alors je détiens la preuve… Quelle preuve ? Je reprends la tournée des entrevues. Avec Katherine Pancol, amie et romancière. Je lui confie mon tourment, mes obsessions, elle m'encourage à écrire. Les semaines précédant mon retour à Cannes, je les emploie à contacter cette famille américaine. Don Turner m'incite à explorer la filière européenne. « C'est à Anvers qu'il faut chercher, la ville des diamants, aussi mystérieuse que prévisible. Dans ce monde-là, on garde les traces. » J'ai l'impression de faire une enquête policière. Comme dans les romans policiers, les choses ne sont pas forcément ce qu'elles paraissent. Je fais une entente avec mon informatrice Chantal Mougel, celle qui est généalogiste pour le Nord de la France et la Belgique. J'ai envoyé ma première avance : mille huit cent cinquante francs. En partant à Cannes, je joins le travail à ma recherche personnelle. À mon arrivée, le temps est maussade. Le Festival ne commence que dans dix jours. J'ai la chambre 14 comme d'habitude et ma première destination c'est Nice. La gare de Nice et l'avenue Thiers, je marche dans les traces de mon passé. Boulevard Tzarewitch, l'espace entre le 19 et le 23 est un morceau de béton infâme, la Polyclinique. Je suis assise sur un banc, le cœur chaviré. Qu'est-ce que je fais là, à souffrir pour rien? Je prends un taxi et ma démarche devient plus professionnelle qu'émotive. Je photographie le parc Impérial, mon lycée, l'église russe sous tous ses angles. J'entre pour retrouver l'odeur d'autrefois, les icônes sont ternies par le manque d'entretien. La communauté est pauvre et les quelques touristes achètent des cartes postales. Je porte un cierge en souvenir de Sophia. Je me fais mon cinéma. Ensuite, je donne l'adresse du château des Baumettes, puis me rends au centre-ville de Nice. Je photographie le Cours Henri IV. J'ai l'impression de vivre comme dans le film australien *Proof*, la photo est la preuve de mon passé. Je rentre à Cannes épuisée. La ville dort encore, le jardin de l'Hôtel de Provence avec ses hortensias roses et mauves me laisse apprécier la douceur d'avant le festival. Je retrouve une amie d'enfance, Lilian, c'est troublant d'évoquer des moments qui n'existent que pour nous deux. Notre jeunesse, la guerre, la mort de sa mère à Auschwitz. Je ne peux pas parler de mes recherches. Mais plutôt de Jacky, et de Jacques mon premier amour. Tout cela est si loin, si vieux. Le lendemain, projection de: *Ceux qui m'aiment prendront le train*, de Patrice Chéreau, ce film sombre est admirable. Le soir, la fête dans les hauteurs de Cannes est somptueuse, cela donne suite à une entrevue avec un jeune acteur, Sylvain Jacques, beau comme une statue! Ce sont les récompenses de Cannes. Demain, autre film troublant, celui de Claude Miller, *La classe de neige*, d'après le roman d'Emmanuel Carrère. Au détour des années, Claude Miller est devenu un ami. Il connaît mon enfance à Nice, mes doutes au sujet de mes origines. Attentif, il a établi avec moi une complicité réelle. De son tout premier film, *La meilleure façon de marcher*, à *La classe de neige*, il poursuit sa quête en cernant les affres de l'enfance sans défense.

– Comment les enfants font-ils face aux adultes lorsqu'ils sont pris en otages par d'horribles secrets, c'est la question que je me pose, me dit-il.

Pour moi, il est évident que l'enfant, même si on ne lui dit rien, sait qu'il se passe quelque chose de grave. Je poursuis en disant :

– L'enfant solitaire le sait.

Il ajoute :

– N'est-ce pas ça le drame ? Son âme le sait.

Cette conversation à propos de *La classe de neige* renforce nos liens. Par le biais de l'histoire cinématographique, je cherche des réponses à ma propre vie. Il ajoute que le personnage du film ne peut se défendre que par des histoires inventées.

– C'est comme ça qu'il apprend à vivre. Un enfant qui souffre de savoir certaines choses traduit souvent son anxiété par une sorte de mutisme, tu ne crois pas Minou ?

– Il est dur de surmonter la cruauté du réel...

Je sais trop de quoi je parle et Claude en est tout à fait conscient. Dans le film, le jeune garçon communique difficilement avec les autres enfants, il se rapproche du moniteur, Patrick, et lorsqu'ils vont acheter des vêtements pour Nicolas, il y a une phrase douce et tragique qui remonte à la surface. Dans la boutique, la jeune vendeuse demande à Patrick :

– C'est à vous, ce petit garçon ?

– Non, dit Patrick, mais si on ne vient pas le réclamer dans un an, un jour, je veux bien le garder.

J'explique mon point de vue. N'est-ce pas la même phrase qui figure dans la lettre écrite à mon sujet en 1931 ? Après un an, un mois, personne n'est venu me chercher. Claude a toujours été sensible à mon histoire, en parlant ainsi, il apaise mon angoisse. J'ai une immense confiance en lui. Petit, il a vécu la guerre et il connaît la peur. J'aime son humour et son regard ironique sur ma folie. Cette année-là, Claude Miller remporte le prix du jury pour *La classe de neige*. En passant devant le Grand Hôtel, chaque matin, je contourne la vitrine du stand des Espagnols, qui représente le festival de San Sebastian. Louisette Fargette, après ses quarante années au Festival de Cannes, s'est modestement installée dans ce bureau, comme coordonnatrice pour la presse étrangère au festival de San Sebastian. Timidement, j'entre, comme autrefois lorsque j'allais au Grand Palais. Elle m'invite à découvrir ce festival au bord de l'Atlantique. Cela coïncide avec mes vacances. Je retiens ma place et m'embarque pour une autre aventure. Montréal-Paris en avion et Paris-San Sebastian en TGV. Au retour, destination Anvers.

Juin 1998, nous avons évité la grève de justesse à Radio-Canada. Par 53 %. Louis est là avec sa nouvelle amie. Il faut que j'accepte. Il n'est plus dans ma vie, j'ai encore de mauvais réflexes.

Je reçois un fax de Chantal Mougel, la généalogiste. Pour elle, c'est une victoire, elle a retrouvé Léon et ses sœurs. Je redoute une erreur, de nom, de direction. Je lis le compte rendu sans âme. Léon et ses trois sœurs! On se croirait dans une pièce de Tchekhov. Il s'agit de Bella, Olga, Sophia. Elles demeurent toutes les trois avec Léon chez la veuve Tamara. Occupation: servantes. Je m'imagine dans *Crime et châtiment* de Dostoïevski. Seule Bella travaille chez un diamantaire. Toute la famille est née à Minsk, sauf Tamara Chourtchine née à Kosdonaura (Russie) le 7 février 1886, veuve de Boris Kozlowski, électricien. Sophia Kozlowska est née le 27 septembre 1902 à Minsk, elle aide chez la veuve Tamara. Première constatation: ma mère a menti sur son âge, elle n'a pas vingt-deux ans en 1931, mais vingt-neuf. D'après les recherches, elle ne figure nulle part comme ballerine, autre imposture. Je constate avec effroi que Tamara, ma grand-mère, n'a que seize ans de différence avec ma mère. Pour Léon les informations se confirment: il est bien né à Minsk en 1905 et décédé à Auschwitz le 19 janvier 1943. Sans occupation précise, il aide chez la veuve Tamara. Olga Kozlowska est aussi née à Minsk, le 4 décembre 1907. Elle est enregistrée comme servante chez Tamara et ensuite part travailler en usine chez Bell. Un autre Kozlowski est né à Etterbeek le 20 janvier 1935, fils illégitime d'Olga et reconnu par sa mère le 20 février 1935 à Uccle, en banlieue de Bruxelles. En ce qui concerne Boris Kozlowski, on le retrouve en 1933 propriétaire d'une boutique de lustrerie, Kievitstraat, 56, à Anvers. J'avoue que je suis déroutée par ces renseignements contradictoires. Pourquoi mon oncle a-t-il été déporté à Auschwitz et pas sa famille ? Qui est la sœur qui accompagne Léon à la mort de mon père, Sophia, Bella, Olga ? Et comment ma mère peut-elle être servante chez la veuve Tamara, alors qu'elle accouche, à l'insu de tous, dans une clinique de luxe à Nice en 1931 ?

Je préfère en rire : ma mère est boniche, mon père meurt dans la misère, ma tante a un fils illégitime en 1935 et moi j'arrive, belle dinde, en 1931. Tout peut s'interpréter. Les papiers officiels qui viennent de Belgique sont écrits en flamand et traduits. Ce roman baroque autour de ma naissance de plus en plus XIXe me trouble, mais je trouve la situation plutôt cocasse.

J'atterris à l'hôtel Amara, chambre 309, à San Sebastian, pour la durée du Festival. Tout ce qui est inconnu me rebute. L'adaptation se fait grâce à la présence de Bertolucci et de son plus récent film, *Shandurai*, admirable. La presse espagnole lui reproche d'être trop léger. Antonio Banderas présente *The Mask of Zorro* avec Catherine Zeta-Jones et c'est la parade dans les rues de la ville d'une multitude de Zorros. Je découvre que la chambre 309 donne sur un splendide magnolia géant. Je dors la fenêtre ouverte. Avec Christine, mon amie journaliste, nous plongeons avec bonheur dans les vagues de l'Atlantique. C'est magnifique. Louisette Fargette organise un déjeuner pour la presse française. C'est divin. Ce que je retiens de San Sebastian : la douceur du climat, la mer superbe. Ma fenêtre grande ouverte, le vin blanc, les beignets de morue, le bord de mer, les poivrons, la vieille architecture, les films de Naruse, l'hôtel Maria Christina, et ma rencontre avec Bigas Luna pour *La femme de chambre du* Titanic.

Entre Paris et Anvers, le temps de prendre le Thalys. Marion Hansel, mon amie belge et marseillaise, m'attend à la gare. Marion fait partie de ces rencontres qui me font avancer dans la connaissance du cinéma. À Montréal, quelques années auparavant : une jeune femme blonde, énergique, se promène dans le hall de l'hôtel Méridien pour présenter son premier film : *Le lit*.

Une année à Cannes, le film est présenté au Marché du film. Par curiosité je vais à la projection privée. Nous sommes deux : Serge Losique et moi. Je suis impressionnée par l'atmosphère de ce film glauque sur la solitude, l'amour et la mort. Je retiens son nom. En 1985, Marion Hansel présente *Dust*, une histoire qui se déroule en Afrique du Sud, avec Jane Birkin et Trevor Howard. Le souvenir que m'a laissé ce film c'est la poussière ocre du désert. La complexité des films de Marion Hansel m'intrigue, on se rencontre toujours avec plaisir. Je vois le potentiel artistique de cette jeune femme avec laquelle je me sens des affinités, mais c'est avec *Les noces barbares*, en 1987, que notre amitié se consolide. Ce que nous avons en commun c'est la passion du cinéma, la simplicité de nos rapports, ses efforts pour faire avancer de nouveaux projets. Marion est une cinéaste marginale qui galère mais ne lâche pas. Marion est née à Marseille, mais elle a grandi à Anvers. Double personnalité qui m'attire. Lorsqu'elle vient me chercher à la gare, nous partons sur les traces de mes parents. Marion me balade dans Anvers, de Simonstraat où ma mère a vécu au quartier des diamantaires. En tant que cinéaste, elle tente de reconstituer pour moi un itinéraire crédible. Elle a grandi à Anvers, elle parle flamand, elle interroge les gens du quartier. Lorsque je pénètre dans l'immeuble où ma mère a vécu, j'éprouve la crainte que cette fabrication de preuves ne corresponde à rien. Pourtant nous sommes bien au 2, Simonstraat, où toute la famille Kozlowski demeurait. On photographie les lieux, elle me conduit à la clinique du Centenaire où mon père est mort. C'est Marion qui prend d'assaut la ville, la sienne et tente de construire un scénario plausible. C'est elle qui trouve un hôtel convenable pour une réfugiée du cœur. Le Standt est un hôtel art nouveau qui correspond à mon besoin de beauté. Marion a exploré tant de fois des drames humains que mon histoire personnelle lui est familière. Le dernier matin, je marche sur le port près de l'endroit où Marion a filmé *Le lit*, au bord de l'Escaut. Après cette brève incursion en Belgique, je rentre à Paris, perplexe. J'ai toujours pensé que la famille de ma mère était restée en Europe. Une intuition. Rue des Saints-Pères, je pénètre dans un magasin de lustres, appelé communément : Lustrerie. Par la propriétaire, je me fais expliquer en quoi consiste ce métier. La beauté et la richesse de ces lustres très populaires à la fin du XIXe siècle appartiennent à un art commercial où l'on retrouve beaucoup de verre soufflé, d'énormes pendeloques en cristal de différentes couleurs, dont ce bleu indigo qui évoque l'image d'une grande salle de bal comme dans *Guerre et paix* ou dans *Anna Karénine*. Ce n'est pas la Russie de Nikita Mikhalkov, ni celle de Pavel Lounguine, mais plutôt celle de Troyat, de Tchekhov, une Russie romantique où ma mère, lovée dans son manteau d'hermine, regarde son pays disparaître au loin à bord de ce bateau inconnu qui va la faire échouer à Anvers. Dans les papiers officiels, il n'y a pas de place pour l'émotion, ce sont des réalités ordinaires, froides, sans aucune poésie. Lorsque la généalogie s'en mêle, les uns et les autres s'emparent d'indices à votre sujet que vous ignorez. Le brouillard de l'identité, c'est horrible. Enfant, je ne veux pas être ce que les autres, à travers leurs manigances, me soufflent à l'oreille. Je ne cède pas parce que je n'ai pas de preuves. Je ne veux pas être juive, bâtarde... je ne sais pas ce que cela veut dire mais ça sonne moche, je veux juste être une petite fille joyeuse avec des boucles noires, de grands yeux verts, les dents de la chance espacées, avec de vrais parents, une petite fille qui vit comme ses copines de classe dans un appartement, rue Verdi, ou rue Guglia, n'importe où mais pas celle de nulle part qui vit dans le sous-sol d'une clinique et qui s'enferme dans sa chambre pour jouer seule et tenir un discours muet à ses poupées.

L'information me parvient par un fax de Chantal.

Haut-Lieu, 8 avril 1999.

Chère Minou,
Je viens de recevoir un courrier de Monsieur Georges Kozlowska m'autorisant à vous communiquer son adresse et téléphone en Allemagne. À vous de voir pour la rencontre. D'autre part, j'ai reçu une réponse concernant Sophia, qui était domiciliée et arrivée à Vorst le 13 février 1945. Elle est repartie le 5 mars 1945 pour Saint-Gilles, où

elle a demeuré rue d'Albanie, au nº 90, avec sa mère Tamara, jusqu'au 30 juin 1956. Je continue la démarche.

D'une part Chantal a retrouvé mon cousin germain Georges, fils illégitime d'Olga né en 1935, qui vit en Allemagne, à une cinquantaine de kilomètres de Cologne. Et l'adresse de ma mère qui nous conduit à Bruxelles. Les choses se précisent. Ce cousin éloigné acceptera-t-il de me rencontrer ?

À Montréal, les 31 décembre sont des anniversaires depuis 1985. Nous passons cette dernière soirée chez Jérôme, le frère de Louis. Tout le monde est présent pour perpétuer le rituel. Nathalie, Boris, Louis avec sa nouvelle amie, Patrice, Jérôme. Les jeunes s'interrogent sur l'an 2000, si proche, avec une certaine anxiété.

La semaine suivante, j'ai rendez-vous avec Isabelle Huppert. Cela me sort de ma léthargie. J'ai toujours maintenu des contacts sporadiques avec Isabelle Huppert, avec qui j'ai des affinités. Nous nous sommes rencontrées pour la première fois en 1976, pour la sortie de *La dentellière*. J'ai tout de suite voulu installer un climat de confiance ; c'était inutile, notre seule intimité ayant toujours consisté à analyser ses performances. Je savais que je ne serais jamais l'amie d'Isabelle, que notre échange se limiterait à nos réflexions sur les personnages. J'ai toujours été fascinée par ses choix d'actrice. À travers sa fabuleuse carrière, une ligne maîtresse demeure. Tous les risques qu'elle va prendre au cinéma, je les ai pris dans la vie. Ce que je constate, pourtant, c'est que ces personnages, pour elle, sont faciles à jouer, car tellement différents de sa vie.

Dans ses rôles de femme froide, lucide ou frustrée, Isabelle Huppert est beaucoup plus à l'abri du danger que je ne l'ai été. Je crois que mon désir de la rencontrer portait uniquement sur l'explication de ses choix et des miens. Ce que je comprends du rejet dans *La dentellière*, ce que je désire être dans *La pianiste*, et enfin, ce qui transpire de Dominique, un esprit libre, dans *L'école de la chair* de Benoît Jacquot. Cette femme qui vit en accord avec sa liberté de pensée, cette mutante, c'est moi. La scène de la rencontre dans un bar gay avec un jeune garçon, interprété par Vincent Martinez, qu'elle paie et qu'elle ramène chez elle, j'ai déjà vécu ce genre d'audace. Ce couple qui n'a rien de normal va faire de cette rencontre une sorte de voyage initiatique. Elle sait qu'elle souffrira mais qu'elle s'en tirera mieux que Quentin.

Elle marque son contentement d'un sourire lorsque je lui parle du film *L'inondation* d'Igor Minaiev, qu'elle a tourné à Saint-Pétersbourg. Elle adore ce film pour lequel, toujours aussi perfectionniste, elle avait appris le russe afin d'interpréter le rôle. Artisane brillante et consciencieuse. Elle se glisse dans ces multiples corps aux destins souvent tragiques avec inconscience, dit-elle. Je lui dis :

– Vous pouvez être russe, allemande, anglaise…

– Ou je peux être française, belge, suisse ; mais je ne peux pas être chinoise, ajoute-t-elle avec un rire cristallin qui l'adoucit. Par contre, je pourrais être québécoise, non ?

– Oui, tout à fait !

– Vous avez bien des rousses chez vous ?

Ce n'est pas une beauté spectaculaire mais sa présence contrôlée à l'écran et son mutisme, son économie d'effets la classent parmi les plus grandes.

En la quittant ce jour-là, je lui dis :

– Vous êtes secrète ?

Un silence.

– C'est vous qui le dites.

Le mois de janvier file à toute allure. Je suis heureuse de retrouver Olivier Martinez. Depuis *IP5*, je suis avec attention sa carrière. Il a fait du chemin depuis *Le hussard sur le toit* ! C'est un gentil garçon qui garde la tête froide et qui n'a pas oublié que lors de son passage avec Jean-Jacques Beineix, il n'intéressait personne, sauf moi. Avec *La femme de chambre du* Titanic, il fait preuve de beaucoup de talent et d'une superbe machine physique, bien rodée. Je le questionne.

– L'Amérique, ça te dit?

– Pourquoi pas?

– Je te vois parfaitement faire une carrière aux États-Unis.

– T'avais prévu pour le film d'époque, alors je te crois, tu es ma voyante préférée.

À défaut de champagne, on trinque au jus d'orange. J'aime ce type, sa nature directe et sa fidélité en amitié.

À mon retour de Cannes, je descends à l'hôtel des Saints-Pères, pour me préparer à ce voyage au bout de la mémoire. Mon cousin Georges m'attend à Cologne et m'invite une fin de semaine chez lui dans la campagne allemande. Mes amies des Saint-Pères me gardent ma chambre, j'ai la trouille. Ce face à face est le premier, peut-être est-il déterminant. Je me ruine avec cette recherche qui n'en finit pas. J'ai envoyé mille francs d'acompte à Chantal. Enfin je vais savoir quelle femme était ma mère, et la confirmation sur mon état de juive. Cet être réel peut-il infirmer mes doutes? Cologne est à trois heures de TGV de Paris. J'ai pris des premières classes fumeur. Même si je ne fume pas, je déteste le comportement réac des non-fumeurs, ils sont coincés, méfiants, bref ils ne me plaisent pas. Au bar je bois une bière pour calmer mes nerfs. J'arrive à l'heure dans une gare désuète tout en rénovation lorsqu'un type m'interpelle: un petit vieux fringant, les cheveux grisonnants avec des yeux aussi pâles que les miens. Sa première phrase: «Tu as les cheveux de ma mère!» Ça doit être ça, l'atavisme! Il prend ma valise et nous partons vers Begneustadt qui, je l'espère, est la banlieue de Cologne. Hélas non! c'est à quarante-cinq kilomètres de Cologne et, si j'en crois la manière de conduire de mon cousin, comme un dingue, je ne suis pas sûre de connaître l'histoire de ma famille. Il parle un assez bon français. «Lorsque j'étais jeune, toutes les femmes étaient après moi!» Ce dont je me fous éperdument, je préférerais qu'il lève le pied un peu au lieu de s'exciter sur ses frasques de vieux machin. Il veut sans doute montrer sa virilité de gendarme retraité. En arrivant à la petite bourgade, on débarque devant un bungalow de garde-barrière. À l'intérieur c'est moderne, un peu terne, il me présente sa femme, une Fraulein blonde, souriante et ronde qui ne parle pas un mot de français. J'ai apporté le champagne et des chocolats, et nous faisons connaissance sur la terrasse arrière, dotée d'un jardin en espalier, immense, digne de *La mélodie du bonheur*; je vois parfaitement Julie Andrews gravissant la pelouse impeccable de mon cousin gendarme et chantant à tue-tête: *The Sound of Music*. Le problème, c'est que je suis impatiente de connaître le passé de Georges et qu'il ne semble pas du tout intéressé par cette vieille histoire. Il a eu deux enfants, dont une fille, morte dans un accident de voiture. Mais pourquoi l'Allemagne? L'armée d'abord et puis c'est sa position de gendarme qui l'a posté dans cette région. Fort belle, d'ailleurs. Quand il évoque pour la première fois sa mère Olga, il ne sait que dire: «Elle a beaucoup souffert.» Mettant en pratique ma technique d'intervieweuse, je tente de l'amener sur mon terrain: ma mère Sophia.

— Ta mère, je ne l'ai pas connue. Je ne l'ai jamais vue.

Je suis interdite! C'est comme si brusquement je dévalais le versant de la colline sans pouvoir m'arrêter. Je suis stupéfaite. Sa Fraulein, constatant mon émoi, sert le champagne.

— Olga, Bella, Léon, Sophia, c'est quoi cette histoire?

— C'est simple, confirme le gendarme. Lorsque ma mère est tombée enceinte, la famille Kozlowski, sous l'influence de Sophia et de ma grand-mère Tamara, ont décidé de la foutre à la porte. N'oublie pas, Minou, que je suis un enfant illégitime! Je suis né près de Bruxelles et je n'ai jamais rencontré cette famille.

Alors là, je suis confondue. J'ai fait tout ce trajet pour apprendre que ma mère et toute la famille ont condamné ce pauvre enfant parce qu'il était illégitime, alors que Sophia se prélasse en 1931 à Nice dans une clinique de luxe pour accoucher clandestinement. Putain! J'appartiens à une famille de dingues scotchés à la soi-disant vertu familiale. On finit la bouteille de champagne et mon cousin fume un petit cigare pour reprendre le cours de la conversation. Olga au moins a reconnu son fils, tandis que ma mère est rentrée peinarde à Anvers chez sa maman. Ni vu, ni connu, je t'embrouille! Je questionne Georges.

– Est-ce que ta mère Olga t'a parlé de Sophia?

– Tout ce qu'elle m'a dit c'est que Sophia, étant l'aînée, dirigeait la famille, elle avait un énorme pouvoir sur sa mère et son père, son frère Léon et ses sœurs. Olga, ma mère, était considérée comme une Cendrillon par sa sœur. Sophia n'a jamais accepté de quitter la Russie, sa vie de fille riche et oisive. Elle a emporté ses fourrures, ses diamants en détestant son exil et sa condition de réfugiée russe apatride. Sans identité, sans permis de travail, mais surtout sans aucune considération pour son nouveau pays.

Je ne comprends rien à ce portrait. Sophia, tantôt servante, tantôt duchesse!

– Est-ce que la famille Kozlowski était riche?

– Les Kozlowski possédaient un domaine, une entreprise de lustres et ils ont dû quitter la Russie à cause des Bolcheviques en 1926.

Nous échangeons tard dans la soirée des propos décousus, comme si Georges, lassé par ces souvenirs douloureux, préférait dériver lentement vers aujourd'hui. Sa petite vie calme au fond de la vallée lui suffit. Sa femme semble être une personne gentille, et pour Georges, revivre son passé minable de pauvre et de bâtard l'ennuie. Je ne suis pas là pour connaître un cousin, mais seulement pour en savoir davantage sur ma mère, sa vie en Russie, son visage, ses goûts. J'ai un appétit démesuré, cherchant à connaître les moindres détails. Bons ou mauvais. Je me fous qu'elle soit monstrueuse, égoïste, cruelle, si j'arrive seulement à faire d'elle un vrai personnage. Georges divague sur son enfance triste, seul avec sa mère, soulignant l'année où ils furent déportés au camp de Malines. Je questionne sans relâche. «Pourquoi?» Il était trop petit, il ne se rappelle pas la raison, seulement, Olga et lui ont croisé Léon avant qu'il parte à Auschwitz.

Ma dernière question, mais non la moindre:

– Est-ce que les Kozlowski sont juifs ?

– Les Kozslowski sont des Russes orthodoxes qui ont quitté Minsk en 1926 par bateau pour échouer comme réfugiés russes apatrides au port d'Anvers, en Belgique, avec l'espoir de retourner en Russie un jour.

Il déroule ses phrases machinalement. Le temps a figé les souvenirs.

Je passe une nuit cauchemardesque sur un matelas dur comme une commode, avec la seule envie de rentrer à Paris et de retourner à la réalité d'aujourd'hui. Moi, Minou, journaliste culturelle, je passe d'une star à l'autre et non pas d'un chagrin éternel à une vérité impossible à dénouer. Le lendemain, sur la terrasse, il fait soleil avec une légère brise. Je brusque mes hôtes en prétextant que je dois prendre le premier TGV pour Paris. Georges et sa femme sont visiblement déçus. Avant de prendre la route pour Cologne, Georges me donne une photo d'Olga et une de mon grand-père Boris. Je fais cette remarque à Georges : «C'est curieux, tout de même, j'ai appelé mon fils Boris.» Après une heure d'attente, dans un hôtel derrière la gare, moi à boire des doubles scotchs, ma nouvelle famille montre des signes de désarroi, obligée de constater que la cousine tant attendue n'est qu'une vulgaire étrangère opportuniste, qui n'a qu'une hâte : foutre le camp.

Dans le TGV, je pousse un soupir de soulagement. J'en ai marre de ces Russes, juifs ou pas, des mensonges permanents de ma mère. Elle a triché sur son âge, et surtout elle a permis que sa sœur Olga soit jetée à la rue, pour moi c'est un double rejet, plus grave encore. En refusant Georges, l'enfant de sa sœur, elle me plonge à tout jamais dans les limbes. J'en voulais à ce couillon de gendarme, suffisant et satisfait de finir sa vie dans sa vallée du bonheur. Je suis de mauvaise foi, je le sais.

Retour à Paris, mes amies des Saints-Pères ont préparé le champagne, je retrouve la chambre 110, il fait une chaleur caniculaire, et je transfère mon angoisse dans la 103. J'ai besoin de mettre la main sur les objets familiers, la fenêtre grande ouverte sur l'église Saint-Sulpice, le petit bureau d'acajou où j'accumule mes rendez-vous et mes cassettes. La seule façon d'éloigner le fracas de mon cœur meurtri, c'est de poursuivre mon travail. À la réception, j'ai un message : *Rendez-vous Champs-Élysées 14 heures, Monsieur Guerlain accepte de vous rencontrer. Signé Gisèle du bureau de Paris.*

J'ai besoin de raccorder ma vie à la beauté, c'est une fuite permise. De l'élégante boutique réservée aux parfums Guerlain, je monte à l'étage et j'attends dans un bureau sévère aux lourdes tentures le créateur de si nombreux titres de parfum dont je porte l'eau de toilette Héritage (pour homme).

J'ai choisi ce parfumeur en particulier, alors qu'il y en a des milliers sur la place de Paris, pour plusieurs raisons : parce que je crois en ce que je porte, parce que Guerlain reste un des derniers parfumeurs à utiliser des essences naturelles, et qu'il ne fait ni dans la chaussure, ni dans les vêtements, ou les sacs, mais bien et uniquement dans le parfum. Je pense que le parfum, c'est comme une chanson. Ça demeure.

Jean-Paul Guerlain m'accueille avec courtoisie, accompagné de Pitchounette de la Faise ou de je ne sais quoi, un horrible minuscule cabot, qu'il tient comme un jabot tout près de son cou replet. Visiblement, Pitchounette a tous les droits, elle se promène allègrement sur le bureau du maître. J'explique ma démarche aussi simplement que possible.

— Enfant, j'ai failli m'appeler Mitsouko et ce parfum fait partie intégrante de mon enfance.

Exclamation joyeuse du maître qui semble apprécier l'anecdote.

— Vous savez que Mitsouko a été créé en 1919 et que cela signifie « mystère » en japonais ? En effet, pour une petite fille, ce prénom aurait été un peu trop exotique. Nous sommes une famille de parfumeurs, ajoute-t-il, ce n'était pas mon intention, je voulais m'orienter vers la littérature, mais une contrariété due à ma mauvaise santé m'a poussé chez mon grand-père qui a dit : « Puisque tu ne vois pas, alors sens ! »

Et Jean-Paul Guerlain d'ajouter :

— J'ai grandi dans le beau, le luxe, je suis un boulimique de la beauté et du goût, tout ce qui est parure, vaisselle, argenterie, œuvre d'art… Je considère que le parfum est la forme la plus intense du souvenir.

J'acquiesce, ce qui reste d'un amour, c'est souvent une odeur.

— J'ai essayé souvent de prolonger le plaisir secret en offrant le même parfum à plusieurs hommes que j'ai aimés, me suis-je permis de dire.

— Ne faites jamais ça, j'ai perdu une femme que j'aimais pour avoir porté le parfum de son mari!

Je pose la question:

— Auriez-vous aimé vivre au XVIIIᵉ siècle?

— Oui, s'il y avait eu la pénicilline et l'anesthésie. J'aurais aimé être Chopin, sans la tuberculose. Mais c'est vrai que je suis un homme du XIXᵉ, j'aime la tradition.

Le portable du maître sonne et Pitchounette s'excite.

— Pardon? dit-il. Qui? Catherine Deneuve me cherche, elle rappellera! C'est vrai que j'ai créé un parfum pour elle, Naéma, qui n'a pas eu de succès d'ailleurs. Et Chamade, en souvenir de Françoise Sagan, et Vol de Nuit, pour Saint-Exupéry. J'ai appris beaucoup de choses dans ce métier et dans ma famille. Nous ne vendons que ce que nous faisons. Ne jamais tricher sur la qualité. Savoir faire la différence entre la distinction et la vulgarité. Ce que je déplore aujourd'hui, c'est le manque de goût.

— Voyez-vous, cher Monsieur, je préfère m'acheter mon eau de toilette Héritage, même si cette dépense me contraint à boire du bouillon.

— Je vous comprends.

C'est sur ces notes concordantes que je fais une bise à Pitchounette et laisse Jean-Paul Guerlain à sa rêverie et à son rendez-vous avec Deneuve. À la boutique, une jeune femme m'attend avec un sac qu'elle me glisse discrètement sur l'épaule et dont les effluves délicats me font sourire en sortant sur les Champs-Élysées.

Tout le monde a bad-tripé sur l'an 2000. Le tournant du siècle. L'apocalypse. Le matin du 1ᵉʳ janvier, il fait froid et la vie est ordinaire.

Cette morosité est plus rassurante que tous les cataclysmes prévus. Curieusement, la paranoïa collective fait en sorte que le 5 mai 2000, la veille de mon départ pour Cannes, j'ai peur de partir, de prendre l'avion, d'atterrir, d'être ailleurs. Néanmoins, je pars au front. À la Quinzaine des réalisateurs, on présente *Les fantômes des trois Madeleine* de Guylaine Dionne. Je prends un verre avec Guylaine au stand de Téléfilm. J'aime la fille, et j'aime son film. N'ayant pas réussi à rencontrer Sergi Lopez pour *Western*, lors du cinquantième, je me précipite cette fois-ci à la conférence de presse de *Harry, un ami qui vous veut du bien*, film en compétition de Dominik Moll. J'obtiens une entrevue sur la plage. 7 h 50 au Noga Hilton. Il arrive bronzé, en jean avec sa petite boucle d'oreille, ses favoris et ses yeux verts coquins, craquant. J'ai droit à neuf minutes et demie pour séduire mon invité. Il y a longtemps qu'il me plaît, de *Western* à *Une liaison pornographique*, il a gagné ses galons de star. Pour moi, il n'y a rien de plus stimulant que de désirer, dans un film formidable, un acteur superbe. Soyons précis. Quand je lui dis : « Vous êtes mon fantasme ! », il se marre. Il y a mille façons à Cannes de prendre des raccourcis. Dernier soir, je couvre le palmarès : entrevue avec Denys Arcand pour *Stardom*, le monde de la critique est tiède pour ce film qui représente tout à fait notre époque. Il fait un soleil écrasant et je profite de la dernière journée à la plage du Festival avec mon ami plagiste Pascal.

À Paris, en février 2000, dans le hall de l'hôtel des Saints-Pères, j'attends Benoît Magimel. Si j'ai rendez-vous avec Alfred de Musset, c'est grâce à Diane Kurys. Il est ponctuel, en blouson couleur d'ambre, les cheveux blonds, les yeux pâles, comme Jacques autrefois.

– On monte dans ma chambre ? Ce sera plus tranquille.

– D'accord.

On s'installe à mon petit bureau, je commande du thé pour Benoît.

– Depuis *Les amants du siècle*, j'ai pris l'habitude du thé, très sucré. Je peux fumer ? me demande-t-il.

Je le trouve beau et serein, aucune inquiétude chez ce garçon, ni arrogance, la simplicité et l'aisance contrôlée. Dès le premier regard, il m'a plu, j'étais en harmonie avec lui, il se comportait avec élégance. Avec Benoît j'ai la certitude de ne pas me tromper. C'est un acteur-né. Choisi à douze ans pour *La vie est un long fleuve tranquille*, il se trimballe de film en film avec détachement. C'est dans *Les voleurs*, de Téchiné, qu'il attire mon attention, dans le rôle de Jimmy, voyou efficace. Il me bluffe dans *Les amants du siècle* et il enchaîne avec *Le roi danse*, *La pianiste* et sa rencontre avec Chabrol. J'éprouve une tendresse particulière, j'ai pour lui une reconnaissance, qui va autant à l'acteur qui, sans bagage, a su comprendre son métier qu'à la belle âme et au physique qui ne cessera de me troubler. Il peut être Musset, Louis XIV ou un jeune Autrichien amoureux d'Isabelle Huppert, il nuance ses rôles, s'adapte, cherche le physique, le mouvement. C'est un être sensible avec qui j'aurais volontiers continué la route. En quittant ma chambre après cette longue entrevue, je le raccompagne et il m'embrasse en me prenant dans ses bras, spontanément. C'est un bonheur délicat, gracieux et tendre. On se quitte en se tutoyant pour mieux se revoir en 2001.

Il est vrai que ma rencontre avec Benoît Magimel s'est faite après ma séparation avec Louis. Un baume bienfaisant sur ma solitude et non un caprice.

Toutes les années qui ont précédé ma rencontre avec Louis n'étaient rien à côté de cet embarquement volontaire pour l'amour à tout prix. J'ai aimé Louis comme Jacques, mon premier amour.

Lorsque je relis le journal de mes dix années avec Louis, j'y trouve une femme anxieuse, jalouse, amoureuse du corps de son amant. Les excès d'une femme qui recherche la perfection pour celui qu'elle aime et qui souffre de son incompétence chronique. Je sais pourtant qu'un journal s'écrit sous le signe du blues. Les autobiographies sont des impostures, m'a dit un jour Henri Laborit. J'aurais aimé que Louis le connaisse. En me replongeant dans le passé, j'aime toujours Louis. Un amour énigmatique, écorché et vivifiant.

2001. Mon contrat avec Radio-Canada se termine en septembre. Fin des *Paroles de stars*. Il me reste dix portraits à faire pour la chaîne culturelle. Après ? Je n'ai aucune imagination en matière d'avenir. Le 11 septembre 2001, une secousse violente fracasse le monde entier. Je suis au festival de Toronto. Dans l'ascenseur du Plaza, je croise Claire Denis qui me dit : « C'est effroyable, horrible ! » Je suis persuadée qu'elle parle de son film, cette femme que j'aime infiniment pour sa conscience professionnelle et son talent, je tente de la consoler.

– Claire, ce n'est pas si grave !

– Comment, vous ne savez pas ?

J'apprends la nouvelle et je reste, comme les autres journalistes, scotchée à ma télé avant de prendre à l'extérieur le pouls de la catastrophe. On veut interrompre le Festival. Jeanne Moreau prend la parole, une journée de deuil, d'accord, mais on reprend les visionnements et les entrevues. C'est la seule façon de lutter contre la terreur. Le clivage, malgré l'union des peuples et des races dans les festivals, se manifeste rapidement. Il y a les « Nous sommes tous américains » et les autres. La délégation arabe se tient à part, silencieuse. Les Européens, également. Il y a ceux qui pleurent, et ceux qui se taisent. Les images maudites passent en boucle. Dans ma chambre au Park Plaza, je m'interroge sur la diffusion de mon travail, ne pas céder à l'hystérie, mais demeurer dans la gravité. Une phrase de Michael York, acteur britannique, me revient en mémoire. Il y a une dizaine d'années, je lui posais la question :

– Aujourd'hui, que craignez-vous ?

– Je crains les fous, la folie des hommes, le danger est partout. C'est de cela que j'ai peur.

Nous sommes à la merci des autres, de leurs actes insensés. Ce qui m'inquiète, c'est le mouvement perpétuel qu'entraîne la violence. On a trop dit: Plus jamais l'horreur. Le mal est un éternel recommencement. Le retour à Montréal se fait dans la discrétion. Je commence mes dix portraits: *Le temps d'une rencontre* pour disparaître en beauté. Yvan, mon patron, m'offre dix heures d'entrevues. C'est un homme juste que j'aime bien. Dans ces portraits, il y aura les gens que j'aime et respecte et ceux qui me sont proches. Jacques Gamblin fait partie de cette liste. Peut-être à cause de cette phrase: «Ta façon de faire ne ressemble à celle de personne d'autre!»

C'est le plus beau compliment qu'on puisse faire à une femme comme moi. La première fois, il est entré dans la chambre 109, à l'hôtel des Saints-Pères, il a retiré ses chaussures, posé sa montre sur le bureau et en se tournant vers moi, il a dit:

– Je n'ai pas apporté de pyjama.

J'ai éclaté de rire et j'ai su tout de suite que j'étais en pays de connaissance et d'amitié. Il est né en 1957, l'année où j'arrivais au Canada. Des années plus tard, je lui ai demandé:

– Que ce soit à Cannes, à Paris, ou à Montréal, quand tu fais une entrevue, est-ce que tu enlèves chaque fois tes chaussures?

Il m'a répondu non.

– Alors pourquoi tu le fais avec moi?

– Parce que je me sens bien!

C'est un acteur essentiel, un artisan, un rêveur et surtout un anticonformiste comme je les aime, avec du charme, de la discrétion et plein de silences miraculeux. Jacques Gamblin habite les films de Lelouch. *Tout ça pour ça!*, *Au petit Marguery*, *Pédale douce*, *Les enfants du marais*, *Au cœur du mensonge*, *Laissez-passer*. Je voulais le revoir pour notre dernière rencontre. Jacques est un être discret et humain. Au Château Frontenac, à Québec, lors d'un festival de films français, alors que nous prenons le petit-déjeuner ensemble, nous croisons Bertrand

Tavernier, je fais les présentations et insiste pour que metteur en scène et acteur puissent se retrouver sur un même plateau. Lorsque, quelque temps plus tard, j'apprends que Tavernier, pour son film *Laissez-passer*, a choisi Gamblin pour le rôle principal, je suis folle de joie. Et c'est le thème de la guerre que nous évoquons dans ce portrait, thème qui nous rapproche. Je suis un témoin privilégié de ce film. Bertrand Tavernier, en traitant de ce sujet, m'ouvre les portes de ma mémoire, ce que je partage avec Jacques Gamblin. Et j'explique :

– Ce film fait partie de ma jeunesse, parce qu'il traite du cinéma pendant l'occupation et que le film *Douce* dont tu es l'artisan, comme assistant du metteur en scène, moi, je l'ai vu à sa sortie. Sa reconstitution est parfaite, car elle se joue au présent. Tavernier transmet avec *Laissez-passer* un morceau de vie. C'était comme ça : on riait, on avait peur mais il y avait du soleil et les filles voulaient être belles.

– C'est ça que j'aime, dit Jacques, avec Tavernier : transmettre des sensations physiques pour le public, et pour les acteurs on est dans l'intuition de ce qui peut arriver. Tavernier il a le charme, la culture, et la passion des autres.

– À moi, il m'a dit : « Jacques, c'est un acteur sublime, sublime ! »

– Tu vois, Minou, j'aurais aimé faire un métier comme le tien. Faire se rencontrer des gens.

Lorsque nous nous quittons, je lui dis simplement :
– À bientôt, Jacques.

Il me prend dans ses bras. Il n'y a rien de sexuel, pas de jeu de séduction, juste une reconnaissance. C'est ce rapport que je cherche désespérément avec les gens que je rencontre. C'est vrai qu'il me plaît, comme d'autres hommes que j'ai croisés dans ma vie.

J'ai retenu ma chambre à Cannes, ce sera sans doute la dernière fois. Depuis plusieurs semaines, nous sommes en lock-out, et je me joins à mes collègues journalistes pour me balader sur le boulevard glacial et pluvieux avec une pancarte. Je ne suis pas une habituée des manifestations, mais la solidarité me semble de rigueur. Ce qui fera dire à ma fille : « Ma mère est la seule personne qui fait du piquetage en manteau de vison. »

Radio-Canada ne diffusant que de la musique, de Cannes, je livre mes commentaires à l'émission de Pierre Nadeau sur Info 690. Cela amortira le voyage.

Je vis en attendant. Tout se termine, mes chroniques à *Montréal Express*, mes portraits qui sont diffusés. C'est alors que je croise lors d'une pièce de théâtre Denise Robert et Denys Arcand. Je confie brièvement ma détresse et deux jours plus tard, Denise Robert m'offre de préparer le dossier de presse du film que commence Denys Arcand : *Les invasions barbares*. J'accepte tout en étant inquiète de mes capacités. Ce sont eux qui me sauvent du désarroi, de l'humiliation. Sans bruit, avec générosité, Denise Robert et Denys me font confiance au moment où je suis à terre, où je retombe dans le cercle infernal de l'abandon. Pourquoi est-ce que je tiens à tout prix à ce que ma mère, Sophia, l'intraitable Sophia, ne soit pas juive ? Je ressasse les mêmes questions, pour fuir ce présent si précaire.

« C'est toujours la mère que les enfants abandonnés recherchent », m'avait dit Nadine Trintignant, lors de la parution de son livre *Combien d'enfants*. « N'en voulez pas trop à votre mère, vous ne savez pas réellement ce qui s'est passé… » Si, je le sais. Elle rencontre un homme à Anvers, il est riche, ou prétend l'être, il est amoureux, et elle non, et puis c'est l'accident, elle ne veut pas de cet enfant, il est marié, sa femme et ses deux enfants vivent à New York… Que peut-il lui conter ? des histoires d'amour truquées, il l'épousera si elle veut… Elle ne veut rien, ni l'enfant ni l'homme. Elle laisse à la clinique son adresse poste restante à Anvers, Mlle Sophia Koslowska, en espérant que personne jamais n'écrira à cette adresse où elle n'ira jamais chercher son courrier. Sophia rentre chez elle à Anvers, Simonstraat, 2. En plein cœur du quartier des diamantaires, où elle habite avec ma grand-mère Tamara et mon grand-père Boris.

Quelle est mon espérance de vie entre ces deux êtres fuyants? Aucune. Si j'ai fini par accepter la judaïcité de mon père, je refuse celle de ma mère et n'ayant aucune preuve, je me contente d'espérer une certitude qui me viendrait d'ailleurs… C'est moi qui pose les questions. Qui est ce Léon, qui sera présent à la mort de mon père avec sa sœur? Quelle sœur? Olga? Bella? ou Sophia, ma mère? Après mon retour de Cologne, j'ai réfléchi. La sœur qui accompagnait Léon au chevet de mon père ne pouvait être Sophia, mais Bella qui à cette époque travaille chez un diamantaire.

Pourquoi ma mère se marie-t-elle pour la première fois, en 1945, avec un Polonais âgé de vingt-six ans alors qu'elle en a quarante-trois? Peut-être à cause de ce long exil, le mariage lui permettant de sortir de sa situation sociale de réfugiée russe apatride. En se mariant, ma mère Sophia Kozlowski obtient la naturalisation en 1954, comme belge, et déclare ne jamais avoir eu d'enfant. Je suis envahie par toutes ces contradictions, la vérité, je ne la connaîtrai jamais et je ne veux pas me fabriquer une identité qui me convienne pour répondre à ce questionnement. Je n'en finis plus de refuser, de renoncer, je me regarde dans le miroir et ce que je vois me terrifie. Ces yeux et ces cheveux qui étaient mon seul capital diminuent, rétrécissent, pâlissent, je suis en train de m'effacer lentement. Enquêter sur soi-même, c'est une bizarrerie de luxe. Les actes de citoyenneté, de décès, ne racontent pas une histoire, ce sont des faits placardés sur des feuilles que l'on relit sans cesse en espérant qu'une certitude va surgir au détour d'une phrase. On m'a remis des papiers qui appartenaient à d'autres personnes et l'histoire se transforme. Un prénom mal écrit, un nom propre avec une autre orthographe et le personnage se convertit, de familier, en pur étranger. Je ne veux pas choisir ce qui me satisfait mais au contraire, accepter et en finir avec le doute. Le fardeau de la preuve, le bénéfice du doute, curieux arrangements qui montrent l'ambiguïté constante. Cela n'a plus d'importance, on s'en fout, c'est trop loin puisque tous ces morts ne parleront plus et qu'il faut vivre avec. C'est ce que je dois faire seule.

Le tournage des *Invasions barbares* se déroule bien, sur le plateau Denys Arcand est calme, souriant, il ne crée aucun stress. On tourne à l'hôpital de Lachine. Pour les journalistes le plateau est fermé, ce que j'approuve. Je travaille chez moi pour remettre le dossier de presse, aidée par ma copine Nathalie. Sans elle, je suis nulle. Ce n'est pas mon truc, les communiqués de presse ou les bios d'acteurs. À Vancouver, en 1998, j'ai croisé Denys Arcand venu présenter *Stardom*. Pour ce festival, j'étais membre du jury des premières œuvres. Entre deux films, je tenais à faire un portrait de lui. Profitant d'un rendez-vous annulé, il avait accepté. J'avais posé cette question, souvent elle donne le poids de l'actualité:

– De quoi as-tu peur?

En riant il avait avoué:

– Des hôpitaux.

La trame des *Invasions* était déjà présente. Reprendre les personnages du *Déclin* est une fameuse idée. Denys a le sens du dialogue et j'éprouve de la fierté de participer à l'aventure. Je vois la première version, puis tranquillement, le film prend forme. Denise Robert me confie le dossier de presse de Claude Miller, qui fait la post-production à Montréal de *La petite Lili*. Nous passons l'hiver dans le bas de la ville avec Véronique, sa monteuse. C'est un bonheur. Claude me traite comme une petite fille, ça m'enchante. Mais je ne suis pas faite pour ce boulot, bien que, pour *La petite Lili*, j'aie la possibilité de faire des entrevues par téléphone et que j'en profite. Nicole Garcia m'accueille avec beaucoup de générosité, connaissant ma situation. Je fais connaissance avec la toute charmante Julie Depardieu, qui déclare avec modestie: «Quand on s'appelle Depardieu, il faut savoir être humble!» Jean-Pierre Marielle est un vrai gentleman, et Bernard Giraudeau se souvient de notre première rencontre en 1983 pour *Le ruffian*, un film de José Giovanni, avec Claudia Cardinale, Robert De Niro, James Wood, Bernard Giraudeau et Didier Farrhé. Ce fut pour moi une soirée inoubliable. Toute cette aventure se passait à l'hôtel Quatre Saisons, que nous évoquons à chaque rencontre.

À la fin de l'année, nous souhaitons tous nous retrouver à Cannes en 2003. J'y crois avec ferveur. Avec mon nom au générique de deux films, il serait inadmissible que je ne sois pas présente. Sans projet, je n'ai que la perspective d'un mois de mai doré, ce qui suffit à apaiser mes doutes.

Sans contrat à l'automne, je me retrouve dans la bousculade de Cannes avec joie. Le soleil est présent, c'est bon signe. Après quelques malentendus de la part de Radio-Canada, je suis accréditée comme journaliste, à condition que ce soit mon dernier tour de piste. C'est parfait. Je suis à la chambre 15, toujours à l'hôtel de Provence. C'est la première fois depuis vingt-deux ans que je vis le Festival comme une sorte de *guest star*, c'est mon chant du cygne, mais j'aime l'élégance des ruptures au champagne. Sachant que je ne reviendrai pas, le Québec à Cannes me fête. Je suis émue, mais pas tout à fait naïve, il me semble qu'on m'enterre assez vite… Bonne fille, je prends les compliments, la montre du Festival et le champagne. Cette fête sur la plage représente bien l'image que les gens du milieu se font de moi. Ce qui est certain, c'est que mes deux films, *Les invasions barbares* et *La petite Lili,* sont en compétition. Je suis présente à tous les visionnements : presse et montée des marches. Ovation pour *Les invasions barbares* à chacune des projections. J'appuie les coupures subtiles qui améliorent considérablement le film. À la soirée officielle, je gravis les marches, en noir comme d'habitude, enroulée dans mon écharpe en renard argenté, un photographe me suit. Je précise que je ne suis personne, mais je ressens une formidable joie dans le cœur. Nous sommes tous là, Denys Arcand, Denise Robert, tous les acteurs, et ma famille française, Claude Miller et les autres, là où nous devons être. Je peux partir. Ce voyage est le dernier mais quelle finale ! Je flambe avec bonheur mes journées au Palais ou à la plage, je me jette dans la Méditerranée comme pour célébrer ma passion inaltérable de la vie. À la plage du Majestic, Roger

Frappier (Max Films) a invité les journalistes pour *La grande séduction*. Pour moi, le film a l'humour et l'originalité des films irlandais. Le succès des autres me grise. Je ne le sens pas souvent mais, cette fois-ci, je suis vraiment heureuse. Après Cannes, c'est le temps d'une pause à Paris, d'aller faire mes adieux aux Saints-Pères.

Le retour à la réalité est violent. J'ai mal mais c'est normal. Je passe mon été au bord de la piscine du Sanctuaire, mon abonnement finit avec l'été. J'ai beau essayer d'imaginer Cannes les yeux fermés, sur une chaise longue, ça ne fonctionne pas. Je croise mon patron, j'ai peur de l'avenir mais je ne le montre pas. Le bronzage aidant, je profite du soleil. Une amie m'incite à écrire. J'acquiesce sans trop y croire. C'est une période transitoire. Le loyer augmente, ma femme de ménage, Gloria, une Roumaine pleine de bon sens et de talent, m'encourage à déménager. Je suis perdue, mais à l'affût du changement.

Une journée de deuil : j'inscris dans mon agenda cette date, le 30 juillet 2003. Ma petite Marie est au fond d'un long tunnel. Il s'agit d'un drame passionnel qui n'a rien à voir avec le cinéma. La protagoniste est une jeune femme que j'ai rencontrée pour la première fois lorsqu'elle avait onze ans : Marie Trintignant, fille de Jean-Louis et Nadine. Lors du Festival en Abitibi, je recroise enfin Marie, dans ma chambre pour notre première entrevue, puis au restau, côte à côte, riant, buvant, célébrant sa jeunesse et son talent. Marie, qui dit ce jour-là :

– J'ai peur, si peur de la mort, pas pour moi, mais pour mes quatre enfants. Que deviendraient-ils si je mourais ?

Je pose la question :

– Pourquoi, Marie ?

Elle répond dans un soupir prémonitoire :

– Je suis fragile, le métier de comédienne est dangereux. Si je n'avais pas eu d'enfants…

Marie Trintignant ne s'est pas réveillée de son coma, elle est morte le 1er août 2003. J'éprouve un immense chagrin.

Les techniciens sont venus ce matin chercher l'énorme Studer, ma machine pour le montage sonore.

– Tu es sûre de ne pas vouloir la garder ?

– C'est mieux comme ça.

Quand la table de montage descend l'escalier de mon appartement, mon âme l'accompagne… Si cette aventure était à refaire, ce serait avec la même fougue. Ce que je voulais offrir au public, c'était le rêve, des images et des émotions différentes.

Aujourd'hui, lorsque j'évoque les noms d'acteurs ou de films aux jeunes gens, ils ne savent pas de qui ou de quoi je parle. Mon but a toujours été d'aller vers l'acteur ou l'actrice comme si je participais à une audition. De jouer une scène improvisée avec la star mais à égalité. Notre terrain commun, c'est l'histoire, le film, le personnage. Dans une chambre d'hôtel à Toronto, ou ailleurs, dans cet espace réduit, faire en sorte qu'en moins d'un quart d'heure, le cœur s'ouvre à moi.

Charlotte Rampling est une femme mystérieuse, belle, qu'on ne dérange pas impunément. Nous nous sommes rencontrées à Montréal lors d'un festival, alors qu'un jeune cinéaste belge, Patrick Conrad, croisé à Berlin, m'avait fait part de son besoin obsessif de présenter un scénario à Charlotte Rampling. Je n'aime pas jouer les entremetteuses. Patrick étant un garçon excessif, je consens toutefois à la fin de notre entrevue à glisser la demande du cinéaste. Courtoise et affable, Charlotte Rampling accepte de lire le scénario et par la suite de faire le film. En 1987, elle tient sa promesse en jouant le personnage principal dans *Mascara*. En voyant le résultat, j'éprouve une certaine gêne. Lorsque nous nous revoyons, Charlotte sourit sans faire de commentaire, et comprend mon malaise. J'aime admirer, comme disait Arletty, faire ressortir l'essence du drame. Avec *Sous le sable* de François Ozon, j'ai pénétré dans son univers avec facilité. Cinéaste ou actrice me ressemblent lorsqu'ils jouent avec l'ambiguïté, qu'ils ne donnent pas d'explication, mais font ressentir physiquement la douleur et la beauté. Je suis à l'aise avec les sentiments et les contradictions du personnage. Charlotte Rampling comprend et accepte ma démarche. Lorsque j'évoque le personnage de Marie, « Elle ne se préoccupe pas du regard des autres », c'est de moi que je parle. Elle me donne la réplique : « C'est la seule vraie façon de vivre sa vie… » Cette femme qui ne veut pas faire son deuil, je la trouve belle, émouvante, vivante, elle me donne de l'espoir. Charlotte, dans cet échange, me confie :

– C'est violent de se voir à l'écran, et ce dont j'ai besoin c'est d'entendre ce que vous dites…

En me quittant cet après-midi-là, elle ajoute :

– Ça m'a fait du bien de vous parler !

J'avais rattrapé ma maladresse. Charlotte Rampling m'offrait le plus beau des cadeaux : la reconnaissance. Uniquement pour cela, ce métier m'a appris à grandir. En poursuivant ce récit, je conviens que je suis une autodidacte par défaut. Si je n'avais pas eu ce laissez-passer de journaliste, la clef d'introduction au talent, peut-être aurais-je fini comme retraitée de l'American Express ; mais je n'étais pas faite pour la mesure, aussi me suis-je faufilée là où personne ne m'attendait. Déjà, à douze ans, mes lectures doivent être partagées par les adultes. Tous les garçons et les filles de mon âge ont aimé plutôt la collection « Signe de Piste ». J'impose mes passions, du *Bracelet de vermeil* au *Prince Éric*. Je prétends que les héros de mon enfance existent vraiment et qu'à mon prochain voyage en Lorraine, j'irai au château du prince Éric, et aussi que je trouverai l'adresse de Christian qui vit à Paris. J'ennuie mon entourage avec une obstination inébranlable qui me fait croire que ce qui me trouble doit agir sur les autres de la même façon. C'est ainsi qu'en 2000, à Noël, je décide de retrouver l'auteur Serge Dalens et de l'interviewer.

– Serge Dalens, dites-moi, ces personnages de Christian et Éric ont-ils existé ?

De penser aux nombreux enfants de ma génération qui ont frissonné pour ces merveilleux récits me conforte dans ma démarche. Retrouver l'auteur après cinquante ans est un exploit, et ramener en toute confidence ce qui avait nourri toute une génération tient du miracle.

– Je voudrais bien, moi aussi, avoue-t-il, mais non, tout venait de mon imaginaire. J'étais un jeune auteur qui décrivait les valeurs morales de l'époque : honneur, fidélité, courage et bonté.

Moi, j'aimais Éric parce qu'il était blond et ressemblait à Jacques. La voix de Serge Dalens me reconnecte de l'adolescence à aujourd'hui, je veux préserver le lien, comme un devoir de mémoire.

L'automne s'annonce périlleux, je prépare les cartons pour la Cinémathèque, je fais le vide. Il faut trouver un lieu et une activité qui me conviennent. Je reçois un téléphone de Denise Filiatrault, me demandant ce que je fais en ce moment.

– Rien.

– De la figuration dans *Ma vie en cinémascope*, ça te plairait?

– Oui!

– O.K. On arrange ça.

Avec Denise, ça ne traîne pas. Je suis timide et si on se connaît, c'est de loin, mais on s'estime. Sans chichi, on se comprend. Pour elle et avec bonheur, j'entre à nouveau dans l'univers des plateaux de cinéma, c'est mon truc, plus que de faire l'attachée de presse. Il y a quelque chose qui me fait grincer des dents dans le mot «attachée»! Observer, écouter pendant des heures et croiser Pierre Mignot, magicien des ombres, et Pascale Bussières en Alys Roby, je revis. J'avais interviewé Alys Roby dans une mauvaise passe de sa vie mais l'aventure présente me passionne.

À ce moment-là, Nathalie, ma fille, par sa générosité pudique, me sauve du désespoir, elle m'offre un lieu pour vivre dignement. Denise me sauve aussi. Louis m'aide dans cette période difficile avec discrétion, Boris aussi. J'écris. Avec André et pour la mémoire, on parle de notre jeunesse, nos souvenirs ne concordent pas toujours, il me confie des lettres d'autrefois, c'est fabuleux de retrouver le langage de l'époque.

Première journée de figuration sur le plateau de *Ma vie en cinémascope*, dirigé par Denise Filiatrault. Quatre-vingts figurants de tous âges, surtout des jeunes femmes et de vieux messieurs.

J'ai une robe affreuse, un chapeau ridicule et des chaussures de grand-mère, moi qui suis si sensible à mon image personnelle, je me déteste. Le costume et la coiffure me défigurent tant que le chef opérateur, mon vieux copain Pierre Mignot, ne me reconnaît pas, ni Pascale Bussières, qui éclate d'un fou rire en me voyant. Je suis une vieille femme dans le regard des maquilleuses et habilleuses, cela n'a rien de réconfortant. Bonjour l'orgueil, bye la vanité. À quinze ans, je fais de la figuration pour rire, à soixante-douze ans, pour vivre. Neuf heures d'attente, de poussière, et de courants d'air, il fait moins dix dehors. Accepter la laideur, mais surtout la perte de mon identité, de ce que je représentais autrefois, c'est humiliant. La veille du tournage, j'ai mal au cœur, la peur de ce que le miroir reflétera. Le personnage que j'endosse, ce n'est pas moi, et pourtant j'en prends plein la gueule. Ce qui me fait souffrir le plus dans ce travail, ce sont les costumes. Être d'époque, c'est être moche et pauvre. Le costume, d'après moi, est la signature de la personne. Je l'ai évoqué souvent avec Sonia Rykiel, pour avoir porté ses vêtements.

Avec Yvonne Sassinot de Nesle, créatrice de costumes, je reprends la conversation sur l'importance du costume à l'écran. Je pense qu'au cinéma la robe, le pantalon, le manteau sont l'âme du personnage. Je me rappelle avoir dit à Fanny Ardant, dans le film *Australia*, « Dieu que ce manteau de cachemire noir vous va bien » et d'avoir appris par la suite qu'Yvonne Sassinot de Nesle en était l'initiatrice. Dans son appartement du Marais, entourée de tableaux, de dessins, une petite femme menue au chignon blanc m'accueille avec une grâce tout asiatique. Elle a remporté le César des meilleurs costumes pour le film *Vatel*, de Roland Joffé, en 2001. C'est elle qui inventa la robe de Jane Marsh dans *L'amant*, de Jean Jacques Annaud, une image qui demeure dans l'inconscient collectif... Jane Marsh, debout à la rambarde du bateau, avec son petit chapeau et cette frivolité de soie laquée un peu passée que figure sa robe au milieu d'une moiteur asiatique. Les films vivent longtemps lorsqu'ils sont habillés d'émotion. « Un costume, on doit l'oublier, dit Yvonne, peintre et créatrice, ce doit être un léger souffle derrière la personne.» Elle qui s'appliquait, dans *Vatel*, à sécher, vaporiser, teindre des tissus. «La robe d'Uma Thurman, dans *Vatel*, je voulais qu'elle vive avec, me dit Yvonne. Elle portait un jean en dessous et quand elle allait à la cantine… J'étais heureuse de voir tous mes comédiens. Julien Sands, Louis XIV, s'exerçait en dehors des prises à marcher avec des chaussures à talons. C'était une joie de voir Tim Roth endosser un costume de velours, qui pesait des tonnes mais qui finissait par devenir sa nouvelle peau…»

J'ai sorti mon laurier sur le balcon, signe de résurrection. L'appartement est à peu près propre, j'aime mettre de l'ordre, c'est une façon d'agir sur le temps. J'habite maintenant Outremont, mon quartier chéri. J'avance dans la légèreté. Quand je pense aux jours noirs, c'est mon ancien quartier, Notre-Dame-de-Grâce, qui surgit. Dire que j'ai vécu trente-cinq ans dans le même environnement et que lorsque je suis passée à l'acte, que j'ai refermé la porte sur ces dix dernières années, je n'ai éprouvé aucune tristesse, au contraire, j'étais en colère contre ce lieu, ce quartier qui m'avait bluffée trop longtemps. Du jour au lendemain, j'ai détesté ce grand appartement trop froid l'hiver, étouffant l'été, détesté cette chambre aux rideaux fermés sur le mur d'en face, trop de soleil, trop de rubans, de cassettes, de livres, de films, de souvenirs empilés les uns par-dessus les autres. Une vie de sons, d'images fabriqués, et côté affectif, le brouillard ultime. Lorsque je retourne dans ce quartier, j'éprouve une sorte de fierté d'avoir échappé à l'immobilisme, à l'enlisement, à la mort. Il est temps. Ici, je suis en contact avec la vie, le mouvement, le vertige. Et pourtant, c'est le bordel, les lettres, les photos traînent partout, mais je ne me lasse pas des couchers de soleil rouges, des trains, des murs safran des maisons d'en face. J'écris et j'existe dans une nouvelle imposture qui me plaît.

Je suis convoquée pour la série *Le négociateur*, une journée de tournage seulement. Je ne réussis pas à accepter le ridicule accoutrement. Sur le plateau à 5 h 30 du matin, la journée est prévue en extérieur. La scène se déroule pendant l'été 1974, on y tourne une prise d'otages au coin des rues Dandurand et d'Orléans, un quartier paisible qui est pris d'assaut par la police, les journalistes et nous, les passants. Il fait froid, humide, nous sommes nombreux, de tous âges. Je me réjouis de retrouver des visages connus, c'est un baume sur la dureté de cet exercice qu'est la figuration. On porte des vêtements qui ne nous appartiennent pas et nous dérobent notre identité, on se maquille autrement, on se coiffe de nos souvenirs. J'ai quarante-trois ans en 1974 mais dans ce film d'époque j'incarne une femme de soixante-treize ans. Quelle confusion! La journée se balance entre averses et grisaille, le réalisateur veut tourner peu importe le temps, on coiffe le quadrilatère et on attend notre tour. Dans un couloir exigu, une jeune soprano déguisée en hippie chante a cappella, voix divine qui nous émeut. Beaucoup de chanteurs et de danseurs font de la figuration, pour vivre et payer leurs cours. Je suis attentive à leurs efforts. Il pleut à verse. Ma chemise de hippie en coton dégoutte et mes cheveux ruissellent, je suis pitoyable. À la base, on prend un café amer, on attend sans bouger, alternance entre pluie fulgurante et soleil. Nous sommes allés déjeuner tous ensemble, en costumes d'autrefois : les policiers, la jeune hippie, les garçons à moustaches débarquent dans ce restaurant de la rue Masson, bousculant les habitudes calmes de ce quartier, sans que personne ne sache vraiment qui nous sommes.

– C'est des vraies polices? Qu'est-ce qu'ils font là?

Les habitués semblent participer à une histoire extraordinaire. Pour le quartier, c'est une journée particulière. Il faut que je fasse attention, je suis en train de confondre la vie fictive avec la réalité, j'ai envie de changer de personnage. Ce regard de la costumière quand j'enfile le petit blouson en jean, j'ai du mal à l'encaisser.

– Ça va pas…, une femme de votre âge ne s'habille pas ainsi!

Qu'est-ce que ça peut foutre! Je suis juste une passante, si ça se trouve on ne me verra même pas. Dans la salle des costumes, les vêtements sont étiquetés à nos noms, taille, âge réel pour une action inventée. Le jeune Français déguisé en policier montréalais y trouve son plaisir, il vient de Grenoble, c'est son Far West. Après le déjeuner, les scènes sont interverties, il faut attendre jusqu'au soir, debout, frigorifiés, les dents serrées. Enfin, on est en heures supplémentaires. Je rentre chez moi épuisée. J'ai la sensation d'avoir vaincu ma colère, ma résistance. Je me bagarre avec ces épreuves, c'est le triomphe de la volonté des petits résistants de la dernière heure, les figurants. Sur le plateau, l'énergie qui me galvanise doit être contrôlée, la seule chose qu'on me demande c'est d'être une silhouette qui rappelle les années 1970. Au fond, je suis comme une voiture d'époque qui glisse le long de la rue, un arrière-plan d'existence. Comment se fait-il que je trime pour faire ce job avec la même passion que lorsque je défendais un film ou un auteur?

La figuration est un métier précaire, une journée par-ci par-là ne me fait pas vivre, et je ne suis que stagiaire à l'Union des artistes, j'ai besoin de trente permis. Cela signifie soixante jours de tournage. La troisième fée dans la dernière portion de ma vie c'est Fabienne Larouche. Je lui dois ma dignité, ma joie de vivre, et une sorte de réhabilitation. Aussi contradictoire que cela puisse paraître, c'est en existant comme une ombre que je me libère de l'oppression de l'autorité. Celle qui grignote l'âme. Grâce à Fabienne, je retrouve une sérénité que je n'ai pas éprouvée depuis longtemps. Les journées sur *Virginie* sont imprévisibles, parfois longues, ou agréablement courtes, mais ce qui est fabuleux c'est le rituel de chaque journée. Le petit matin frais et bleu, comme dans les rues de Cannes, l'entrée dans Radio-Canada, le bonjour des gardiens. La pièce réservée aux figurants est un endroit souvent obscur lorsque j'arrive le matin, toujours en avance ; comme dans les salles de cinéma, elle s'allume automatiquement. J'interroge du regard le plan de la journée, c'est le contact amical avec les acteurs, les techniciens, les assistantes, Kim, Marie-Ève ou Vince, et Léonie qui me réconforte. On est entre nous. On participe à une histoire, on aime notre école de Sainte-Jeanne-d'Arc. On sait qu'il y a des problèmes, mais si parfois l'attente nous cloue, captifs sur une chaise, c'est sur ce plateau-là que l'on est confortable. J'ai la sensation d'être, par ma modeste présence, à ma place. Le soir, j'écris dans mon condo de célibataire. Je cherche la rigueur, j'ai besoin de discipline, de bousculer ma paresse et ma mélancolie. Je bois trop, j'essaie d'être présentable, de paraître belle, pour valoriser ce métier humble et récupérer ainsi mon besoin de luxe.

Transcender l'ordinaire. Jouer sans paroles un professeur qui aime son collège. Je ne suis pas dupe, même si je tente de dissimuler le dos vulnérable, qui n'exprime qu'une silhouette lourde, sans grâce, et me renvoie mon image d'aujourd'hui. Après tous ces mois passés à longer les murs dans une école de carton, à déjeuner dans ce bistrot à roulettes, à boire du jus de raisin ou à manger de la pizza froide, à faire semblant d'attendre un homme ou un enfant, à parler poisson, à inventer chaque jour une histoire différente, à côtoyer les gens du sous-sol, je me suis reconnectée aux autres. Attendre sur le plateau ne me cause aucune contrariété, mais après toutes ces semaines passées à transformer ma silhouette, ma coiffure, qu'on m'associe à un type vieux me blesse, je grimace en blaguant que le garçon aux yeux bleus pourrait être mon fils ou la jolie fille, une amie. On forme des couples informes, des gens avec qui aucune association ou aucun plaisir n'est possible. Dans la salle d'attente, la plupart des figurants lisent, travaillent à leur carrière, ils sont scotchés au téléphone, ils bouffent des cochonneries sucrées et boivent des litres de Coke ou de café. Je n'ai besoin de rien. Je suis disponible au temps et aux rencontres. Comme autrefois quand j'établissais ma notoriété auprès des acteurs et metteurs en scène. Je suis la femme qui attend.

C'est samedi et j'accepte d'aller au goulag. Je mets le réveil à trois heures et j'appréhende cette journée de figuration au fin fond de la rue Sherbrooke. Dans les rues à quatre heures du matin, les feux sont synchronisés, il fait noir comme en hiver, la météo annonce de la pluie passagère, je me méfie, j'ai trente-six pull-overs, des bottes, des semelles contre l'humidité, un blouson de cuir, deux pantalons.

– Apportez vos vêtements les plus moches, vous serez une ouvrière dans une usine de Moscou…

J'arrive au bout de Sherbrooke, coin Saint-Jean-Baptiste, il fait froid et humide. Je sais qu'on va déguster. Un sous-sol de ciment éclairé au néon. Il est cinq heures moins le quart. Les figurants sont des hommes pour la plupart, des Russes, des Polonais, des Roumains ou des Italiens, je ne connais personne sauf Sophie qui s'occupe des costumes, et Ariane de la figuration. Ce sont des filles chouettes, attentives, avec le visage qui sécrète l'anxiété. Le café est imbuvable et la salle se remplit. On m'affuble d'une jupe et d'un sac de ménagère d'autrefois. L'action se situe en 2005, dans les rues hostiles de Moscou aux indications en écriture cyrillique. On débarque sur le plateau, il fait jour, froid et humide, le réalisateur ne se présente pas et nous errons comme un groupe de clochards, le long de la rue centrale. Un camion jaune passe au feu rouge, c'est du pétrole, une Traban jaune freine brusquement devant une Mercedes noire… L'action des passants que nous sommes dans une grisaille de fin du monde consiste à traverser et retraverser la rue en lorgnant la Mercedes noire. Il n'y a pas de dialogue, l'actrice est dans la voiture et la ménagère que je suis croise d'autres femmes qui frissonnent dans leur petit manteau d'hiver. La pluie commence. Ce sera le personnage principal de la journée. L'équipe mange une soupe, les figurants regardent en grelottant. Je connais la scripte, qui accompagna Louis Malle pendant de nombreuses années. Dans la guérite fracassée, les hommes parlent russe et je ne comprends rien à ces visages fermés, le ciel est plombé. Je ne suis plus à Montréal mais dans un no man's land de tristesse infinie. Je me demande si je vais tenir le coup, la pluie me dégouline dans le cou, entre les prises les assistantes nous passent des parapluies. Je m'approche d'un groupe de jeunes Roumains qui parlent français. Je suis blottie contre Aurélia qui tremble en tenant l'abri de fortune. L'humidité est si forte que je ne sens plus mes pieds. Quand finira ce simulacre de film? Rien n'avance, ni la Mercedes, ni le camion de pétrole, ni la Traban. Ordres et contrordres. La production américaine est antipathique. Tout ça pour dix dollars l'heure. Pourquoi suis-je là? Comme résistante? Parce que j'ai besoin de cet argent, mais aussi pour éprouver mon endurance. Si seulement j'étais figurante sur un film valable, *La chute* par exemple, ce serait un honneur. Mais il s'agit d'un pilote pour NBC et peut-être d'une série. Je choisis ce nouveau métier pour sa discipline, et pour me mesurer à ces difficultés. Ce n'est qu'un film, bien sûr, et le cinéma n'est qu'une illusion, mais cette journée, qui fut une vraie souffrance, je l'ai partagée avec des gens bien. Tous les tournages en extérieur sont épuisants, ou bien on gèle, ou bien on crève de chaud. Il faut accepter l'indifférence de l'équipe ou son mépris parfois. En fait, un figurant c'est un nombre: un numéro de l'Union des artistes. C'est une feuille rose qu'on récolte en fin de journée comme un ouvrier qui pointe. Je dois faire preuve d'humilité, de patience, de silence. La seule bonne réplique pour tous c'est: «La scène est bonne!» La figuration représente une micro-société dont il faut la plupart du temps combattre la désorganisation. Curieusement, c'est aussi la tendresse, et la joie de retrouver ceux qu'on choisit. Une sorte d'affinités électives, un repaire d'espoir ou de chagrin. Boris Cyrulnik serait en terrain connu, s'il s'infiltrait parmi nous.

Mon rendez-vous avec Boris Cyrulnik est fixé en mars 2001, à Paris, à mon retour de Cannes. Il a accepté de faire le trajet Toulon-Paris, par curiosité. Connu à Montréal, il s'intéresse au Québec. Notre premier lien, c'est Carole Laure qui à Vancouver me pressait de lire *Sous le signe du lien* de Boris Cyrulnik, en résumant le propos : toi et moi nous sommes des enfants-poubelles. Carole a été adoptée, moi abandonnée.

Le terme d'enfant-poubelle me reflète bien. Dès l'instant où nous nous retrouvons assis l'un en face de l'autre dans la chambre 103, je suis parfaitement à l'aise avec cet homme accoudé au bureau d'acajou, car il me connaît depuis toujours. Si je suis, comme il l'affirme, une résiliente, je n'ai pas l'impression d'avoir réussi à guérir de mes blessures. Mais la route que j'ai choisie lui donne la preuve de ma recherche créatrice pour émerger un jour du traumatisme de mon enfance.

— Dans cette enfance vous avez eu sûrement des tuteurs affectifs, sinon vous ne seriez pas ce que vous êtes, dans la parole, la communication.

Je pense aux Russes de la clinique, à ma marraine Anna, au Dr Vautier.

— C'est vrai, mais je crois que c'est le cinéma, Nice et les livres qui m'ont sauvée.

Il poursuit :

— Un enfant sans famille n'a aucune valeur, les autres ne l'acceptent pas. Alors l'enfant se pose cette question déchirante : « Qu'est-ce que je fais avec cette blessure ? J'ai la liberté de me soumettre ou de créer un monde intime. » Ce monde imaginaire va gouverner le devenir.

C'est ce que je fais, je me tourne vers la beauté, la mer, les mimosas, la fiction. Boris Cyrulnik est comme moi, il n'a pas connu ses parents. Il est né à Bordeaux en 1937. D'un père russe venant d'Ukraine et d'une mère polonaise. Son père s'engage dans la Légion étrangère en 1939 et meurt au combat, sa mère disparaît. C'est une tragédie d'être orphelin. C'est vrai que le réel est désolant, alors, lui comme moi on se crée un imaginaire. Quand on me dit que ma mère c'est une putain, ou une femme de ménage, je rétorque que c'est impossible puisqu'elle est venue de l'étranger accoucher dans une clinique de luxe. Cet argument logique qui fait taire l'entourage est ma force. Je développe alors ce que Boris Cyrulnik appelle *une vigilance glacée*, je forge à mon insu mon identité narrative. À ce moment de ma vie, en mars 2001, je ne pense pas à écrire. Boris s'étonne que je n'éprouve pas ce besoin. Pas encore.

– Ce que vous cherchez par vos rencontres c'est à tisser un lien affectif avec les artistes. C'est votre démarche. Pour écrire, il faut établir une parfaite maîtrise de l'émotion, briser la solitude pour réintégrer le monde des hommes en se rendant socialement acceptable. Prenez une huître, pour avoir une perle, il faut qu'elle transforme sa maladie en un bijou ; lorsque le sable pénètre dans l'huître, c'est douloureux pour elle mais en traversant cette douleur, elle rejoint la beauté. À douze ans, paraît-il, je disais : « Un jour j'aurai une maison au bord de la mer, il y aura des mimosas et de grands pins… » Je ne me rappelle pas avoir évoqué ce désir, c'est un ami de classe qui m'a rappelé ce souvenir. Aujourd'hui je vis dans une grande maison près de Toulon au bord de la mer avec plein de mimosas et de grands pins.

Ce désir de beauté, de luxe, que je connais bien, c'est pour cacher la cruauté du réel. Quand j'ai mal, je reviens chercher ma dose de Guerlain, je passe chez Lyla, m'emplir les yeux de joies interdites, chez Agatha, parce que dans mon monde intérieur, je suis faite pour ça.

Depuis que je fais de la figuration, j'ai rebranché mon désir de continuité. Que ce soit sur *Virginie* ou sur d'autres plateaux, je souffre de l'ignorance ou de l'indifférence face à la mémoire. Je ne veux pas radoter avec mes parcours de vieux combattants, j'ai rencontré celle-là ou celle-ci, mais je me rends compte que la curiosité de certains figurants à mon égard n'est qu'un reflet narcissique et non pas une façon d'atteindre la connaissance.

Ce soir, je suis sans énergie, mes yeux pleurent sans larmes, je dois trouver le sommeil car demain, je me lève à quatre heures pour un tournage. J'interprète une cliente dans une poissonnerie pour la télésérie *Pure laine*. J'angoisse. Au petit matin, un ciel rose, une fraîcheur inattendue, c'est bon signe. En route vers Boucherville, où le ciel s'épure sous la brise, j'avale un café et je me sens bien. C'est un tournage étonnant, le réalisateur se présente et nous explique, à nous, moins que rien, l'importance de la présence du figurant. Pour cette scène, nous sommes trois. Le désir et le plaisir d'être choisie.

Beaucoup d'écrivains m'ont appris ce qu'est l'écriture, des romanciers comme Max Gallo ou Didier van Cauwelaert. Chez Andreï Makine, c'est le côté physique de son écriture qui m'a séduite. Curieusement, je trouvais qu'il ne ressemblait pas à sa manière charnelle d'écrire. Grand, mince, plutôt sec, un homme gris dont les yeux bleus délavés ne traduisaient pas la passion investie dans ses romans, une volonté farouche d'épurer ses romans, je le trouvais presque mystique car je savais que ce qui comptait essentiellement pour lui, ce n'était pas le succès mais la capacité de transmettre et de témoigner de son temps.

Une vieille dame de quatre-vingt-dix ans lui avait dit : « Je suis heureuse de vous lire car votre livre sera sans doute le dernier. » Cette déclaration l'avait bouleversé car cela valait tous les compliments du monde. Nous avions échangé nos impressions sur l'oppression, moi, la Seconde Guerre mondiale, lui, le stalinisme. Nous étions proches en évoquant ces moments de précarité qui transforment la vie des gens. En temps de guerre, il ne reste à la vie que l'essentiel, la guerre a l'excuse de la mort prochaine. C'est un temps rare car il n'y a plus d'obligation d'agir. Quand je lui ai demandé :

– Que cherchez-vous à donner à votre lecteur ?

– Faire vivre un univers insolite et si le lecteur intervient, sa lecture sera plus riche que mon écriture.

Le lecteur a un rôle à jouer dans un livre, car il lit avec ses propres expériences, sa sensibilité, sa connaissance de la nature humaine, il ne s'agit pas de comprendre ce que l'écrivain veut dire, mais de recevoir et percevoir.

– Tout doit être perçu, me disait Makine, et non compris.

« On ne perd pas sa vie en attendant », disait-il aussi. Jusqu'à présent, j'avais toujours considéré l'attente comme une interruption, mais en lisant *La musique d'une vie* et en passant de longs moments dans ce café de la rue Bernard, j'éprouve un sentiment nouveau de liberté. Le temps que je passe là n'est affecté par aucune demande. Je suis dans un moment de vie sensuelle, pleine de regards sur les autres, sans jugement, avec une tendresse infinie. Être là est aussi important que de travailler. En fait, c'est aboutir à un moment de vérité.

Andreï Makine sait parler de l'attente avec cette petite voix douce, un peu monocorde, brisée par un léger accent russe, et lorsque je lis *La femme qui attendait*, j'entends ses phrases comme s'il les récitait à voix haute. D'un livre à l'autre, je reconnais sa manière d'être. Le regard toujours observateur de la nature si forte dans ce Nord qu'il décrit, comme un leitmotiv de chanson, et cette femme dont il fait son héroïne sous le seul prétexte qu'elle attend depuis trente ans un soldat, jeune, parti à la guerre. Bien sûr, il y a plus dans ce roman que l'attente mais c'est un thème récurrent chez Makine. J'ai l'impression de connaître Véra et elle pourrait entrer dans ce café, vêtue de son manteau militaire, chaussée de grosses bottes, pour venir se réchauffer en buvant un thé russe très sucré. Qui devinerait qu'elle n'est qu'un personnage de roman? Quand je lis Makine, je vis dans deux mondes parallèles, une agitation dont je coupe volontairement le son et le plaisir de franchir ces villages abandonnés au froid, au vent, et qui dispensent une odeur acide de brouillard. Je deviens l'auteur en ayant appris qu'il ne s'agit pas de comprendre pourquoi, mais de percevoir. Il y a une phrase qu'il met dans la bouche d'un jeune enfant à qui Véra a demandé de raconter une histoire:

– Je ne peux vous raconter que ce que j'ai vu et vécu!

N'est-ce pas le destin du romancier? Moi aussi, je ne peux vous raconter que ce que j'ai vu et vécu, et écrire cette phrase, me l'approprier, me réjouit et chasse mon tourment. Dans mon immobilisme présent où rien ne me distrait de ma page blanche, je me sens en pleine harmonie avec l'univers de cet écrivain. Comment exprimer ce dénuement que je vis? Autrement dit, Makine m'invite à le suivre, il me fascine comme écrivain parce qu'il m'incite à viser plus haut, à atteindre une sorte de pureté que je n'ai pas mais que je recherche depuis toujours. Dans *La musique d'une vie*, Makine parle d'une gare où des gens attendent depuis six heures, blottis les uns contre les autres, un train qui peut-être ne viendra jamais. À bien y réfléchir, j'ai fait de ma vie une attente permanente avec ce premier amour à douze ans, et le vœu, que je prononce le jour de mes seize ans, qu'il me donnerait mon premier baiser, qu'il serait mon premier amant. Même lorsqu'il est marié, et moi aussi, je l'attends, pour donner un sens à cet amour que je ne veux pas trahir. La vie m'a confondue. Lorsqu'il est en Algérie, j'attends ses lettres, j'attends de le voir à son retour du service militaire, peu m'importe qu'il aime d'autres femmes – puisque moi je l'aime, cela doit suffire? Je croyais que retenir cet homme ne dépendait que de ma patience, de mon désir farouche d'être à lui. Le narrateur se demande comment une femme peut ainsi lier sa vie à une ombre. Moi aussi, je liais ma vie à une ombre. Je refusais les amoureux, les rendez-vous. Aujourd'hui encore, j'attends que le soir tombe, que la chaleur revienne, que le regard d'un homme me chavire, mais les hommes m'enjambent comme un vieux sac-poubelle qui traîne à un coin de rue.

Je ne saurai jamais à quoi ma mère ressemblait, j'invente une image d'élégance, en croisant Jacqueline Delubac. L'incarnation du charme depuis l'âge de vingt ans, l'allure d'une grande dame dans son tailleur-pantalon gris, assorti à ses cheveux argent. Le même sourire que je retrouve dans les films de son mari, Sacha Guitry. Enjôleuse, séduisante, mais surtout d'une grande élégance. « Si l'élégance a toujours l'air facile, tout ce qui est facile et naturel n'est cependant pas élégant », a écrit Voltaire. Alors que je me questionne sur ce qu'est l'élégance, je l'ai devant moi. Son appartement sur les quais a le somptueux éclat de sa propriétaire. Sa voix est identique au souvenir que j'en ai gardé, mais curieusement, son regard si clair me confond, je ne m'étais pas aperçue qu'elle avait les yeux gris-vert, ce malentendu vient du noir et blanc. Cette femme de soixante-dix-huit ans a non seulement de la classe, de la distinction mais aussi une simplicité et une modernité dans le choix de ses robes haute couture, même encore aujourd'hui. On évoque sa carrière et avec humour, elle me révèle à quel point elle avait changé l'apparence de Sacha Guitry qui s'habillait, avant de la connaître, avec les vêtements de son père. Je retrouve chez elle le même sourire narquois qu'elle affiche dans *Faisons un rêve* et la gravité de l'Arlésienne dans *Le roman d'un tricheur*. La photo d'elle que je préfère, dans l'album *L'élégance de Jacqueline Delubac*, a été prise en 1993 : Jacqueline, lovée dans un manteau en cachemire réversible et zibeline blonde du Canada, d'Yves Saint Laurent. Avec une famille qui baigne dans la soie, Jacqueline Delubac ne peut qu'aimer le beau. Les vêtements de ses films sont les siens. Elle disait avoir une tête à perruques et à chapeaux. C'est vrai.

– À Juan-les-Pins, à quatre ans, me dit-elle avec une moue enfantine, je portais de petites chaussettes blanches et des babies noirs.

Moi aussi, je portais ces petites chaussures vernies.

On parle de cinéma, de ses films. Sa présence est si forte que les critiques s'intéressent peu à son jeu. Elle appréciait l'utilisation de la voix off de Sacha dans les films, elle y trouvait une couleur personnelle qui lui seyait. En partant, je ne quitte pas une ancienne beauté ou une star oubliée. Son rire, son sourire m'émeuvent et sa dédicace d'une main ferme me remplit d'aise. Elle meurt en 1997 à l'âge de quatre-vingts ans. Je suis arrivée à temps pour lui dire merci.

L'élégance, c'est précisément ce qui manque sur les tournages, et lorsque je suis assise sur une chaise inconfortable, je pense qu'il est possible d'être une figurante encore séduisante à soixante-quinze ans. Cette image de la femme belle et confiante dans son manteau de zibeline demeure pour moi « Sophia sur le bateau la ramenant de Minsk à Anvers en 1926 »… et Jacqueline Delubac, la star des années 1930, en superposition, devient Sophia en robe de satin et manteau de fourrure.

9 mai 2005, date importante, j'ai une convocation pour une journée de figuration. Je connais le réalisateur parce que nous nous sommes rencontrés dans d'autres circonstances. Au Festival de Cannes, à la terrasse du Grey d'Albion, dans sa suite à l'hôtel Quatre Saisons, à l'hôtel Vogue, à Paris et ailleurs. Pourquoi voulais-je être sur le plateau de Vincent Pérez, réalisateur? Peut-être pour me prouver à moi-même que rien n'a changé, la femme journaliste que je suis se plie aux difficultés de la vie mais n'en a aucune honte. Ce n'est pas moi que je mets à l'épreuve, mais la complicité de dix ans de rencontres tout au long de la carrière prolifique de Vincent. Deux heures quarante-cinq, je ne dors plus, j'attends l'heure de me lever, de me préparer, de me sentir vigoureuse. Je descends la rue Van Horne au son de la musique de Donovan, la nuit est claire, j'ai l'âme joyeuse. De deux choses l'une, ou bien on se retrouve vaillants compagnons de cinéma, ou il m'évite. Non, je sais très bien que ce n'est pas son genre, c'est un tendre, un sentimental, il y a toujours eu au fond de son regard quelque chose de pur. Comment parvenir jusqu'à lui et qu'il comprenne que ce n'est pas la journaliste amicale qu'il va revoir mais une vieille dame qui fait de la figuration pour vivre? C'est compliqué et drôle, assez pour le faire sourire. Je n'ai jamais eu, avec les acteurs ou les cinéastes, des relations distantes, je les voulais passionnelles, de ma passion pour leur métier, leur physique ou leur simplicité. Quand j'ai commencé à pratiquer ce métier d'intervieweuse, je devais combler mes lacunes par mon instinct naturel. Je cherchais à plaire, à exister dans leur regard, à gagner leur amitié et leur confiance. Aujourd'hui, Vincent Pérez est aux commandes. J'arrive à cinq

heures moins le quart sur Saint-Denis la *trash*. C'est probablement la seule fois où je me suis trouvée dans cette rue à cette heure entre chien et loup. La figuration, à gauche. J'accepte mal ce côté concentrationnaire. Le sous-sol de la bibliothèque Saint-Sulpice est humide. Je vérifie mes années d'autrefois. La première scène est à l'extérieur, sept heures du matin. Faux décor, nous sommes à la bibliothèque de Boston. De l'autre côté de la rue, Vincent me fait un signe d'amitié. Il porte un Kanuk, des verres fumés et je ne peux pas m'empêcher d'imaginer Cannes, les marches... Il vient vers moi, discret, gentil, simple, avec la même grâce que la première fois à l'hôtel Vogue pour le film *Indochine*. C'est l'atterrissage en douceur. Les figurants, eux, ne savent même pas qui est le réalisateur et encore moins qui est Vincent Pérez. À huit dollars l'heure, je trouve le cinéma déprimant, et le froid débilitant. Vincent est toujours le même, l'acteur sympathique, le réalisateur décontracté. Quel écart tout de même entre le glamour de Cannes et la rue Saint-Denis. Je finis à trois heures de l'après-midi. Dehors, le soleil brille et j'ai la sensation de sortir d'un rêve.

Mai 2005… je frissonne, les jours à venir sont éprouvants. Tout ce qui appartient au passé ne fait plus mal, sauf le souvenir de Louis qui fait surgir, autant en images qu'en mots, notre relation amoureuse intense. Ce vendredi matin morose, alors que je me prépare à sortir pour me vider de toutes ces émotions confuses, le téléphone sonne. C'est Louis, une invitation à prendre un café à une terrasse. Le fond de l'air est froid mais le soleil brille. On se rencontre au Figaro, Vanessa l'accompagne. Ils sont beaux tous les deux. Je suis inquiète. Cette table à trois est un rendez-vous étrange. Je voudrais dire les choses comme je les sens, des mois ont passé depuis notre dernière rencontre. Dans le non-dit, j'entends : « Voilà, je te présente la femme qui est dans ma vie. » Je veux l'accueillir avec tendresse, mais je me sens de trop. Depuis hier soir, je sais que Louis ne sera jamais pour moi un souvenir et ça me brûle. Nous ne vivons plus ensemble depuis douze ans, mais lorsqu'il m'appelle je ressens toujours le même frisson. Ce qui m'habite toujours aussi fort appartient pour lui à une autre vie. Et mon dernier amour, hélas, n'a pas de fin… Les voir ensemble me confond brutalement ; je suis une vieille dame qui s'efface timidement devant la beauté et la jeunesse de Vanessa. Malgré la chaleur du soleil, le goût vivifiant du rosé, j'ai froid… J'ai mal, non pas de les voir ensemble, mais de penser que la dernière personne avec qui j'ai fait l'amour c'est lui et qu'il n'y aura plus jamais personne pour me toucher. Séduire pour repousser la mort, c'est ce que je tente de faire tous les jours. Mon corps me fait souffrir depuis plusieurs jours, le dos, les reins, et moralement ça ne va pas. Je sais très bien que ce que j'écris en ce moment ne compte pas, c'est aussi difficile que de se lever au petit matin, dans la noirceur de l'hiver.

Je sais aujourd'hui qu'il est difficile de porter sa propre histoire et de la remettre entre les mains des amis invisibles que sont les lecteurs. C'est en perdant la parole que j'ai pu rédiger le scénario de ma vie. J'ai écrit au présent pour être plus proche de la petite fille, puis de la femme que je suis devenue. Je me suis imposé un souci de vérité et surtout d'authenticité, en sachant que je suis seule responsable de mes faits et gestes. J'ai tenu à raconter l'histoire d'une femme qui a traversé le XXe siècle et ses turbulences, dont le parcours chaotique montre, je l'espère, sans complaisance le désir de vivre le plus loin possible en accord avec sa morale et ses principes. À travers le temps, ma famille m'a construite, enfants et mari, malgré ma résistance au conformisme. J'ai voulu aller jusqu'au bout de ma démarche même si, parfois, le récit était douloureux. Sinon ce ne serait pas une autobiographie.

Je continue à faire de la figuration dans *Virginie* pour mon plus grand bonheur, pour vivre aussi. Lorsque Nicole Garcia est venue à Montréal pour Cinémania, elle a demandé à me voir. Je n'étais plus la journaliste mais l'amie tout simplement. J'ai retrouvé ma copine Mylène Demongeot et nous communiquons par courriel. Je suis entrée dans l'âge des amitiés. Jean-Jacques Beineix m'écrit souvent, son bouquin marche bien. Après cinq années d'absence, j'ai revu Sergi Lopez et j'ai passé l'après-midi au Ritz avec lui. Entre nous, le temps n'existe pas. Je continue à me promener sur le Boulevard des certitudes et j'ai le sentiment d'être chez moi. Je reste éperdument fidèle au cinéma et aux livres. L'amour physique manquera toujours à l'affamée que je suis. Boris Cyrulnik dirait que je suis parvenue à mes fins en établissant pour toujours mon identité narrative. Il y a un an, sur Internet, j'ai fait un appel à témoin, en demandant si mon oncle était juif. J'ai reçu une lettre :

Suite à votre demande, j'ai vérifié dans le Mémorial de la déportation des Juifs de Belgique. Votre oncle Léon Kozlowski, demeurant à Anvers, a été déporté en tant que Juif par le convoi n° 10 parti de Malines le 15 septembre 1942. Il est décédé au camp d'Auschwitz le 19 janvier 1943. Le convoi comprenait 1048 personnes et seules 126 étaient encore vivantes à la fin de la guerre.
Sincères salutations.

Léon Kozlowski est-il vraiment mon oncle et Sophia ma mère ? Peu importe. Je suis et demeure pour toujours : Minou Petrowski.

Montréal, le 9 février 2008

Cet ouvrage composé en Garamond corps 12 a été achevé d'imprimer au Québec
le vingt et un août deux mille huit sur papier Quebecor Enviro 100 % recyclé sur les
presses de Quebecor World à Saint-Romuald pour le compte de VLB éditeur.